PROMENADES
EN EXTRÊME-ORIENT

A la Librairie Honoré CHAMPION

DU MÊME AUTEUR

De Goritz à Sofia (Istrie — Dalmatie — Monténégro — Grèce — Turquie — Bulgarie). . . . 3 50

LE COMMANDANT DE PIMODAN

PROMENADES
EN
EXTRÊME-ORIENT

(1895—1898)

DE MARSEILLE A YOKOHAMA
JAPON
FORMOSE, ILES PESCADORES, TONKIN
YÉZO, SIBÉRIE, CORÉE
CHINE

PARIS
HONORÉ CHAMPION, LIBRAIRE
9, QUAI VOLTAIRE, 9

1900

Bien que j'aie eu l'honneur d'appartenir à la Légation de la République française au Japon en qualité d'attaché militaire, je prie ceux qui liront ces pages de n'y chercher ni considérations politiques ni appréciations militaires, qui ne s'y trouvent pas et ne doivent pas s'y trouver. Ce sont les notes et, parfois, les réflexions d'un passant, rien de plus.

Qu'il me soit permis cependant de dire toute ma respectueuse gratitude pour M. Harmant, ministre de France au Japon; le comte de Pourtalès-Gorgier, qui géra la Légation de Tokyo, comme chargé d'affaires, pendant une partie des années 1897 et 1898; M. Pichon, ministre de France en Chine; les amiraux comte de Beaumont et de la Bédollière, qui commandèrent tour à tour nos forces navales d'Extrême-Orient.

*
* *

Dans un ordre d'idées tout autre, j'ajouterai que je n'ai aucune prétention à l'exactitude absolue des orthographes étrangères; j'ai écrit au mieux les noms et les mots venant sous ma plume, sans autre souci que d'être clair et de me conformer aux usages.

C. P.

Camp de Zoubia-Duveyrier (Sud-Oranais), juin 1900.

PROMENADES
EN
EXTRÊME-ORIENT

I

DE MARSEILLE A YOKOHAMA

Marseille, 19 décembre 1895.

Hier, nous avons quitté Paris, ma femme et moi, par un triste temps d'hiver, brumeux et froid.

Ce matin, en approchant d'Orange, nous avons vu poindre un joli soleil, pâle encore, se détachant sur un ciel déjà très bleu. Maintenant, il fait beau tout à fait. C'est le Midi !

Marseille paraît infiniment gai avec sa Cannebière pleine de monde, son vieux port encombré, son pittoresque mélange d'anciens et de nouveaux quartiers.

Le temps de Noël approche, et, sur les allées de Meilhan, s'aligne une double rangée de baraques légères où l'on vend des crèches.

Voici d'abord Jésus, la Vierge, saint Joseph, des anges roses bouffis, puis les Rois mages aux parures magnifiques, et, parmi eux, le nègre Balthazar, symbolisant par sa présence aux pieds du Dieu naissant l'égalité des fils de Sem, de Japhet et de Cham devant le Rédempteur; enfin, le bœuf et l'âne, comparses modestes, mais non des moins convoités par les jeunes Marseillais.

Les acheteurs sont nombreux, car il n'est ici famille si riche ou si pauvre dont les enfants ne viennent faire quelque emplette à ces pieux étalages, nommés dans la langue populaire : la Foire aux Santons.

*
* *

En touristes consciencieux, nous avons parcouru Marseille et visité ses monuments, un guide Joanne à la main.

La cathédrale, vaste église neuve de style byzantin, est bâtie sur une terrasse au bord de la mer. Ses cinq dômes, de dimensions trop égales, paraissent lourds, boursouflés et donnent à tout l'édifice je ne sais quelle disgrâce.

La chapelle de Notre-Dame-de-la-Garde, conçue dans le même style et élevée sur une colline formant promontoire, est bien autrement élégante dans ses proportions plus modestes. Elle rappelle les admirables sanctuaires de Mesembria[1], où quelques princes grecs, fuyant Constantinople conquise, abritèrent, un temps encore, les pompes fastueuses de leur religion.

Le palais de Longchamp, musée et château d'eau, a fort grand air. C'est l'un des plus beaux spécimens d'un style composite, décrié aujourd'hui, mais que nos petits-enfants admireront sûrement sous le nom de style Napoléon III, de même que nous avons admiré les styles Louis XVI et Empire, si méprisés de nos pères, de même que nos fils se pâmeront d'aise devant tel meuble ou telle pendule d'un très pur Louis-Philippe, qui, après avoir charmé la princesse de Lieven, la comtesse Lehon ou Mme Thiers, ornent maintenant le salon de quelque hôtel mal garni.

Au musée de peinture, on remarque surtout les tableaux d'artistes du pays, classés fièrement sous la rubrique d'École provençale.

Parmi les sculptures, quelques originaux et de nombreux moulages rappellent la gloire du Marseillais Puget. La reproduction des esclaves qui supportent à Toulon le balcon de l'Hôtel de Ville est particulièrement impressionnante. Ils sont admirables, avec leurs

---

[1]. Mesembria ou Misivri, petite ville de Bulgarie, au bord de la Mer Noire.

muscles tendus sous le faix trop lourd, leurs faces angoissées par l'effort, leur air d'indicible souffrance. Je ne puis m'empêcher de les trouver plus vrais que les idéales et sereines cariatides de l'Acropole, dont un poids évidemment énorme ne dérange même pas l'élégante coiffure.

Mais le véritable intérêt et le charme de Marseille ne viennent ni de ses monuments, ni de ses magnifiques avenues, ni même de sa plage si belle à regarder sous les clartés éblouissantes et pures d'un soleil oriental ; ils viennent de son animation perpétuelle, de sa vie exubérante, de la bonne humeur réjouissante et de l'entrain communicatif des Marseillais. Personne ici ne vit claquemuré chez soi ; et nulle part l'enseignement chrétien : « Soyons intérieurs », ne semble moins pratiqué.

La Cannebière et ses cafés, plus beaux que ceux de Paris, disent leurs habitués, sont le lieu ordinaire des rencontres, des attentes et des rendez-vous.

Comme les Marseillais, toujours dehors, tiennent cependant à l'élégance de leur tenue et surtout au bel aspect de leurs chaussures, les décrotteurs font des fortunes, ils ont pignon sur rue, et ce n'est pas, comme ailleurs, près de modestes boîtes posées au bord des trottoirs, mais dans de luxueuses boutiques aux coûteux loyers, que beaucoup exercent leur industrie.

La familiarité des Marseillais, indiscrète sans être importune, est proverbiale. Je viens d'en avoir une preuve amusante en allant dire adieu au docteur T... « Mon maître est sorti et je ne vous connais pas », répond d'abord la servante ; puis, se ravisant : « Mais vous n'avez pas l'air malade, venez-vous donc pour une consultation ? — Non, seulement une visite de politesse. — Ah ! tant mieux, car, voyez-vous, j'aime bien mon maître et je désire qu'il gagne beaucoup d'argent, quand c'est possible ; mais il vaut mieux tout de même ne pas avoir besoin de lui..., la santé avant tout ! »

*
* *

A bord de l'*Océanien*, 22 décembre.

L'*Océanien* a levé l'ancre vers cinq heures du soir, un peu retardé par l'arrivée d'énormes sacs à dépêches attendus jusqu'au dernier moment.

Le grand bateau oscille et part lentement d'abord, puis les hélices tournent plus rapides, et, successivement, s'effacent dans la brume les silhouettes de la cathédrale, du fort Saint-Jean, de Notre-Dame-de-la-Garde, dont l'énorme statue dorée, qui surmonte la flèche et domine la mer très au loin, reluit aux dernières clartés du crépuscule.

Il fait nuit close quand nous dépassons le château d'If. Sept missionnaires, embarqués avec nous pour l'Extrême-Orient, restent cependant à la poupe longtemps encore; ils semblent chercher parmi les ténèbres croissantes les côtes françaises déjà disparues.

D'après les règles de leur Ordre, ils quittent l'Europe sans esprit de retour; et, quelle que soit la sincérité du sacrifice consenti, ce sacrifice ne saurait s'accomplir sans les regrets qui en font le mérite devant Dieu.

Pauvres gens! je ne puis m'empêcher de les plaindre, en pensant non aux missionnaires qui succombent, victimes rapides d'un climat meurtrier, ou trouvent parfois, dans nos temps prosaïques, la gloire d'un martyre éclatant, mais à ceux qui, déçus des premières espérances, revenus des enthousiasmes, traînent une triste vie obscure parmi des peuples dont l'indifférence hostile lasse les efforts et use les bonnes volontés.

**

24 décembre.

Nous traversons le détroit de Messine, en longeant les côtes italiennes, formées d'une bande étroite de terres cultivées que limitent des hauteurs arides.

Au premier plan, on distingue aisément des bourgs, des villages, des maisons isolées, très blanches pour la plupart, des plantations où le vert grisonnant des oliviers et le brun roux des arbres effeuillés par l'hiver font ressortir les teintes plus claires des orangers.

A mi-pente apparaissent des ruines pittoresques. Sur les sommets se profilent les murs croulants de vieux châteaux.

Parfois, de larges coulées grises indiquent les cours des torrents, desséchés en cette saison; parfois aussi, la bande cultivée se resserre de plus en plus, et des rochers abrupts s'avancent jusqu'à la mer.

Une voie ferrée suit le rivage; les panaches fumeux d'une locomotive nous en marquent le tracé.

Ensuite, l'Italie et la Sicile semblent s'unir formant les bords d'un golfe étroit et profond.

Enfin, l'Italie disparaît, et la Sicile s'efface, ne montrant plus, à l'horizon, qu'une masse obscure dominée par la haute silhouette de l'Etna.

La nuit vient vite, d'ailleurs. Tandis que le soleil brillant et rond plonge dans les eaux, la mer semble une nappe d'argent qu'animent des reflets dorés à l'orient et violets à l'occident, puis toutes les couleurs se confondent, et une légère brume, rosée vers le couchant, garde seule des clartés vagues qui s'éteignent peu à peu.

*
* *

Les passagers ne sont pas nombreux ; je ne vois guère à citer parmi les Français que M. Haas, consul de France à Tchoung-King, et sa femme, qui retournent en Chine ; le duc de Dino, en route pour Bornéo ; le capitaine Valton, de l'infanterie de marine, les lieutenants de vaisseau Marx et d'Hauterive, qui conduisent à Saïgon un détachement de marins formant avec eux « la relève » du *Bayard*. Parmi les Anglais, je retrouve les noms de M. et Mme Alan, M. White, M. Lawrie.

Pour finir, je nommerai un très aimable Turc, Fuad-Bey, consul général à Batavia. Son consulat n'est pas une sinécure, quoi qu'il y paraisse d'abord ; les musulmans sont nombreux, en effet, aux Indes néerlandaises, et l'organisation des caravanes à destination de la Mecque est pour le gouvernement ottoman un pieux devoir en même temps qu'une source d'appréciables revenus, grâce au coûteux visa des passeports.

A la faveur d'affinités quelconques, des connaissances se font, des groupes se forment, on potine, certaines légendes commencent à courir sur tous les passagers dont l'état civil, les occupations, les intentions même ne paraissent pas nettement établis. Tel Russe est, pour ceux-ci, un envoyé secret à la cour de Ménélik ; pour ceux-là, un nihiliste en rupture de Sibérie. Tel Autrichien, d'allures distinguées et froides, ne peut être qu'un archiduc courant le monde incognito. Du reste, si quelques personnes ignorent totalement les « qualités » étranges qu'on leur attribue, d'autres s'en amusent et certaines même abusent volontiers de la crédulité commune.

Règle générale : sur dix voyageurs qui vont aux Indes « chasser le tigre et l'éléphant », sept au moins auront comme occupations principales la banque ou le commerce.

Le temps est très beau, et l'on passe des après-midi entières sur le pont.

Les Anglais jouent aux cartes ou organisent des paris sur le nombre de milles parcourus chaque jour.

Les missionnaires disent leur bréviaire ; l'un d'eux s'exerce à son rôle futur en évangélisant un petit Cinghalais. Le pauvre enfant avait été amené en France comme boy par un employé des Messageries ; mais son maître est mort, et la Compagnie le renvoie à ses parents. Je dois ajouter que si le matin il apprend le catéchisme, le soir il écoute et retient les chansons des matelots qu'heureusement il ne comprend pas.

Les marins du *Bayard* jouent au palet, se prélassent, dorment, charmés de naviguer sans rien faire, et sont, sans conteste, les plus heureux des passagers.

*
* *

Port Saïd, 27 décembre.

Le navire ralentit sa marche, un pilote monte à bord et nous entrons dans le canal de Suez, dont un phare, supporté par une armature de fer, et deux jetées de grosses pierres marquent la peu majestueuse entrée.

Presque immédiatement on stoppe à Port-Saïd. De loin, la ville semble pittoresque et gaie, avec ses maisons peintes de couleurs voyantes et le grand palais de la Compagnie de Suez dont les dômes constellés de brillants carreaux verts resplendissent au soleil; mais, une fois à terre on s'aperçoit que Port-Saïd n'est qu'un très grand village aux rues droites et sales, tracées dans le sable du désert.

Naguère, quand l'impossibilité de naviguer la nuit dans le canal imposait à certains paquebots de longues attentes à Port-Saïd, la ville était plus animée; toute une suite d'hôtels, de restaurants, de music-halls, de maisons de jeux bordaient sa grande rue. Aujourd'hui les escales sont réduites au court temps nécessaire pour faire du charbon ; et Port-Saïd en désarroi a l'air d'un café-concert qui aurait fait faillite.

Ce qui n'a pas changé, ce sont les marchands de timbres-poste, de photographies (paysages et sujets), de bijoux orientaux, de pastilles du sérail; les loueurs d'ânes et de bicyclettes; enfin, la tourbe des mercantis cosmopolites et louches dont la vermine encombre les quais. On dit parfois que toute l'écume de la Méditerranée vient se déposer à Port-Saïd, et, pour être prétentieuse, la figure n'en est pas moins vraie.

*
* *

L'aspect du canal de Suez est loin de répondre à l'idée que l'on pourrait se faire en songeant aux difficultés de l'œuvre accomplie et à l'immensité de ses résultats politiques et commerciaux. On dirait une rigole dans une plaine de sable; le canal de Corinthe paraît beaucoup plus impressionnant.

A droite, le lac Mœris, que nous longeons d'abord, n'est qu'un immense marais d'eaux croupissantes moucheté de rares touffes de joncs. Des flamants, réunis par groupes aux points les moins profonds, se tiennent immobiles, attendant le passage de quelque proie; au-dessus d'eux, de grands vols de mouettes sillonnant l'air en tous sens animent le paysage sans en amoindrir la tristesse.

A gauche, le désert plat s'étend jusqu'à l'extrême horizon, où se profilent, mirage ou réalité, les formes indécises de collines.

Il pleut. Le sable mouillé passe du jaune au brun.

Un canal d'eau douce, bordé d'arbustes maigres au feuillage de saule, et la voie ferrée longent le canal principal sur la rive égyptienne. De ce côté aussi apparaissent, de distance en distance, quelques jolies maisons habitées par les employés de la Compagnie. Des jardins les entourent et, grâce aux arrosages et aux irrigations, semblent de petites oasis.

Parfois, de longues caravanes, prêtes à passer d'une rive sur l'autre, offrent aux voyageurs le spectacle de leurs pittoresques campements; mais nous n'avons pas cette bonne chance, et nos rencontres se bornent à plusieurs fellahs vêtus de bleu, menant des ânes ou des chameaux.

Quand vient la nuit, on allume à l'avant du navire un puissant réflecteur dont les rayons très blancs moirent d'argent les flots et donnent au sable des berges l'aspect d'une neige fraîchement tombée.

A l'entour du fanal, des insectes voltigent, nombreux, et si vivement éclairés qu'ils semblent des lucioles.

*
* *

Dans la Mer Rouge, 28 décembre.

Dès la première pointe du jour nous avons quitté le canal pour entrer, à Suez, dans la Mer Rouge.

La ville de Suez semble riante, avec son quai planté d'arbres et sa petite église dont la flèche gothique est surmontée d'un coq comme les clochers de nos campagnes.

Qu'importe ce détail, me direz-vous? Eh, mon Dieu, il n'importe guère au départ; mais au retour, plus d'un passager, surtout parmi nos soldats revenant du Tonkin ou de Madagascar, a senti son cœur battre en apercevant ce coq de fer, premier indice de la patrie retrouvée.

Sur la rive asiatique, deux taches vertes étroites et longues, se détachant sur la grève sableuse, marquent l'oasis appelée « Fontaine de Moïse ».

Des coteaux pierreux et désolés, aux pentes raides, bordent le golfe de Suez; puis, plus loin, apparaissent vers l'est, les hautes cimes du Sinaï, doublant les collines du littoral, tandis qu'à l'ouest se profilent sur l'horizon les premiers contreforts des plateaux abyssins.

*
* *

Les chaleurs de la Mer Rouge sont proverbiales et, vraiment, il y règne parfois une atmosphère de four, mais souvent aussi la température est très supportable. Ceux même qui, venant du Midi, ont la chance de naviguer avec le vent du Nord éprouvent, en la traversant, une impression relative de fraîcheur par comparaison aux airs brûlants de l'Océan Indien.

*
* *

Djibouti, 1ᵉʳ janvier 1896.

Après avoir passé en vue d'Obok, nous arrivons à Djibouti, inscrit parmi les escales régulières des Messageries maritimes à partir d'aujourd'hui, 1ᵉʳ janvier 1896.

La ville naissante est bâtie au milieu d'un isthme de sable, couvert de buissons bas et de rares arbustes. On y accède par une longue jetée aboutissant à une place, autour de laquelle se trouvent les bureaux du Gouvernement, la Poste, l'Agence des Messageries, la maison d'un Arménien, qui loge à pied, à âne, à che-

-val, à chameau, et vend des choses très diverses dans une salle basse, ornée des portraits de Ménélik et de Ouïzéro Taïtou, son épouse.

Tout chante ici la gloire du monarque abyssin. Des images populaires représentent sa tête crépue ceinte d'une haute tiare, et la légende qui fait remonter son ascendance jusqu'au fils né de Salomon et de la reine de Saba ne trouve pas d'incrédules.

A Djibouti, s'organisent de nombreuses caravanes à destination de l'Abyssinie. Le voisinage de Ménélik fait la fortune de notre colonie naissante, et nos compatriotes lui rendent en admiration l'argent qu'il leur fait gagner.

Entre la place et la mer s'élève le palais du gouverneur, sorte d'énorme blockhaus très blanc, flanqué de quatre tours massives et entouré de larges vérandas, aux treillages épais.

Devant la porte s'alignent plusieurs petits canons de mine archaïque, tout au plus bons à tirer une salve de réjouissance le jour du 14 juillet.

En arrière se groupent irrégulièrement quelques maisons arabes et de nombreuses paillottes habitées par les indigènes, grands nègres bien découplés, à la figure ouverte. Certains ont les cheveux teints en blond ardent par une poudre de chaux; ces toisons jaunes frisées sont du plus amusant effet sur les faces noires des hommes, tandis qu'elles donnent aux enfants, nus et d'apparence candide, l'air de petits Saint-Jean-Baptiste africains.

Des gamins nous entourent, vendant des coquillages et des objets tressés en paille de diverses couleurs : corbeilles, coupes, boîtes à riz. Ils ont l'air futé et paraissent jouir de notions avancées déjà sur la valeur relative des diverses monnaies.

L'un d'eux, à qui j'avais donné, entre autres piécettes, un sou grec et un sou italien, me les rend en disant : « Sou grec, mauvais; sou italien, assez bon; sou français, très bon. Donne-moi sous français. » Puis, comme je m'exécute de bonne grâce, un autre, plus hardi, m'offre de lui changer deux pièces de cinquante centimes italiennes fort usées et quelques monnaies de cuivre plus frustes encore contre un franc tout neuf à l'effigie de notre République.

Au milieu de la foule, protégeant les voyageurs contre les curiosités trop indiscrètes, circulent des miliciens indigènes. Ils ont fort bon air avec leurs vêtements blancs, leurs ceinturons noirs, leurs grandes cannes, et mettent au service de leur emploi l'importante gravité que prend tout bon nègre investi d'une fonction publique, si modeste soit-elle. Je ne puis oublier le ton sérieux et docte pris par l'un d'eux pour rassurer une femme qui, me voyant photographier son enfant, commençait à pleurer par effroi de quelque maléfice.

*
* *

Un des premiers revenus de Djibouti a été la vente des timbres-poste ; non que les correspondances soient nombreuses, mais ces timbres, ingénieux de composition, soignés de gravure, plaisants de couleur, inusités de formes et de dimensions, ont immédiatement fait prime sur les marchés philatélistes du monde. Il y en a de tous les prix : de 5 francs, de 20 francs, de 50 francs même, dit-on, pour l'envoi de courriers spéciaux ; leur réunion complète fait la gloire d'une collection.

Au début, ils furent très imités ; maintenant, pour décourager les contrefacteurs, la vente directe des timbres coûtant plus de 2 francs est interdite. Les employés de la poste doivent les coller eux-mêmes sur les enveloppes et les oblitérer aussitôt.

Ces timbres deviendraient donc fort rares, si l'on n'avait imaginé un ingénieux moyen de tourner la difficulté. Tout voyageur passant à Djibouti peut, en effet, s'adresser à lui-même autant de lettres qu'il veut, les faire affranchir à sa guise, puis, allant d'un guichet à l'autre, les réclamer à la « poste restante ».

C'est simple, vous le voyez, d'autant plus que les employés se prêtent obligeamment au subterfuge et l'indiqueraient même au besoin.

*
* *

Aden, 2 janvier.

Après les sables jaunes de Djibouti, voici les rochers d'Aden, gris, teintés de rouge et de violet. Calcinés par le soleil, puis effrités par les vents brûlants qui en balaient jusqu'aux moindres parcelles de terre végétale, ils semblent se désagréger peu à peu; d'énormes éboulis s'amoncellent au pied de leurs cimes dentelées et amaigries.

L'aspect est triste, mais ne manque pas de grandeur dans sa pittoresque étrangeté.

De la baie de Silver-Point, où mouillent les navires, deux routes gagnent Aden. L'une serpente parmi les rochers, puis escalade des hauteurs striées de retranchements à l'aspect compliqué, chantourné et archaïque, pour redescendre ensuite jusqu'à la ville; tandis que l'autre, moins pittoresque, raccourcit la distance en suivant plusieurs tunnels.

Aden même offre peu d'intérêt et mériterait à peine une visite sans ses immenses citernes, dont les réservoirs bétonnés s'étagent au thalweg d'une dépression étroite et presque verticale entre deux flancs rocheux. Elles sont vides maintenant; et bien rarement, dit-on, les pluies tombent assez abondantes pour les remplir.

Un essai de jardin les précède, vraie plantation de manches à balai.

Plus haut, quelques arbres, d'assez belle apparence, poussés entre deux réservoirs, donnent une illusion de fraîcheur : mais leurs racines se contentent, paraît-il, d'une eau saumâtre fournie par une source naturelle.

Les cafés apportés de l'Arabie et du Harrar sont triés à Aden, puis envoyés dans le monde entier. J'ai retrouvé parmi les grands exportateurs un Français, l'aimable M. Bardet, toujours prêt à obliger ses compatriotes et heureux d'utiliser au profit de notre gouvernement les nombreuses relations que ses affaires lui créent sur la côte des Somalis et dans la région abyssine.

A Silver-Point, des Juifs au teint presque noir, mais dont le type et les mèches de cheveux gras allongés en tire-bouchons le long des tempes trahissent l'origine, harcèlent les voyageurs en leur offrant des plumes d'autruche, des peaux de panthères et des cornes d'antilope, tandis que d'autres, changeurs de leur métier, apportent des sacs où toutes les monnaies imaginables se mélangent dans une variété qui ferait la joie d'un numismate.

Les thalers de Marie-Thérèse abondent; car ils sont encore d'un échange courant en Abyssinie et dans certaines régions du Haut-Nil. Au siècle dernier, dit-on, un prédécesseur de Ménélik se fit montrer toutes les monnaies d'Europe, et, séduit par l'air majestueux et par la gorge opulente de l'impératrice, en adopta l'effigie. Fut-il guidé par quelque idée galante? Voulut-il rendre ainsi un hommage détourné à la reine de Saba, son aïeule très illustre? Je ne sais, pas plus que je ne sais, d'ailleurs, si l'usage des pièces thérésiennes a réellement l'origine que lui prêtent les légendes et n'est pas plutôt la conséquence d'un courant d'affaires établi autrefois entre l'Empire et certains pays africains.

Quoi qu'il en soit, on continue à frapper des thalers de Marie-Thérèse pour le commerce abyssin, en attendant les belles pièces commandées à la Monnaie de Paris, qui porteront : à l'avers, l'effigie du Roi des rois, au revers, le lion héraldique, tenant dans sa patte un sceptre terminé par une croix.

Ici, comme à Djibouti, on s'occupe fort du souverain d'Abyssinie; mais Aden est terre anglaise et son nom, pour y être aussi connu, y est moins bien considéré. Malgré les souvenirs héroïques de la guerre soutenue en 1868 par les Abyssins contre les troupes britanniques, on le blague un peu. Les marchands d'images offrent à profusion la photographie d'une horrible vieille comme l'authentique portrait de sa nourrice, tandis que d'autres photographies, à peine plus engageantes, représentent, dit-on, l'impératrice et les dames de la cour.

* * *

Ceylan, 9 janvier.

Après une nuit pluvieuse, l'aube commence très claire et les premiers rayons du soleil chatoient dans l'air pur et léger. Par bouffées humides et tièdes, la brise nous apporte au large les effluves d'ozone enlevées aux forêts; bientôt nous distinguons les faîtes verdoyants d'arbres nombreux; enfin apparaissent les blanches maisons de Colombo.

Des barques, venues loin du port, chargées de fleurs, de légumes et de fruits, entourent déjà l'*Océanien*. Certaines, longues et étroites, sont rendues plus stables par l'adjonction d'une grosse perche placée sur le côté, à un mètre de distance, et qui, s'enfonçant plus ou moins dans la mer, fait office de contre-poids.

Cinq ou six gamins à la peau bronzée arrivent sur

un tronc d'arbre creusé en forme de pirogue. Ils ont l'air malin, portent des pagnes pudiques ; et, au lieu de crier : « à la mer, à la mer », en demandant des sous comme leurs congénères des autres ports, se lèvent, les bras tendus pour maintenir l'équilibre, puis, les doigts claquant comme des castagnettes, entament le refrain célèbre « Tamaraboum ».

Aux dernières mesures du premier couplet, dont la fin détonne un peu, tous sautent à l'eau et, nageant d'une main, tendent l'autre pour recevoir leur salaire. Ensuite, ils remontent sur la pirogue ; et, comme deuxième numéro de concert, chantent « En revenant de la revue ».

La chaleur est torride ; de nombreux avis, placardés au débarcadère par les soins des marchands d'ombrelles ou de « casques » en toile blanche, prémunissent l'arrivant contre le danger des insolations.

La ville n'offre par elle-même qu'un minime intérêt. Après une visite aux nombreux lapidaires qui vendent à bas prix des gemmes trop médiocres pour être envoyées en Europe, mais plaisantes à l'œil cependant, le voyageur n'a rien de mieux à faire que de partir pour Mount Lavinia, ou pour Kandy, si l'escale du bateau lui permet une excursion plus longue.

En quatre heures à peine, les express font le trajet de Colombo à Kandy.

D'abord, on traverse plusieurs plaines basses, couvertes d'une végétation exubérante et sillonnées de cours d'eau, où, sous le soleil brûlant, les indigènes et leurs buffles semblent également heureux de barboter à l'heure du repos.

Ensuite la voie s'élève, l'horizon s'élargit, et les petites digues qui, au fond des vallées, séparent les rizières, apparaissent comme les courbes de niveau d'un immense plan en relief. Sauf ce détail, le pays, magnifique par son étendue, n'offre rien de typique, car l'éloignement empêche de distinguer l'essence et la beauté des arbres qui boisent presque tous les sommets.

Kandy fut jadis la capitale du plus puissant état de Ceylan; dès le xvie siècle, les Portugais établis à Colombo entretinrent des rapports fréquents avec ses rois, dont l'un, resté célèbre sous le nom de don Juan, fut même baptisé.

Au siècle suivant, les Hollandais chassèrent les Portugais de Ceylan après une lutte fort longue, au cours de laquelle les Français tentèrent de prendre pied dans l'île.

En 1672, Louis XIV envoya une flotte à Ceylan sous les ordres de M. de la Haye, gouverneur de Madagascar. Ce dernier fit alliance avec le roi de Kandy et en obtint l'autorisation de bâtir un fort. Mais bientôt les Hollandais prirent le fort, notre flotte fut battue ou dispersée par les vents contraires ; et, dernière disgrâce, le roi se brouilla avec nous sur une question d'étiquette.

En 1796, les Hollandais, vaincus par les Anglais, quittèrent Ceylan à leur tour. En 1815 enfin, après dix-neuf ans de guerres et de négociations, les troupes britanniques prirent Kandy et emmenèrent captif le dernier souverain dont la cruauté inventive en raffinements odieux demeure légendaire.

Les Anglais furent d'abord accueillis en libérateurs ; mais bientôt des révoltes éclatèrent. La paix ne fut assurée qu'en 1820, après que sir Edward Barnes eut construit une superbe route militaire qui atteignait plus de six mille pieds d'altitude et pénétrait au cœur de l'ancien royaume de Kandy.

Près de la capitale, cette voie passe en tunnel sous un rocher. Ainsi se trouve réalisée une prophétie populaire promettant le pouvoir à celui qui saurait frayer une route, percer la pierre et acquérir la sainte dent de Bouddha, relique insigne, dont je dirai plus loin l'histoire.

Depuis lors, aucun grand événement n'a troublé Kandy. Les Européens viennent y chercher une fraîcheur relative après les chaleurs lourdes de Colombo.

Quant aux indigènes, ils gardent leurs pittoresques

costumes, mais semblent devenus les sujets fidèles de la couronne britannique ; leurs enfants apprennent l'anglais, et sur les routes, à la fin du jour, on rencontre des gamins bronzés portant des livres semblables à ceux de nos écoliers et des ardoises couvertes de caractères latins.

La ville actuelle borde la partie supérieure d'un petit lac, créé en barrant le fond d'un étroit vallon dominé par de hautes collines. De belles allées entourent les rives limitées sur une partie de leur étendue par un lourd parapet de pierre bizarrement découpé. Au milieu du lac, dans un îlot, apparaît, entre les palmiers et les bambous, une pittoresque arcade, débris d'un pavillon bâti jadis par les rois kandyotes, puis transformé en poudrière au début de la domination britannique.

Du grand palais construit au bord de l'eau, il reste la salle d'audience, immense auvent supporté par de légères colonnes en bois délicatement ouvragé, une tour octogone, un temple, son parvis et quelques bâtiments à l'entour, enfin une fraction assez considérable des murs d'enceinte, ornés de sculptures grossières.

Sauf la salle d'audience, toutes ces constructions sont petites, massives, écrasées, disgracieuses même, si on les juge d'après nos idées coutumières ; mais, dans leur cadre spécial, elles s'harmonisent avec la nature ambiante et produisent un très pittoresque effet.

La dent vénérée de Bouddha est conservée au premier étage du temple, dans un sanctuaire obscur, auquel mène un escalier raide et étroit. Après avoir franchi, au seuil de ce réduit, une porte incrustée d'ivoire et de métaux précieux, on aperçoit, derrière une table destinée à recevoir les fleurs offertes et les aumônes, une grosse cloche d'argent protégée par d'épais barreaux de fer. Sous cette première enveloppe s'enchâssent les uns dans les autres six étuis d'or enrichis de perles, de rubis et d'émeraudes ; le dernier renferme la précieuse relique. C'est, dit-on, un morceau d'ivoire oblong, terminé en pointe, mesurant environ trois centimètres de long sur un centimètre de large à la base et ressemblant beaucoup plus à une molaire de crocodile ou de sanglier qu'à celle d'un être humain.

Certains prétendent que la dent sainte, envoyée au XVIe siècle de Kandy à Jaffna, fut prise par les Portugais et emportée à Goa. Un souverain birman, de haute piété, en offrit alors sept cent mille ducats, et le vice-roi des Indes inclinait à la céder, trouvant le prix fort beau pour ce que le bon géographe Malte-Brun appelle irrévérencieusement une dent de singe, mais l'archevêque de Goa fit repousser les propositions, pila dans un mortier la relique et en jeta les restes dans la mer.

Les Bouddhistes dévots, sans nier cette histoire, affirment que l'archevêque de Goa fut trompé lui-même et que la dent véritable n'a jamais quitté son temple de Kandy. On la montre dans quelques rares occasions.

Le temple est ouvert soir et matin. Alors les fidèles apportent à Bouddha des plateaux couverts de fleurs odorantes, tandis que les prêtres, tout de jaune vêtus suivant les règles liturgiques, chantonnent des oraisons accompagnées par un très grand vacarme où les profonds roulements d'une sorte de tambour contrastent avec les sifflements aigus du flageolet.

Ne quittons pas le temple sans voir plusieurs images de Bouddha dont l'une est taillée dans un bloc de cristal et sans visiter la bibliothèque où se trouve le portrait d'un roi de Kandy en pourpoint à la Velasquez. Regardons enfin, dans la galerie extérieure, une série de fresques peu anciennes, mais d'une bien amusante originalité. Elles représentent l'enfer bouddhique avec les supplices réservés aux méchants, punis par où ils ont péché, comme dans la géhenne que peignit Michel-Ange aux murs de la chapelle Sixtine. Les homicides, les voleurs, les faussaires, les menteurs, les dépositaires infidèles, les vendeurs à faux poids, les prévaricateurs subissent des peines appropriées à leurs crimes. Ceux et celles qui transgressèrent notre neuvième commandement se poursuivent sans jamais s'atteindre parmi les branches d'un arbre hérissé de piquants. Des chiens et des oiseaux déchirent les hommes qui, au mépris des ordres de Bouddha, maltraitèrent les animaux. Enfin, une série de tortures, ingénieuses et terribles, sont réservées aux mortels sacrilèges qui firent tort volontairement au temple ou à ses desservants.

Cette exhibition intéressée rappelle un peu le gibet de Pierrot que les écoliers dessinent aux gardes de leurs livres, en l'accompagnant de la légende :

« Aspice Pierrot pendu,
Qui hunc librum n'a pas rendu,
Si hunc librum reddidisset,
Pierrot pendu non fuisset. »

Un jeune cicerone, à l'air malin, mais aux connaissances sommaires en français, explique les supplices, répétant d'un air pénétré devant chaque image : « Bouddha a dit pas faire ceci ou cela, moi avoir fait, moi puni ». Et cette phrase, toujours la même, dans laquelle s'encadrent l'énumération de tous les crimes, finit par sembler d'une impayable drôlerie.

Plusieurs prêtres parlent correctement anglais ; l'un

d'eux, qui lit une gazette britannique, me demande curieusement s'il existe des bouddhistes à Paris.

* * *

Une tradition place le paradis terrestre sur les premiers plateaux des hauteurs cinghalaises, et l'on serait tenté d'y ajouter créance en parcourant le merveilleux jardin de Peradeniya, situé à quelques milles de Kandy.

Tous les arbres, tous les végétaux les plus rares du globe s'y trouvent réunis, exubérants de force et de sève. Nulle fleur ne reste fanée sur sa tige, nulle feuille desséchée ne pend aux branches ou ne jonche la terre; dans le perpétuel devenir de cette nature enchantée chaque parcelle mourante se décompose aussitôt et ses atomes vivifient des germinations nouvelles.

La température, égale en toute saison, est celle de nos plus chauds étés, avec des nuits presque fraîches et des aubes embrumées de vapeurs légères qui, peu à peu, se dissipent et laissent après elles une sensation délicieuse, dont le souvenir et l'attente nouvelle aident à supporter, au milieu du jour, le soleil ardent.

*
* *

Singapour, 14 janvier.

La rade de Singapour est parmi les plus belles de l'univers. Nous naviguons entre des îles couvertes d'arbres, dont quelques rochers rougeâtres apparus çà et là font ressortir les nuances variant du vert le plus clair au vert le plus sombre. Dans une anse se cache un hameau de pêcheurs, bâti sur de légers pilotis. Le spectacle semblerait idyllique, n'étaient sur mer les très nombreux vaisseaux, sur terre les vastes constructions militaires et les hautes cheminées d'usines, dont la présence rappelle que Singapour, situé à l'extrémité méridionale du continent asiatique, est une position stratégique de premier ordre et un grand centre commercial.

La ville borde la mer de ses constructions régulières, mais les quartiers européens n'égalent ni en beauté, ni même en propreté, ceux de Bombay, de Hongkong ou de Shangaï. Quant aux quartiers asiatiques, ils sont assez sales, mais fort pittoresques, avec leurs maisons basses, peintes en bleu, et leurs boutiques aux enseignes multicolores. Là, tout le jour et presque toute la nuit, circule une foule active, bruyante et bigarrée.

Au centre de Singapour, devant la cathédrale et l'hôtel de ville, s'étend jusqu'au rivage une très grande pelouse, entourée de larges allées carrossables, où les élégants se rencontrent à la fin du jour, les affaires finies, pour causer, se montrer, jouer au tennis, au foot-ball ou au cricket.

Les uns arrivent dans des jinrikishas [1], traînées par de grands coureurs chinois, vêtus d'un caleçon blanc et d'un chapeau de paille pointu.

D'autres, venus en voiture, tournent lentement dans les allées. Beaucoup de chevaux sont jolis et bien attelés ; nombre de voitures bien tenues ; mais les domestiques indigènes vêtus à l'européenne n'ont pas de chaussures pour la plupart et leurs pieds nus, sortant d'un pantalon de livrée ou d'une culotte mastic, produisent un effet dont les chasse-mouches, portés gravement par les grooms, augmentent encore l'étrangeté.

Plusieurs voitures sont occupées par des Chinois en

---

1. La « jinrikisha ou kuruma » usitée dans tout l'Extrême-Orient, et improprement appelée « pousse-pousse » par certains voyageurs, est une sorte de très petit cabriolet traîné par un coureur. La caisse est laquée en noir et décorée parfois de paons ou de dragons aux couleurs éclatantes. Les mots jinrikisha et kuruma sont japonais. Le premier pourrait se traduire littéralement par anthropomobile; le second veut dire roue, et, par extension, véhicule.

costume national ; l'un d'eux même, élégamment vêtu de soies claires, conduit un buggy très correct.

La population de Singapour est composée, pour les deux tiers environ, d'immigrants ou descendants d'immigrants chinois, dont la présence n'est pas sans causer quelques difficultés au gouvernement britannique. En effet, si certains Chinois enrichis et devenus de vrais gentlemen sont cités comme exemple des qualités que développerait leur race vivant sous des lois équitables et dans des conditions régulières, ceux de la classe inférieure, turbulents, querelleurs, affiliés à des sociétés secrètes, toujours prêts à se disputer entre eux, mais à se réunir contre l'autorité, ont été les fauteurs de plusieurs séditions.

En 1854, une dispute commencée au bazar entre deux Célestes de provinces différentes amena une violente révolte.

En 1888, la municipalité, ayant voulu empêcher les boutiquiers chinois d'encombrer, par leurs étalages, les galeries qui bordent les rues, une émeute éclata et se prolongea trois jours. Elle est restée célèbre sous le nom d'insurrection des vérandas.

Les environs de la ville sont charmants.

De belles routes, ombragées et tranquilles, conduisent à d'élégants cottages entourés de vertes pelouses. On dirait quelque riche et fertile contrée de l'Europe orientale où certains végétaux des tropiques auraient poussé çà et là.

Le lac du jardin botanique rappelle singulièrement ceux du bois de Boulogne et du Petit Trianon.

***

A Singapour commence l'Extrême-Orient, immense région qui comprend le Siam, l'Indo-Chine, la Chine, la Corée, une partie de la Sibérie, les Indes néerlandaises, les Philippines, le Japon. C'est la moitié de l'Asie ; cependant, des relations d'affaires, certaines communautés d'idées, d'intérêts politiques et commerciaux, l'éloignement de l'Europe ou de l'Amérique font considérer l'Extrême-Orient par la plupart des étrangers qui l'habitent comme une seule et même contrée. On s'y connaît, on s'y retrouve ; un voyage de Yokohama à Saïgon, de Sanghaï à Vladivostok, de Manille à Nagasaki, semble un fort simple déplacement. On vient de Hongkong passer un mois de l'été dans les montagnes du Japon comme on irait de Paris en Suisse ou dans les Pyrénées. Enfin, et c'est là un curieux indice, un seul gros livre tenant du Gotha, du Bottin et du Tout-Paris, réunit les adresses de tous les étrangers habitant l'Extrême-Orient, les plans des principales villes, et, généralement, les renseignements utiles ou commodes à connaître sur ce vaste pays.

*
* *

Saïgon, 16 janvier.

Au port de Saïgon est mouillé le *Bayard*, portant le pavillon de l'amiral comte de Beaumont. Ce matin, le navire semble en fête pour recevoir les officiers et les marins de relève que lui amène l'*Océanien*.

Dès que nous paraissons, doublant le dernier tournant de la Rivière, ce sont des saluts, des appels ; puis, plus près, des questions, des demandes de nouvelles. Une égale gaieté anime nos compagnons de voyage qui vont passer deux ans en Extrême-Orient et ceux dont leur venue annonce le prochain retour en France.

Les premiers rayons du soleil, si obliques encore qu'ils paraissent glisser sur l'eau, viennent caresser les flancs du gros et lourd navire. Sa peinture blanche, toute neuve et toute luisante, chatoie comme une chemise de satin. Pauvre *Bayard!* à le bien regarder, on le trouve vieux, démodé, massif à côté des sveltes croiseurs de notre marine nouvelle, mais il se fait beau, se pare, car il va partir encore une fois — peut-être la dernière — pour les mers de la Chine qui le virent naguère si glorieux ; tel un très vieux général se redresse et se cambre pour passer encore fier devant ceux qu'il vainquit aux jours brillants de sa carrière.

En regardant le *Bayard*, je pense au *Ferdinand-Max* que je vis naguère dans la rade de Pola.

Si les choses ont des tristesses, des larmes, elles ont aussi des sourires et des joies.

Sur le *Ferdinand-Max*, Tegethoff battit la flotte italienne, tandis que les armées de l'Autriche succombaient à Sadowa.

Sur le *Bayard*, Courbet promena en Extrême-Orient nos trois couleurs triomphantes, et ses succès renouèrent la chaîne des victoires françaises, dont la guerre de 1870 avait rompu les maillons.

Pour l'Autriche le *Ferdinand-Max*, pour la France le *Bayard* ne sont pas seulement du bois et du fer flottant sur l'eau ; ils sont d'illustres symboles rappelant que Dieu dispense aux nations les jours de triomphe comme les jours de défaite, et qu'aux temps les plus tristes, il faut encore espérer.....

. . . .

Mais un officier du *Bayard* accoste l'*Océanien*. C'est M. de Glos que nous avons connu presque enfant, et que nous sommes tout heureux de retrouver ici en brillant uniforme. Il apporte à ma femme un très gros bouquet de roses, et nous invite à dîner de la part de l'amiral de Beaumont. Plus tard, au Japon, nous devions apprendre la mort de M. de Glos, enlevé par quelque mauvaise fièvre, lors de son retour en France. Ce fut pour nous un vrai chagrin. Je le revois toujours, pimpant dans son uniforme, et un peu rougissant avec son bouquet de fleurs à la main.

*
* *

Nulle ville d'Extrême-Orient n'a si noble allure que Saïgon, avec ses avenues magnifiques, ses rues ombragées, ses promenades et ses somptueux bâtiments officiels.

Les palais monumentaux du gouverneur et du lieutenant-gouverneur, le tribunal, la poste frappent, sinon par leur beauté architecturale, du moins par leurs dimensions et le luxe de leur ordonnance extérieure.

Ceux qui fondèrent Saïgon ont eu la préoccupation évidente de faire grand, grandiose même; et ils ont réussi; malheureusement, le développement commercial de la ville n'a pas répondu à toutes leurs attentes, et son importance administrative est fort diminuée depuis qu'Hanoï, plus peuplé et situé dans un meilleur climat, est devenu la capitale de l'Indo-Chine.

Maintenant, ses voies spacieuses et vides, son palais gouvernemental habité rarement, ses tranquilles villas font songer à Versailles. Des chèvres paissent sur les bas-côtés de certaines avenues un peu retirées et les voisins y mettent leurs chevaux au piquet.

L'emplacement de la ville semble avoir été mal choisi, dans une plaine marécageuse, au fond d'un estuaire tortueux, où les grands navires n'ont accès qu'à marée haute. Jamais les brises de mer n'arrivent jusqu'à Saïgon ; l'atmosphère est lourde, humide et très chaude, avec de violents orages, et des abaissements brusques de température, trop courts pour être agréables, assez longs pour être malsains. Mieux aurait valu, semble-t-il, s'établir à l'entrée même du fleuve, au cap Saint-Jacques ; mais l'endroit passait pour médiocrement salubre et infesté de bêtes féroces ; en outre, il y avait dans les marécages de Saïgon une vieille ville ceinte de murailles croulantes. Nos compatriotes subirent l'attraction du lieu déjà bâti et cédèrent au désir d'utiliser ce qui existait, par économie mal entendue.

Après beaucoup de peines et de dépenses, on a comblé les marais, amené de l'eau potable, assaini Saïgon ; mais on n'a pu changer le climat, ni rendre l'accès plus facile aux navires.

Quant au cap Saint-Jacques, devenu un lieu de

plaisance par les Saïgonais, il possède un hôtel-sanatorium et quelques maisons de campagne, en attendant qu'une vraie ville s'y crée et s'y développe.

L'existence à Saïgon s'écoule monotone, sous l'accablante chaleur. Le matin, chacun vaque à ses affaires, puis, vers dix heures, rentre, déjeune et dort.

A trois heures, les siestes se terminent; et de cinq à sept, le Tout-Saïgon se retrouve à la promenade de l'Inspection, belle route dont le sol rouge grumeleux semble une allée de parc. Tour à tour, elle traverse des champs, des rizières, des marais bordant des arroyos vaseux. L'aspect est triste, surtout au crépuscule court qui, dans les pays voisins de l'équateur, sépare le jour de la nuit.

Les élégants viennent dans leurs voitures, ou dans des victorias de louage bien attelées de jolis petits chevaux et connues sous le nom de « zidors », en mémoire de quelque Isidore, loueur ou cocher autrefois. Les gens plus simples se contentent du « malabar », sorte de berline étroite aux formes anguleuses, aux ressorts durs, peinte de nuances très sombres en dehors, très claires en dedans. La partie supérieure est garnie de persiennes mobiles et une large claire-voie sépare l'impériale de la caisse. L'ensemble est laid, mais approprié à des pays où l'on recherche les courants d'air et capte les vents coulis.

A Saïgon, les Français ne marchent guère sans y être forcés ; et beaucoup prétendent qu'il faut, pour se bien porter, éviter toute fatigue.

Dans les colonies britanniques, par contre, on affirme qu'il est nécessaire, pour supporter les climats tropicaux, de prendre quelque exercice. Les Anglais ne renoncent jamais au tennis, par hygiène autant que par goût.

Après dîner, les Saïgonais passent de longues heures au café, ou bien, l'hiver, au spectacle. Le Théâtre jouit d'une brillante réputation dans tout l'Extrême-Orient ; il y est, du reste, le seul qui donne des représentations régulières. On assure parfois que l'Opéra de Paris, l'Opéra-Comique, la Comédie-Française, l'Odéon envoient chaque année leurs seconds sujets en Indo-Chine. C'est exagéré, même pour l'Odéon ; mais la troupe est toujours convenable, car une saison à Saïgon est rarement une mauvaise affaire pour un acteur ; et jamais pour une actrice. Les appointements sont élevés, les cadeaux nombreux, et les dames de tous âges, ingénues, jeunes premières, grandes coquettes, duègnes, voire coryphées ou habilleuses, ont chance de trouver des adorateurs et parfois des maris.

L'arrivée de la troupe est si impatiemment attendue que certains fanatiques vont jusqu'à Singapour, au-devant d'elle. J'allais écrire d'elles, au pluriel, par une audacieuse, mais juste syllepse. Ses débuts sont des événements, et les journaux saïgonais, très remplis d'ordinaire par des polémiques irritantes, font trêve pour parler théâtre. Avec quel orgueil Brichanteau et Delobel, revenus en France, ne montreront-ils pas aux bourgeois étonnés d'Amiens ou de Besançon leurs éloges dithyrambiques dans quelque feuille indo-chinoise! Puis, rien ne les empêchera de conter qu'entre deux représentations triomphales ils chassaient dans les jungles, tutoyaient des radjahs et enlevaient des sultanes. On les croira, et eux-mêmes finiront par se croire aussi.

*
* *

A quelques kilomètres de Saïgon se trouve la grande ville indigène de Cholon, dont la curiosité principale est la demeure d'un riche Annamite, Do Huu Phuong, depuis très longtemps notre partisan et notre ami. Il remplit certaines fonctions administratives qui lui confèrent en annamite le titre de « Phu » sous lequel on le connaît généralement.

Son fils, aimable officier de la légion étrangère, tout frais émoulu de Saint-Cyr, nous fait les honneurs de l'habitation paternelle, formée de bâtiments séparés, entourant une vaste cour rectangulaire.

Au fond, à la place d'honneur, une sorte de grand

hall abrite le sanctuaire familial. Sur une table, que domine la statue du Bouddha protecteur, se trouvent les photographies des membres de la famille, entre des cassolettes et des fleurs. A l'entour sont disséminés des objets très divers. Voici des meubles incrustés, anciens et fort beaux, d'insignifiants bibelots européens, achetés aux étalages de quelque bazar; une table basse, portant les noix de palmier-aréquier, les feuilles de bétel et la chaux teinte en rose, dont les Annamites chiquent le mélange avec délices.

Dans un coin, une énorme boîte à musique égrène d'étranges airs indo-chinois. Les phrases, composées de quatre ou cinq notes, tantôt insipides, tantôt bizarres, parfois harmonieuses, se succèdent sans liaison sur un accompagnement monotone. On dirait d'une mélodie jouée par un vieil orgue de Barbarie, avec des cylindres usés supprimant certaines notes, changeant la valeur relative des autres et ne donnant plus qu'une caricature de l'air primitif.

Entre temps, les filles du Phu viennent nous rejoindre. Ce sont d'aimables jeunes personnes, fort bien élevées par les Sœurs et parlant un français correct. Elles nous content gentiment qu'elles vont, en costume national, aux bals du Gouverneur et se plaignent de n'y pouvoir danser, à cause de leurs chaussures à semelles de bois.

L'habitation vue, nous parcourons les jardins ornés des plus singulières fantaisies horticoles. Certaines plantes, complaisantes à la taille, figurent des vases, des animaux, même des corps humains agrémentés de figures, de mains et de pieds en porcelaine. Des poupées se promènent parmi les sentiers abrupts de collines minuscules, à l'ombre de myrtes et d'orangers nains qui se mirent dans des lacs moindres que des cuvettes. Plus loin, dans une grande volière, caquettent des perroquets ; puis voici un merle parleur qui jacasse en annamite. L'oiseau a coûté fort cher et on vient le voir par curiosité. Quant à son répertoire, il est, paraît-il, des plus épicés, et Vert-Vert lui-même en eût pudiquement rougi.

* * *

Cholon est la ville de Cochinchine la plus commerçante, le grand entrepôt des riz qui sont le principal article d'exportation de la colonie. Sa population atteint presque 70,000 habitants, dont les Chinois forment une partie très notable. Quelques-uns s'y établissent, mais la plupart, dès qu'ils ont un pécule suffisant, regagnent leur pays. Presque tous les bateaux faisant le service entre la Cochinchine et la Chine, embarquent plus ou moins de Chinois. Ils campent sur le pont, se couvrent et s'abritent comme ils peuvent, vivant de rien, se contentant de tout ; c'est pitié de les voir secoués, trempés, transis, dès que la mer devient grosse et que la houle déferle par-dessus les bastingages.

*
* *

Entre Cholon et Saïgon, s'étend une vaste plaine parsemée de tombeaux. Les uns sont modestes et composés seulement de quelques pierres, les autres, plus riches, forment d'étranges décorations, ornées d'animaux bizarres et d'emblèmes singuliers, en avant d'une large plaque de pierre posée verticalement qui paraît gravée d'inscriptions funéraires.

Le plus beau est le mausolée élevé, en 1800, à Pierre de Behaine, évêque d'Adran, par le roi de Cochinchine Nguyen-Anh, dont il fut l'ami et le conseiller.

Les armes du prélat, sommées d'une couronne ducale, sont sculptées sur la pierre, entre des fleurs et des attributs du plus pur goût annamique, mais aucun emblème chrétien n'apparaît dans le monument primitif. On raconte, en effet, qu'une fois les funérailles catholiques de l'évêque terminées, le roi, au grand scandale des missionnaires, fit ensevelir ses restes avec une pompe magnifique, suivant les rites cochinchinois.

Telle fut la fin étrange d'une existence très illustre, très remplie, très sainte et très singulière à la fois.

La vie de l'évêque d'Adran est curieuse comme l'histoire, merveilleuse comme la légende, mouvementée comme le roman, édifiante comme les annales de la Propagation de la Foi, et l'histoire en est intimement liée à l'un des plus curieux épisodes de notre expansion en Asie.

Tour à tour gouverneur du prince héritier de Cochinchine, fugitif avec le souverain légitime détrôné, ambassadeur de Cochinchine à la cour de Versailles, ambassadeur de France en Cochinchine, premier ministre, général, amiral, l'évêque montra en toutes circonstances une haute vertu, une vaste intelligence, un ardent désir de servir en même temps les intérêts de son pays et ceux du souverain asiatique auquel il s'était attaché.

Venu en Europe vers la fin du règne de Louis XVI avec le prince, son élève, pour demander notre appui en faveur du roi de Cochinchine luttant contre un usurpateur, le prélat négocia un traité d'alliance qui, moyennant quelque aide de la France, nous assurait la possession de la baie et de la péninsule de Tourane.

Les événements qui bouleversèrent bientôt l'Europe empêchèrent l'exécution du traité ; mais il suffit, pour en comprendre toute l'importance, de lire ce qu'écrivait une vingtaine d'années plus tard l'Anglais Barrow, dans un chapitre de ses voyages intitulé : « Avantages des relations commerciales avec la Cochinchine [1] » :

« L'évêque d'Adran, en négociant le traité entre Louis XVI et le roi de Cochinchine, a clairement fait voir que quelque attachement qu'il eût pour le dernier, il n'oubliait pas en même temps les intérêts du premier. Les conditions de ce traité prouvent aussi qu'en désignant la péninsule de Turon (Tourane) pour la cession qui devait être faite à la France, il avait très bien fait attention aux avantages respectifs que présentent les différents points de la côte de Cochinchine. Il paraît avoir très bien compris que, si une fois, il était permis à la France d'occuper cette langue de terre, elle serait maîtresse de se faire dans cet État un établissement solide. En effet, le promontoire de la péninsule de Turon est à la Cochinchine ce que Gibraltar est à l'Espagne; avec cette différence en faveur du premier, qu'en outre de sa position inexpugnable, il offre encore l'avantage important d'un hâvre et d'un port à l'abri de tous les vents dans toutes les saisons de l'année, et parfaitement convenable à une grande escadre, enfin où les vaisseaux peuvent, en tout temps,

1. *Voyage à la Cochinchine*, par les iles de Madère, de Ténériffe et du cap Vert, le Brésil et l'ile de Java, par John Barrow, traduit par Malte-Brun, édité en 1807, chez François Buisson, libraire à Paris: tome II, page 307.

se rafraîchir et radouber dans une baie dont les rivages ont de nombreuses vallées, fertilisées par des ruisseaux d'une eau fraîche et claire...

« Il n'est pas difficile d'apercevoir les vues que la France avait sur cette partie de la côte. Les termes du traité montrent assez qu'elles étaient d'y construire et équiper une flotte assez imposante pour menacer nos possessions territoriales dans les Indes ; et il n'est pas certain que cette tentative ne sera pas renouvelée. La France-Empire saurait exécuter ce que la France-Royaume n'avait osé que projeter. L'exclusion complète des Français de la côte de l'Hindoustan lui rend un territoire en Cochinchine plus désirable encore ; surtout si l'on considère qu'une position semblable serait aussi incommode et dangereuse pour le commerce profitable que nous faisons dans la Chine, que pour nos possessions dans les Indes. »

Plus loin, Barrow énumère tous les avantages que procurerait à l'Angleterre un établissement en Cochinchine et son livre est une source involontaire, mais inépuisable, d'arguments en faveur de la politique suivie par notre Gouvernement en Asie orientale.

Ailleurs, il donne un curieux tableaux des forces militaires et navales du pays en 1800, d'après M. de Barissy, l'un des officiers français venus en Cochinchine à la demande de l'évêque d'Adran :

Armée de terre

	Hommes.
24 escadrons de cavalerie (sur des buffles).	6,000
16 bataillons d'éléphants (200 bêtes).	8,000
30 bataillons d'artillerie. . . . . ,	15.000
25 régiments de 1,200 hommes chacun armés à l'européenne.	30,000
Infanterie, armée de sabres et fusils à mèches à l'ancienne manière du pays.	42,000
Gardes exercés à la tactique régulière de l'Europe.	12,000
Total des forces de terre. .	113,000

Marine

	Hommes.
Artificiers dans l'arsenal de la marine.	8,000
Matelots enrôlés, et nés sur les vaisseaux dans le port.	8,000
Attachés aux vaisseaux construits à l'européenne.	1,200
Attachés aux jonques.	1,600
Attachés à cent galères à rames.	8,000
Total du service de la marine. .	26,800

Alors les instructeurs français organisaient des écoles militaires et bâtissaient des places fortes ; sous leur direction, les arsenaux de terre fabriquaient des armes, les arsenaux de mer construisaient des barques canonnières ou galiotes à rames, des lougres, même une frégate, copie d'un vaisseau européen.

Un Anglais, rencontré par Barrow, avait vu une flotte de douze cents voiles, commandée par le roi, descendre la rivière de Saïgon dans le plus bel ordre et manœuvrer aux signaux.

L'évêque d'Adran, nous l'avons dit, était mort en 1800 ; le roi Nguyen-Anh, devenu souverain de toute l'Indo-Chine sous le nom d'empereur Gialong, mourut en 1820. Ses successeurs furent hostiles aux étrangers ; les derniers instructeurs français quittèrent le pays en 1824, et bientôt il resta seulement de leurs œuvres quelques places fortes, toujours imposantes par la hauteur des murailles, mais gardées par des Asiatiques inhabiles à les défendre et complètement oublieux des enseignements passés, témoin cette vaste citadelle d'Hanoï, enlevée en 1873 par Garnier à la tête d'une poignée d'Européens.

Deux hommes de haute intelligence, peut-être de génie, l'empereur Gialong et l'évêque d'Adran, avaient instruit et animé le peuple annamite, en lui donnant les apparences de la civilisation ; mais, s'ils lui avaient appris beaucoup de choses, ils n'avaient pu changer son esprit, son caractère, son âme ; et après eux tout disparut. Il y aurait là une étude bien curieuse à faire, et, je le pense, fort consolante aussi pour nous autres, gens d'Europe. Elle montrerait que certaines qualités d'ordre, de commandement, de décision, de perception nette et rapide ne s'acquièrent que peu à peu, par le travail accumulé de générations successives, attendant pour poser une assise nouvelle que l'assise précédente soit consolidée et durcie par le temps. Évidemment, on peut aller plus vite, beaucoup plus vite même, sans que les apparences de l'édifice soient moins brillantes, mais vienne l'orage, on le verra de toutes parts se fissurer.

Les engins de guerre valent surtout par ceux qui s'en servent, et ceux qui s'en servent valent par ceux qui les dirigent. Or, si on peut en quelques semaines fabriquer des armes, en quelques mois dresser des soldats, il faut, pour former des chefs, non seulement employer des années, mais encore trouver, chez les hommes que l'on façonne, des qualités profondes, résultat du travail visible ou latent de plusieurs générations.

Ah! ceux qui croient au péril jaune imminent ne connaissent guère l'Asie!

Les invasions réussirent, jadis, à la fin de l'Empire romain, mais alors, c'étaient des peuples barbares entièrement neufs, qui marchaient à l'attaque d'une nation tombée aux pires décadences.

Aujourd'hui, par contre, la grande lutte prédite serait le heurt de deux civilisations très anciennes; et les Orientaux empruntant nos canons, nos fusils, nos moyens militaires, nous combattraient avec des armes égales; mais derrière les murailles, aux lumières des canons, aux gouvernails des navires, il y a des hommes, et toute lutte en ce monde se résume dans le choc de deux volontés. Or la volonté asiatique est et restera longtemps encore, malgré toutes les apparences, très inférieure à la volonté européenne.

Cependant laissons ces grands discours et revenons à la plaine des Tombeaux.

En approchant de la ville, les monuments deviennent plus rares, la route traverse des potagers remplis de légumes et de fleurs parmi lesquelles malheureusement dominent les œillets d'Inde, puis longe un grand et beau parc, promenade fréquentée le dimanche, mais assez abandonnée pendant la semaine. On lui préfère généralement le jardin botanique et zoologique dont les pensionnaires font la joie des enfants, des bonnes et des militaires, exactement comme à Paris.

L'ours et l'éléphant sont particulièrement remarquables.

Le premier, personnage distingué, ne mange pas la peau des bananes qu'on lui offre, mais, appuyant délicatement le fruit contre un mur avec le bout de sa langue, fait sortir la pulpe de l'enveloppe. Quant au second, il accepte les pièces de monnaie avec reconnaissance, puis les remet à son gardien en échange de quelques friandises. On ajoute qu'il sait compter comme une bonne ménagère et ne se laisse jamais tromper sur ce qui lui est dû.

* *

Hongkong, 20 janvier.

Au fond d'une baie magnifique, Hongkong apparaît bâti en amphithéâtre sur le versant abrupt d'une colline aride naguère, mais qui, grâce à des efforts persévérants, se boise peu à peu.

En 1841, après la cession de l'île à l'Angleterre par la Chine, les arrivants s'établirent d'abord le long du rivage, puis construisirent des maisons sur les premières pentes. Enfin, vers 1888, pour chercher un air plus sain et plus frais, on bâtit au sommet de la côte — au Peak — un hôpital militaire, un hôtel et des cottages reliés à la ville basse par un chemin de fer funiculaire. Depuis lors, des habitations nouvelles, entourées de beaux jardins en terrasses, s'élèvent chaque année les unes au-dessus des autres et garnissent peu à peu toutes les parties accessibles de la colline. Certaines rues grimpent, raides et coupées d'escaliers, tandis que d'autres, serpentant à l'ombre des grands arbres parmi des rochers entourés de verdure, semblent les allées d'un splendide jardin. C'est plaisir de s'y promener, doucement balancés dans de légères chaises à porteurs qui reposent sur des perches de bambou longues et flexibles, mais parfois, une inquiétude se mêle au plaisir; les coolies chinois suivent, comme les mulets, l'extrême bord des routes, et, à certains tournants concaves et raides, on éprouve la sensation peu agréable d'avoir le vide au-dessous de soi.

Le jour, Hongkong, vu de la mer, donne une impression très vive de puissance et de prospérité; mais je ne connais rien de plus saisissant que la ville aperçue à la nuit tombée, quand toutes les lumières s'allument, scintillent les unes au-dessus des autres sur le fond sombre de la colline, se reflètent dans les flots dont le frémissement balance leur image comme si une brise légère les agitait. On dirait d'immenses girandoles préparées à plaisir pour une illumination prodigieuse et fantastique telle qu'en allument les génies, telle que le roi Louis II en rêva peut-être pour des navigations féeriques, dans la barque de Lohengrin, sur les grands lacs de Bavière entourés de hautes montagnes.

Près du rivage sont maintenant les hôtels, les banques, les boutiques et de laides maisons, où d'innombrables Chinois s'entassent dans une étonnante promiscuité.

Un peu plus haut habitent deux ou trois mille Portugais, originaires de Macao. La plupart comptent parmi leurs aïeules plus ou moins lointaines quelque Chinoise ou même quelque esclave noire amenée des côtes africaines, et les Macaïstes forment une race distincte en Extrême-Orient. Beaucoup, quittant leur ville appauvrie, sont venus à Hongkong pour chercher un emploi : tel, dont les ancêtres jadis possédaient à Macao un palais encombré de serviteurs, est heureux de trouver une place de petit commis dans une banque britannique.

Frappés d'ostracisme par la fière société anglaise à cause de leur sang mêlé, les Macaïstes vivent entre eux dans des logis modestes, dont l'aspect rappelle les habitations de l'Europe méridionale et donne l'illusion d'une ville ancienne au milieu du très moderne Hongkong.

Plus haut encore demeurent les Anglais. Mais les Chinois, dont le nombre augmente rapidement, débordent chaque jour sur les Macaïstes et les refoulent vers les quartiers britanniques.

Actuellement, on cherche à gagner, le long de la mer, quelques terrains dont la conquête ralentira, sans l'arrêter, cette poussée de bas en haut. Les Chinois, en effet, affluent à Hongkong : les pauvres pour gagner leur vie ; les riches pour s'occuper d'affaires, à l'abri des inquisitions de leur gouvernement ou des exactions de leurs mandarins, et pour profiter des avantages qui résultent de la franchise du port.

La plupart viennent de Canton et y retournent quand ils se sentent très vieux, très malades, pour mourir dans leur pays ; ce qui ne manque pas de rendre le bateau de Canton peu agréable à fréquenter en temps d'épidémie.

Travailleurs, étonnamment modérés dans leurs besoins, âpres au lucre, mais respectueux de la parole donnée, très aptes à se réunir, à s'entendre, à s'associer, les Chinois sont de merveilleux commerçants. L'importance des affaires qu'ils traitent directement et des capitaux dont ils disposent, s'accroît chaque année au détriment des hauts négociants qui monopolisaient naguère le commerce extrême-oriental. La sécurité plus grande, les communications plus faciles, l'ouverture progressive du pays ont d'ailleurs changé les allures de ce commerce. Le temps n'est plus où, comme jadis les princes marchands de Venise, Gênes et Raguse, certains armateurs avaient des bateaux de guerre pour protéger leur négoce, où les steamers rapides de la maison Jardine prenaient à Singapour ses dépêches venues d'Europe et des Indes, puis filaient à toute vitesse pour les porter à Hongkong avant l'arrivée du courrier.

*
* *

Macao, 21 janvier.

« Gem of the Orient earth and open sea,
Macao ! that in thy lap and on thy breast
Hast gathered beauties all the loveliest,
Which the sun smiles on his majesty. »

a dit sir John Bowring, dans des vers souvent cités.

Hélas ! ce sont des ruines maintenant que le soleil éclaire à Macao ; la cité qui fut un des points illustres du monde est bien déchue.

Fondée en 1557 par les Portugais, à l'estuaire de la rivière de Canton, Macao, seul port des côtes chinoises appartenant à une nation étrangère, devint rapidement le grand entrepôt des négoces entre la Chine et les pays d'Occident. Son commerce fut particulièrement florissant au XVIIIe siècle ; mais à cette époque déjà, les anciens comptoirs lusitaniens avaient beaucoup perdu de leur importance au profit de ceux créés, plus récemment, à l'abri du drapeau portugais, par les Compagnies hollandaises et surtout par la grande Compagnie britannique des Indes orientales.

Au début du XIXe siècle, la diminution du commerce hollandais en Chine, plus tard l'établissement des Anglais dans l'île de Hongkong, voisine de Macao, l'ouverture, enfin, de nombreux ports chinois au négoce étranger et l'amoindrissement des affaires traitées à Canton, achevèrent la ruine de la vieille colonie, en même temps que son nom acquérait un triste regain de célébrité par la traite des coolies chinois à destination de l'Amérique.

Les pauvres gens, leurrés de belles promesses, signaient des engagements; après quoi, on les embarquait en toute hâte comme un bétail humain, et, vogue la galère! leur supplice commençait.

Ce vilain trafic a cessé en 1874, mais le souvenir ne s'en efface pas, et l'on raconte encore les plus horrifiantes histoires à ce sujet. Plus d'une fois, dit-on, les malheureux, victimes de ce racolage, désespérés par les souffrances et les mauvais traitements éprouvés dès le départ, incendièrent eux-mêmes les bateaux qui les emportaient, préférant à leur destinée une mort adoucie par le plaisir de la vengeance.

Aujourd'hui, Macao semble, d'après les statistiques, se relever un peu; mais ce léger retour de prospérité apparente est uniquement dû à certains accroissements du commerce chinois et à la création de plusieurs établissements industriels dirigés par des Anglais. Le port s'ensable de plus en plus; et bientôt, à moins de travaux considérables, les jonques mêmes finiront par le déserter.

Un gros et confortable bateau à roue, d'apparence vieillotte, fait chaque jour, en trois ou quatre heures, le trajet de Hongkong à Macao.

Le luxe moderne et le clinquant de la ville anglaise, l'animation de son immense rade, le mouvement affairé de ses quartiers commerçants, le fashionable va-et-vient de ses promenades, font le plus singulier contraste avec l'ancienne cité latine, calme, déserte, assoupie. En voyant de loin sa silhouette élégante qui rappelle des temps autres et des pays différents, on croirait à quelque simulacre construit à plaisir pour évoquer le passé.

D'abord apparaît, étagée sur une colline, la ville européenne, sa citadelle, ses forts, ses couvents, ses églises, son large quai, bordé de belles maisons. La haute façade de Saint-Paul, restée intacte tandis qu'un incendie détruisait le reste du monument, se dresse par-dessus tous les autres édifices, comme un gigantesque symbole de la ruine consommée; quoique d'un « style jésuite » assez lourd, elle emprunte une incroyable légèreté à son isolement et à ses larges fenêtres, béantes sur le ciel.

Quant au port intérieur, situé de l'autre côté de la colline, il n'abrite guère que des barques. Il est bordé de petites maisons chinoises, dont l'unique étage surplombe des arcades formant galerie couverte au long des rez-de-chaussée.

Les vieilles habitations portugaises, construites au xviiie siècle pour la plupart, sans grande recherche architecturale, mais avec de belles allures et de spacieuses proportions, restent à peu près toutes dans un demi-abandon. Les moins mal entretenues appartiennent à des Chinois, ou sont louées à des Anglais de Hongkong, qui viennent l'été chercher à Macao un climat plus salubre et un air plus frais.

Au fond d'un jardin ombreux se trouve la grotte où Camoëns exilé se reposait, dit-on, rimant les Lusiades pour célébrer la gloire et les conquêtes de son ingrate patrie, petite en Europe, mais grande dans univers.

Hélas! depuis lors, que les temps sont changés, et quelle place modeste occupe aujourd'hui le Portugal dans cette Asie dont Vasco de Gama, son hardi navigateur, montra jadis le chemin! Bombay seul, apporté en dot au roi d'Angleterre Charles II par la princesse Isabelle de Bragance, est maintenant cent ou mille fois plus riche et dix fois plus peuplé que les épaves restées aux Portugais de leurs colonies asiatiques. Un battle-ship britannique anéantirait en moins d'une heure toutes les défenses de Macao. Enfin, c'est au Japon maintenant que le gouvernement macaïste fait construire les petites pièces armant ses bateaux de police côtière et achète ses munitions.

Les maisons de jeu de Macao sont célèbres et les impôts qu'elles acquittent comptent parmi les plus clairs revenus de la colonie. Sans aucune ressemblance, même lointaine, avec le luxueux Monte-Carlo, ces maisons de jeu se piquent néanmoins d'une certaine élégance extérieure; des fleurs ornent leurs entrées, fort éclairées par de grosses lanternes quand vient la nuit. En revanche, l'intérieur est sordide et puant d'une odeur très spéciale où les relents de la fumée d'opium refroidie se mêlent au vague parfum des aromates et à la senteur particulière de certains Asiatiques.

Fort peu d'Européens fréquentent ces tripots, mais les Chinois de Hongkong, où le jeu est interdit, y viennent en foule pour tenter les chances du « fantan. »

J'ignore si ce jeu est celui fort aimé en France, il y a un siècle, sous le nom de *macao*. En voici les règles, à ce qu'il m'a semblé : le croupier prend une poignée de sapèques neuves, les pose sur la table et les couvre d'un bol renversé, en disant, comme à la roulette : « Faites vos jeux », puis, les mises terminées, enlève le bol et, à coups de râteau, ramasse les sapèques quatre par quatre, jusqu'à ce qu'il en reste seulement à la masse quatre ou un nombre moindre. Le chiffre du « talon » indique le numéro gagnant; et ceux qui l'ont ponté retirent leur mise quadruplée.

La banque prélève un droit sur chaque gain; mais,

pour éviter l'encombrement des monnaies de cuivre, rend aux joueurs, comme appoint, des pépites d'argent façonnées à l'avance.

Tel m'a paru le fantan dans sa forme la plus simple. Je suppose qu'il existe d'autres combinaisons, mais, faute d'interprète, je n'ai pu m'en informer et me suis contenté de hasarder quelques piécettes, laissant même le coolie qui traînait ma jinrikisha bénéficier de mes gains.

Quoique jeu de pur hasard, le fantan a de l'attrait. L'effort fait pour deviner le numéro gagnant, à mesure que le tas de sapèques diminue, soutient l'attention des joueurs.

Les gens du bas peuple seuls entourent les tables ; les *pontes* plus sérieux se tiennent à l'étage supérieur, dans des galeries en surplomb, d'où ils descendent leurs mises et remontent leur gain à l'aide de petites corbeilles pendant à des ficelles.

*
* *

Shanghaï, 24 janvier.

L'*Océanien* s'arrête à Woosung sur le grand estuaire du Yangtszé ; et un steamlaunch, remontant le Whangpoo, nous mène jusqu'à Shanghaï, distant de vingt kilomètres.

Le Whangpoo roule ses eaux jaunes entre des rives basses et très fertiles. En hiver, la contrée semble morne; d'assez nombreuses maisons de cultivateurs et quelques bouquets d'arbres verts rompent seuls l'uniformité du paysage sans en amoindrir la monotonie.

Par contre, au printemps, l'aspect de la campagne bien cultivée est agréable, presque gai.

De nombreuses embarcations chinoises passent à côté de nous; les unes, jonques de haute mer, grandes et lourdes, avec leurs arrières très relevés, peints de couleurs voyantes; les autres, petites jonques de pêche gréées de voiles brunes.

En approchant de la ville, on voit sur les deux rives de vastes usines avec de hautes cheminées, et cet aspect rappelle fort les bords de la Seine entre Saint-Denis et Saint-Ouen. Çà et là cependant apparaissent quelques portiques bizarres dont les toits recourbés tournent vers le ciel la concavité de leur arête; mais ils semblent de fantaisie et font penser au pavillon chinois du Bois de Boulogne ou à certaines demeures d'architecture bizarrement asiatique, édifiées aux alentours de Paris par d'anciens boutiquiers retirés des affaires.

Bientôt, on découvre Shanghaï, superbement construit sur la rive gauche du fleuve.

Les maisons du quai imitent des châteaux gothiques ou des palais italiens, et l'une même, le Masonic-Club, je crois, est un pastiche fidèle de l'admirable palais Pesaro, à Venise.

De près et à l'examen, l'aspect est moins magnifique ; car alors on distingue des fautes de goût nombreuses, rendues plus sensibles encore par la pauvreté des matériaux employés ; mais le souvenir de l'impression première n'en demeure pas moins vif chez tous ceux qui visitent Shanghaï.

La ville comprend les Concessions française, anglaise et américaine (ces deux dernières unies administrativement), la Cité chinoise entourée de murailles, et de plusieurs grands faubourgs. Primitivement, le séjour des Concessions était interdit aux indigènes, peu désireux d'ailleurs de frayer avec les diables étrangers ; néanmoins, deux cent mille Chinois se réfugièrent vers 1854 dans les quartiers européens, au cours de révoltes qui avaient livré la cité à des insurgés locaux, et plus de quatre cent mille y trouvèrent asile de 1860 à 1862, alors que les Taïpings victorieux étaient arrivés jusqu'aux lisières de Shanghaï et tenaient toute la campagne environnante.

Contrairement à ce qu'on pourrait croire, ces temps troublés marquèrent pour Shanghaï une ère de grande activité commerciale et d'énormes bénéfices.

En 1855, presque toutes les familles chinoises aisées quittèrent les Concessions, une fois l'ordre rétabli dans la Cité. Il en fut de même en 1862 quand Gordon eut vaincu les Taïpings. Mais beaucoup de Chinois s'étaient accoutumés à vivre parmi nous, protégés par nos armes contre les brigandages, par nos lois contre les exactions; d'autre part, les propriétaires européens, qui avaient bâti tant et plus et faisaient des affaires d'or, se lamentaient devant leurs maisons vides de locataires. Les répugnances des premiers disparurent, tandis que les seconds n'eurent garde de rappeler les anciens règlements prohibitifs.

Les Chinois revinrent bientôt, chaque jour plus nombreux, dans les quartiers européens de Sanghaï. D'après les recensements, ils étaient 75,000 en 1870; 107,000 en 1880; 168,000 en 1890; enfin, près de 300,000 en 1895, tandis que la vieille Cité voit sa population réduite à 125,000 âmes et ses rues éloignées des quartiers européens presque désertes.

Quant au nombre des étrangers établis à Shanghaï, il n'excédait guère 5,000 en 1895. Parmi eux, l'accroissement des hommes, depuis 1870, avait été de soixante et un pour cent, celui des femmes de six cents pour cent et celui des enfants de neuf cents pour cent.

Ces chiffres sont curieux, car ils indiquent combien les conditions de la vie à Shanghaï ont été se modifiant. Cependant, aujourd'hui encore, la plupart des Shanghaïens envoient leurs fils étudier en Europe.

Malgré le grand nombre des Chinois qui habitent les Concessions, l'ordre est admirablement maintenu par les polices française et anglo-américaine composées d'agents partie européens et partie indiens ou chinois. Nulle part, les coolies, les traîneurs de jinrikiskas ou de whell-barrows [1], les cochers de fiacre ne sont mieux dressés et plus polis.

A côté des Concessions qui forment une grande et belle ville parfaitement ordonnée, la vieille Cité chinoise marque sans transition un contraste égal à celui des Champs-Élysées et des plus pauvres rues du Marais parisien.

Une rivière vaseuse longe les murailles ébréchées, auxquelles s'adossent, du côté extérieur, de misérables baraques, tandis qu'à l'intérieur s'enchevêtre un dédale d'étroits passages et de canaux, ou, pour parler plus exactement, d'égouts. Toutes les ruelles sont dallées et cependant fort sales; dès qu'il pleut, on glisse sur une boue grasse et noire qui fait songer au sol d'une cuisine mal lavée.

Certaines boutiques, grandes ouvertes à la mode

1. Sorte de brouette servant pour le transport des personnes et des paquets.

chinoise derrière leurs devantures et leurs enseignes dorées, sont belles, luxueuses même et étonnent par la propreté des étalages, la valeur et la variété des marchandises ; mais, à quelques mètres de là, croulent d'infectes masures, pourrissent des détritus amoncelés, empestent d'innommables cloaques où les cultivateurs vont chercher à pleins seaux de l'engrais pour leurs terres. Aucune voiture ne saurait cheminer dans l'étroitesse des ruelles ; les jinrikishas même ne s'y risquent pas ; à peine des chaises à porteurs ou quelques rares whell-barrows circulent sans trop d'encombres. Tout le mouvement est dirigé vers les poternes qui ouvrent sur les Concessions, et l'animation est grande aux abords, surtout le soir et le matin.

Les Européens ne fréquentent guère la Cité ; si quelque touriste s'y aventure, il se forme à ses trousses un cortège de mendiants habiles à distinguer le voyageur novice et pitoyable du Shanghaïen, charitable peut-être, mais amené par l'expérience à se montrer prudent. En effet, dès que vous avez le malheur de donner ostensiblement à l'un des misérables, le cortège devient meute, obstrue la voie, vous entoure, vous presse, vous harcèle, à tel point que si vous êtes seul et que vous ayez scrupule de distribuer quelques coups de canne aux plus importuns, le mieux est de regagner

5

au plus vite la ville européenne. Ceci dit par prudence, je dois ajouter que rien ne saurait donner une idée de l'affreuse misère des mendiants chinois. Toutes les déformations : ulcères, lèpres, hideurs qui peuvent torturer notre humanité calamiteuse apparaissent sur leurs corps demi-nus, et ils implorent la charité publique jusqu'au moment où ils meurent dans la rue. La police les ramasse alors, sans hâte à l'ordinaire, mais avec une précipitation si grande dans les temps d'épidémie que parfois des agonisants réclament, disant : « Attendez un peu encore, je ne suis pas mort tout à fait ».

J'ai toujours devant les yeux l'effrayante image d'un moribond, maigre comme un squelette, les lèvres contorsionnées et baveuses, les yeux vides et purulents. Il était couché de côté sur un lambeau de natte, le corps recroquevillé et agité de secousses convulsives, tandis que sa bouche laissait échapper une sorte de hoquet continu, plainte ou prière, dont le ton s'élevait à l'aigu au début de chaque secousse pour finir ensuite dans un râle.

La nuit, les mendiants s'entassent pour dormir à l'abri des moindres couverts ; il n'est même pas rare d'en voir couchés sous les auvents des latrines publiques. Le jour, ils demandent l'aumône dans les carrefours ou se traînent de boutique en boutique.

Les marchands chinois leur donnent de temps en temps une sapèque pour s'en débarrasser, les envoyer geindre un peu plus loin, et surtout éviter qu'il ne prenne à quelqu'un d'eux la fantaisie de se suicider devant leur porte. En effet, par une bizarrerie des coutumes chinoises, le plus vilain tour qu'un pauvre hère, dégoûté de la vie, puisse jouer à un riche ennemi est de venir se donner la mort avec éclat au seuil de sa maison, en proclamant que l'avarice et la dureté impitoyable de ce mauvais riche l'ont réduit au désespoir.

Alors la justice s'émeut, les amendes pleuvent mêlées aux anathèmes, les demandes d'indemnités pour la famille abondent, les magistrats prévariquent, les voisins s'indignent et rappellent toutes les admirables maximes de Confucius sur la charité ; bref, c'est la ruine, ou à peu près, pour la victime de cette vengeance posthume.

En tout temps, les mendiants sont une plaie pour la Chine, mais dans les moments troublés ils deviennent un fléau.

Pendant la guerre sino-japonaise, certains riches Pékinois cherchèrent à se ménager un refuge dans les Légations pour le cas où les envahisseurs auraient menacé la capitale; et cela, non par crainte des ennemis extérieurs, mais par conviction que l'arrivée imminente des Japonais aurait été le signal d'une véritable Jacquerie.

Parfois les polices urbaines font des rafles et chassent tous les mendiants étrangers ; alors ces misérables errent par bandes dans la campagne et deviennent un réel danger pour les villages sur lesquels s'abattent leurs troupes affamées. On m'a conté que dans un village ainsi envahi, les paysans s'armèrent, cernèrent les mendiants dans une cour de ferme, puis les tuèrent un à un comme des chiens enragés. Le fait serait demeuré inconnu, si un étranger, nouveau venu en Chine, ne s'était ému et n'avait soumis le cas aux mandarins qui, tout en écoutant ses dénonciations et en châtiant plus ou moins sévèrement les coupables, ne manquèrent pas de trouver que c'était faire beaucoup de bruit pour peu de chose. Plus d'un Européen établi depuis longtemps en Chine fut à coup sûr de leur avis.

Cependant ces mendiants sont nos semblables et leur misère est parfois infiniment touchante.

Pendant un séjour à Shanghaï, j'avais remarqué près d'une poterne, dans quelque infractuosité des murailles croulantes, un pauvre vieux à demi paralysé, implorant la charité d'un air doux et résigné. Je lui donnai une pièce d'argent. Le lendemain comme je repassais, il m'appela et ouvrit sa besace. Elle était pleine de petits cornets de papier gris, fermés à leur ouverture par du papier d'argent, tels que les dévots en brûlent dans les cassolettes des temples. C'est à ce pieux achat qu'il avait employé une partie de mon aumône; en tâchant de me le faire comprendre, il montrait le ciel. Je fus ému, si ému que je lui remis de quoi acheter beaucoup de petits cornets et aussi beaucoup de riz. Je revins même quelques heures après pour l'emmener chez nos missionnaires, mais il avait disparu. Un autre mendiant occupait déjà sa place, et il me fut impossible de le retrouver.

Dans la partie populeuse de la Cité, tout près des Concessions, se trouve une large flaque d'eau au milieu de laquelle s'élève, sur des bases de granit, un léger pavillon de bois pourri, décrépit, désagrégé, mais toujours charmant à regarder d'un peu loin. Il sert de maison de thé; une longue passerelle en zigzag le réunit aux deux rives. Autour du lac — ainsi l'on nomme la mare en question — se tiennent comme dans une foire perpétuelle d'innombrables marchands de gâteaux, de fritures, de fruits, les uns établis dans des échoppes, les autres exerçant leur modeste commerce en plein vent, à côté d'une table basse, d'un panier ou d'un fourneau portatif, puis des diseurs de bonne aventure, des phrénologues examinant les bosses crâniennes de leurs clients avec la gravité d'un

Gall ou d'un Fossati; des dentistes armés de tricoises et de pinces empruntées, semble-t-il, à la forge d'un maréchal-ferrant; des teneurs de jeux divers participant du bonneteau et du tir aux macarons.

En arrière sont des restaurants, des boutiques de photographes, de fleuristes, d'oiseliers; ces derniers vendent surtout des pinsons chanteurs, si appréciés des Chinois que beaucoup, allant se promener ou se rendant au travail, emportent gravement la cage ronde d'un pinson dont le gazouillement charmera leurs loisirs.

Près du lac aussi se trouve un temple dédié au Dieu de la cité, chef des esprits invisibles et gardien des âmes ancestrales qui protègent Shanghaï, où furent leurs corps autrefois. Il confronte à un grand jardin, dont les pavillons servent de lieu de repos pour le taotaï (préfet) et les hauts mandarins.

Des murs bizarres, gondolés suivant une courbe régulière, entourent ce jardin. A l'intérieur, on trouve une pièce d'eau point trop sale, puis tout un enchevêtrement de rochers artificiels aux formes sauvages, parmi lesquels circulent des allées étroites, grimpent des escaliers, s'ouvrent des grottes ou des tunnels, le tout fort resserré. On dirait un clos rocailleux et beaucoup plus grand qui aurait été brusquement et violemment comprimé à l'entour, de telle façon que les pierres se seraient élevées les unes au-dessus des autres dans un étrange chaos.

Au milieu des rocailles qui forment le fond et comme l'ossature du jardin, pointent quelques hauts peupliers où nichent d'innombrables corneilles. Des viornes, des pivoines, des roses trémières poussent çà et là ; mais ce ne sont que des accessoires ; elles rappellent les végétaux semés au hasard des vents sur les murs en ruine beaucoup plus que ceux élevés dans les plates-bandes des jardins.

Quant aux pavillons, où logèrent, dit-on, en 1860, le général Cousin-Montauban et son état-major, ils sont jolis, mais fort mal entretenus, comme toutes choses en Chine. Quelques meubles raides, en bois dur ouvragé, garnissent seuls leurs grandes pièces nues et jamais balayées.

La promenade fashionable des riches Shanghaïens — Européens ou Chinois — est la route de Nankin, doublée par une piste cavalière et bordée de villas. On la suit d'ordinaire jusqu'à un jardin qui entoure une très grande maison de thé, un restaurant, un théâtre, des jeux de boules, etc.

A la fin du jour, beaucoup de dames chinoises, venues en voiture, entourent les tables de la maison de thé. Elles portent des robes claires et des coiffures ornées de jades, de perles, de plumes bleues de martin-pêcheur artistement collées et brillantes comme des émaux. Leurs cheveux noirs et durs sont tirés, lissés, pommadés, brillants à s'y mirer. Une couche épaisse de fard couvre leurs visages, quelquefois agréables.

Je ne saurais dire dès l'abord à quelle classe de la société appartiennent ces dames, car leur mise est celle de toutes les Chinoises riches; mais en observant leurs allures, je songe que Shanghaï est la ville gaie où les fils des grands mandarins viennent dépenser les taëls paternels; et je crois, sans jugement trop téméraire, que nos voisines doivent les y aider.

Quant à leurs concurrentes européennes, venues de tous les coins du monde, elles se disent le plus souvent américaines, et on les nomme, par euphémisme, des « américaines de profession ».

*
* *

Près de Shanghaï, à Zikawey, les jésuites ont fondé un grand établissement qui contient un observatoire, un musée et un orphelinat.

Le père Froc, directeur de l'observatoire, et ses éminents collaborateurs sont renommés pour leur exactitude à prévenir les navigateurs de la formation et de la marche des typhons. Ce sont les dignes successeurs du Père Verbiest qui, vers la fin du XVII⁰ siècle, fut chef du bureau des mathématiques à Pékin, et on les admire plus encore quand on compare leurs œuvres aux minimes ressources mises à leur disposition.

Le musée est une création du Père Heude, savant naturaliste. Il y a réuni des collections nombreuses, dont il fait les honneurs avec une inépuisable amabilité. Le Père est célèbre par ses importants travaux sur les crânes, les cornes et les dents de divers mammifères. Ses jugements sont respectés dans les cercles scientifiques; et c'est uniquement pour exercer sa vertueuse patience que certains confrères facétieux lui demandent avec intérêt si l'étude des dents de scie rentre dans le cadre de ses travaux.

Des frères convers dirigent les ateliers de l'orphelinat. C'est merveille de voir avec quelle rapidité et quelle ardeur travaillent les enfants. Leur aptitude à copier des sculptures sur bois et même des peintures est surprenante.

A Zikawey se trouve aussi un orphelinat de filles tenu par des religieuses et un couvent de carmélites. Les orphelines s'occupent de travaux à l'aiguille et font de merveilleuses broderies dans les genres les plus divers, depuis les aubes et les nappes d'autels jusqu'aux garnitures de jupons.

Quant aux carmélites, je ne les ai naturellement pas vues. Les sœurs indigènes sont assez nombreuses, dit-on. Accoutumées dès l'enfance à la demi-réclusion des femmes chinoises, elles s'accommodent sans peine des sévères règles du couvent.

*
* *

Les religieuses ne prennent certes pas l'initiative de déformer les pieds des petites filles qui leur arrivent avec des orteils indemnes de toute mutilation ; mais si, en agissant ainsi, elles suivent les règles de l'hygiène et du bon sens, elles rendent moins facile l'établissement de leurs chrétiennes, et cela pour deux raisons : d'abord, parce qu'en Chine toutes les femmes appartenant à la classe aisée — sauf parmi les Mandchoues et les Cantonaises — ont de petits pieds ; ensuite, parce que les Chinois apprécient surtout dans la femme l'exiguité des extrémités inférieures, trouvant à ces moignons serrés de bandelettes un charme, un attrait, une séduction. Aussi toutes les Chinoises, même les plus vieilles, les plus laides, les plus misérables, mettent une dernière coquetterie dans leurs minuscules chaussures.

Quant aux orphelines et aux sœurs qui ont déjà les

pieds mutilés, elles relâchent, dit-on, peu à peu leurs bandelettes; mais je doute qu'elles le fassent de bon cœur.

Je n'aperçus jamais pieds plus petits que ceux d'une religieuse de Zikawey.

*
* *

Dans la Mer Intérieure, 26 janvier.

Après avoir franchi la passe étroite de Shimonoséki, nous entrons dans la Mer Intérieure. C'est une immense rade allongée entre trois îles principales, dont les côtes tour à tour s'éloignent et se resserrent, dessinant six grands bassins tout parsemés d'îlots.

Naguère le prince de Nagato voulut clore aux navires étrangers la passe de Shimonoséki; et si les coutumes internationales ont réprouvé ces prétentions, il est pourtant certain que les Japonais peuvent appeler la Mer Intérieure : *Mare nostrum*, à plus juste titre que les Latins n'appliquèrent ce nom à la Méditerranée.

Le droit de conquête, en donnant à Rome tous les rivages méditerranéens, n'avait pu effacer le souvenir des civilisations qui fleurirent sur ces bords avant la prépondérance latine, tandis que, dès les temps vagues où l'histoire se dégage des divines légendes, l'empereur Jimmu-Tenno, ayant repoussé vers le Nord les barbares, premiers maîtres du pays, gouvernait toutes les côtes de la Mer Intérieure, devenue dès lors comme le centre et le foyer de la civilisation japonaise.

Les poètes et les peintres du Japon ont popularisé certains paysages de la Mer Intérieure, mais semblent, soit par une tendance de leur esprit à négliger l'ensemble pour les détails, soit simplement par manque de points de comparaison, en avoir saisi rarement la beauté générale, que l'admiration des étrangers leur révéla.

Nulle navigation n'est plus jolie, plus variée, plus nouvelle, plus inattendue, que celle de la Mer Intérieure. Jamais on n'est las de regarder ce lac merveilleux; et ceux qui le voient pour la dernière fois, quittant le Japon sans esprit de retour, le regardent plus attentivement encore, voulant conserver le précieux souvenir de son charme, dont aucun autre paysage ne leur rendra la sensation: charme pénétrant et doux, fait de mille détails dont beaucoup échappent à la description.

Rien n'est grandiose, rien même n'est grand. Mais, dans l'air très pur, sous le ciel d'un bleu adouci, apparaissent, éclairées par un soleil brillant comme un feu de sarments qui pétille, des côtes, des îles, des rochers avec, dans les criques, de petits villages, aux maisons égales et grises ; plus haut, s'étagent des champs dont la verdure naissante contraste sur le fond jaune des grèves ; plus haut encore, des pins, tantôt groupés forment des bois, tantôt clairsemés garnissent seulement les crêtes de leurs branches émaciées, tordues, ébouriffées par les vents, à tel point qu'elles semblent de loin une gigantesque bordure de marabouts.

Par un phénomène d'optique singulier, les détails de plus en plus petits des paysages qui s'éloignent, apparaissent nets jusqu'aux derniers plans, qui se profilent eux-mêmes sur des fonds gris-perle comme sur la soie d'un écran.

Cette particularité, jointe aux contours singuliers des côtes, aux formes invraisemblables de certains rochers, aux aspects bizarres des pins garnissant les crêtes, font songer que les artistes japonais, malgré certaines fautes évidentes de dessin et de perspective, sont moins infidèles représentants de la nature qu'on ne le suppose en Europe.

Des navires de toutes dimensions, grands cuirassés, lourds paquebots, cargo-boats encombrés de marchandises, pittoresques jonques de pêche, modestes sampans, sillonnent continuellement les eaux tranquilles de la Mer Intérieure et leur variété serait le plus charmant modèle pour un peintre de marines épris d'images riantes.

⁎
⁎ ⁎

Kobé, 27 janvier.

Kobé, ouvert en 1868 au négoce étranger, était alors le port de Hyogo, ville très voisine ; mais son accroissement fut si rapide que Hyogo en semble maintenant un modeste faubourg.

Le quartier européen est beau et riche. Kobé prospère rapidement, son commerce égale presque et dépassera probablement celui de Yokohama. Quant aux quartiers japonais, je les trouve peu intéressants, et ils déçoivent mon attente.

La grande rue toutefois est amusante par sés nombreuses boutiques encombrées de porcelaines, d'ivoires, de petits bronzes et de tous les bibelots nommés à Paris articles du Japon. De temps à autre on rencontre des faïences flammées réellement curieuses, œuvres originales de potiers inconnus, qui obtiennent, par des moyens fort simples et au plus bas prix, certains effets décoratifs auxquels nos meilleurs faïenciers atteignent difficilement. Ces faïences sont rarement en montre, il faut les découvrir au milieu d'innombrables choses insignifiantes, mais leur recherche est une occupation, j'ajouterai une économie, pour le flâneur, car elle le détourne des magasins où l'on vend fort cher des « antiquités » imitées ou truquées le plus souvent et, qui plus est, laides intrinsèquement.

Les marchands japonais accueillent les visiteurs par des saluts profonds et se confondent en politesses à leur départ, même s'ils n'ont rien acheté.

Des collines dominent Kobé à courte distance ; de leurs flancs s'échappe un ruisseau qui tombe, bondit et retombe au milieu des bois de pins, des buissons d'azalées, des hautes herbes formées par les tiges très serrées de bambous nains. Les sentiers qui grimpent autour des « cascades » sont fréquentés par de nombreux promeneurs, dont le but ordinaire est une maison de thé construite sur une passerelle dominant le ruisseau. Des mousmés rieuses nous offrent du thé, des œufs durs, une sorte de biscuit de Savoie nommé « castéra » dont la recette, dit-on, fut apportée jadis par les Espagnols ; des gâteaux de riz enveloppés d'une gelée rose ; enfin les baguettes qui remplacent les fourchettes dans tout l'Extrême-Orient. Elles baragouinent quelques mots vagues d'un anglais singulier ; et leur guinguette, qui aurait l'air très japonais à Bougival, a l'air un peu « bougivalais » au Japon.

Les « cascades » prêchent d'exemple, à ce qu'il m'a

semblé. Aussi, le Guide Murray prévient les dames de ne pas se promener seules de ce côté, parce que, ajoute-t-il pudiquement : « The tea-houses are apt to be noisy. »

*
* *

Yokohama, 29 janvier.

La nuit dernière, en quittant la Mer Intérieure, nous avons trouvé un fort gros temps et un froid vif, d'autant plus sensible qu'on a éteint les poêles, dont les charbons menaçaient de s'éparpiller sur le parquet.

Ce matin, les malles roulent dans les cabines et les fauteuils dansent une sarabande dans le salon de musique.

Triste arrivée !

Comme Kobé, Yokohama est une ville toute neuve, de médiocre intérêt. Le long de la mer s'étend la Concession européenne, bordée d'un large quai dont la construction, bien que récente, rappelle une légende singulière.

Au début, des accidents de tous genres contrariaient les travaux. Tantôt les assises péniblement posées disparaissaient tout à coup dans la vase, tantôt les flots furieux bouleversaient les chantiers; bref, quelques génies mauvais, maîtres de la terre et de l'eau, semblaient ligués contre l'ouvrage. Après nombre d'essais infructueux, les ouvriers s'en furent consulter un devin.

L'oracle répondit que le sacrifice volontaire d'une vie humaine pouvait seul conjurer le destin contraire et qu'il fallait, pour assurer la solidité des constructions, les étayer, suivant les anciens rites, d'un pilotis vivant. Que faire? et qui voudrait accepter le rôle de pilotis vivant? Cependant, l'entrepreneur avait une servante, qui soutenait ses vieux parents de son maigre salaire... Elle s'offrit, disant à son maître : « Je ne suis pas belle et aucun homme ne m'a jamais regardée. Mon dévouement pour vous, mon amour pour mes parents remplissent seuls mon cœur. Si ma vie peut vous être utile, prenez-la et promettez-moi seulement en échange de soutenir mes parents, quand je n'y serai plus. Je mourrai contente d'assurer votre succès et leur bonheur. » Le maître accepta. Bientôt la nouvelle se répandit par la ville. Tous applaudirent au courage de la victime volontaire et à son amour filial. Pendant quelques semaines, la servante jusqu'alors misérable et obscure, vécut célèbre et comme auréolée; puis, le jour venu, un cortège magnifique la conduisit en pompe jusqu'aux vases du rivage, dans l'épaisseur desquelles, vivante, elle disparut. Un lourd pilotis recouvrit son corps comme une stèle triomphale; et les flots de la mer s'y brisèrent désormais.

Au nord-ouest du warf se trouvent les quartiers japonais, dominés eux-mêmes par un long coteau nommé le Bluff.

Là demeurent les riches négociants étrangers dont les maisons de commerce sont situées dans la ville basse. L'air y est toujours rafraîchi par les brises de mer, les villas sont jolies, les jardins riants, et l'on peut, en deux tours de roue, gagner quelques sites charmants, où la végétation luxuriante donne l'impression d'une nature presque tropicale.

Sur un éperon dominant la rade et limitant la ville basse au sud, s'élève l'habitation du consul de France. C'est un véritable château, entouré d'un beau parc en pente raide, dont les allées mènent aux bureaux du consulat, situés près de la mer, dans un bâtiment de grande apparence, mais de style lourd et d'allures préfectorales.

Les rues de la Concession et du Bluff ont des noms en théorie; mais on s'en sert peu: les maisons sont désignées d'ordinaire par leur numéro dans le quartier.

Malheureusement le numérotage a suivi l'ordre

chronologique du lotissement des terrains, de telle sorte que les numéros ne se suivent pas ; en outre, toutes les maisons élevées sur un même lot primitif portent le même numéro et se distinguent seulement par des lettres. Dans les voies droites et peu nombreuses de la Concession on peut se retrouver encore, mais une tournée de visites à travers les rues du Bluff qui montent, descendent, s'infléchissent au gré capricieux du terrain, est pour le nouveau venu une entreprise audacieuse, rarement couronnée de succès.

Des négociants de toutes les nations sont établis à Yokohama. Ils font le commerce des soies, des japoneries, des objets européens, et, pour employer le terme consacré, « l'import et l'export » en général ; mais les maisons britanniques sont les plus importanets et les plus nombreuses.

L'anglais est la langue étrangère la plus ordinairement parlée. Suivant une expression apportée d'Orient et un peu triste à des oreilles françaises, car elle rappelle d'autres temps, il est la « langue franque » de Yokohama, comme d'ailleurs de tout le Japon.

Quatre grands journaux et plusieurs revues édités en anglais paraissent à Yokohama. Les journaux ont deux éditions : l'une, quotidienne, pour le Japon, l'autre, hebdomadaire, destinée à tenir les étrangers au courant des choses japonaises, sans leur infliger à chaque courrier un flot de papier inutile, encombré d'annonces.

Un journal français, qui eut certain succès naguère n'existe plus depuis quelques années.

Quant à la *Revue française* du Japon, créée par M. Boissonade, le savant légiste qui consacra une partie de sa vie à la révision des codes japonais, elle périclite fort depuis le retour en France de son fondateur. On peut la classer parmi les feuilles qui, à l'instar de « l'Aspic » de Jérôme Paturot, paraissent quelquefois.

*
* *

La colonie étrangère de Yokohama, dont les principales occupations sont la banque et le commerce, a pour récréation le sport; elle donne chaque année deux réunions de courses sur un hippodrome où tout semble fort bien organisé par d'aimables commissaires, émules des La Rochette et des Kergorlay. Il y a des épreuves pour pur sang, demi-sang, poneys chinois. Je dois ajouter qu'au Japon on nomme pur sang tous les chevaux importés.

Parmi les propriétaires français, ceux dont les couleurs triomphent le plus souvent sont : M. le capitaine Bougouën, ancien attaché militaire, maintenant établi au Japon ; M. Knaff, représentant d'une grande fabrique de soie lyonnaise ; M. Durand, entraîneur, éleveur, marchand et loueur de chevaux, sellier, carrossier ; au demeurant, le plus obligeant homme du monde.

D'autres couleurs, appartenant à des Français de passage et fort célèbres sur les hippodromes d'Europe, ont aussi paru à Yokohama ; notamment celles du prince d'Arenberg et du baron Foy. Je crois qu'elles y eurent moins de succès qu'à Longchamps ; mais leur présence même fut un honneur pour l'hippodrome ; et les sociétaires des courses de Yokohama gardent le meilleur souvenir de leurs confrères du *Jockey-Club* parisien.

*
* *

Je ne veux pas quitter Yokohama sans faire une petite et gratuite réclame au *Club-Hôtel*. Je n'en ai pas d'actions ; et, à vrai dire, il n'est pas meilleur que tel autre ; mais son *manager* est à la fois un homme très aimable et l'un des plus curieux types de l'Extrême-Orient. M. Sioën, Belge de naissance, a été tour à tour secrétaire d'un député français, professeur à Pétersbourg de quelque grand-duc, commissaire des douanes chinoises ; enfin, il a trouvé sa voie ou son chemin de Damas en prenant la gérance du *Club-Hôtel*.

De ses fonctions diverses, il garde un air distingué, un parler courtois et des allures diplomatiques. Toujours vêtu avec infiniment d'élégance, orné de bijoux nombreux qu'en des gestes soignés il fait scintiller tour à tour, nul ne sait mieux que lui accueillir les voyageurs, recevoir chacun comme le plus attendu, et, dans la salle à manger, allant de table en table, conter une histoire pour faire oublier la médiocrité d'un mets, ou vanter quelque friandise avec une étonnante variété d'expressions, d'intonations, de nuances. Tel, le prince de Talleyrand, au temps où les maîtres de maison découpaient eux-mêmes, offrant d'un même plat à chaque convive avec une formule différente, suivant le degré d'égards qu'il voulait lui marquer.

En outre, M. Sioën est infiniment complaisant, également idoine à traiter une affaire de banque ou à commander un atour féminin, discret dans ses propos, modéré dans ses notes — en un mot, c'est le modèle des hôteliers.

II

JAPON

Tokyo.

L'histoire japonaise remonte aux temps divins où le premier aïeul de la maison mikadonale, encore régnante, descendit du ciel pour gouverner les Iles du Soleil Levant.

Après de nombreux siècles, vers l'an 900 de l'ère chrétienne, les mikados ou empereurs cessèrent d'exercer le pouvoir effectif qui passa aux mains de premiers ministres héréditaires nommés shoguns [1]. Mais si les empereurs ne gouvernaient plus, leur

---

[1]. Le mot *taïcun*, qui fut généralement employé en Europe pour désigner le *shogun*, n'est pas usité au Japon. Les shoguns, qui passaient aux yeux des étrangers pour les seuls et vrais maîtres du pays, s'en servirent afin de donner le change sur leur situation réelle. Je ne trouve pas d'équivalent français au titre de taïcun; en latin, je le traduirais par *regnator*. Littéralement, taïcun veut dire grand prince et shogun généralissime.

prestige surnaturel demeurait intact; ils restaient la source de toute autorité légitime, les souverains et les protecteurs incontestés du pays.

C'est toujours au nom de l'empereur qu'étaient investis les plus puissants dignitaires. Dans les innombrables guerres civiles qui ensanglantèrent le Japon, jamais les droits intangibles de la maison mikadonale ne furent discutés.

Chaque fraction s'efforçait, même par la violence, de s'emparer du souverain pour mettre, du moins matériellement, le droit de son côté, et donner à la fraction rivale les apparences de la rébellion. Comme en un conte de fées, la personne sacrée du mikado était un talisman magique, gage de succès.

Vers 1550, les Portugais, puis les Espagnols, abordèrent au Japon. Saint François-Xavier évangélisa le pays, qui semblait ouvert à la civilisation européenne; mais, moins d'un siècle plus tard, à la suite de violentes dissensions intérieures, tous les étrangers furent expulsés. Seuls, les Hollandais et les Chinois gardèrent le droit de faire le commerce à Nagasaki.

Après cette éviction, le Japon, sans guerres contre ses voisins et sans guerres civiles, vécut dans une paix profonde pendant deux siècles environ.

Tandis que les mikados appauvris menaient au palais de Kyoto une existence médiocre et hiératique parmi les nobles de cour appelés kugués, les shoguns de la dynastie Tokugawa, magnifiquement installés dans Yédo, leur luxueuse capitale, gouvernaient l'empire par l'intermédiaire de seigneurs féodaux, nommés daïmios.

Mais, à l'exemple du mikado, les shoguns, puis les daïmios eux-mêmes avaient peu à peu cessé d'exercer le pouvoir effectif. Les samouraïs, hommes d'armes héréditaires, formant une caste spéciale, étaient devenus les véritables maîtres du Japon, dont ils représentaient du reste la classe intelligente et instruite.

Les uns servaient dans l'armée du shogun ou les troupes particulières des divers daïmios, d'autres remplissaient la plupart des fonctions civiles, d'autres encore suivaient les carrières libérales, mais tous conservaient dans leur éducation, leur esprit, leurs habitudes, de nombreuses traditions militaires, des idées d'honneur, de courage, d'abnégation, de patriotisme. Sous leur prépondérance absolue et leur influence exclusive, le Japon était parvenu à une civilisation très différente de la nôtre, mais très raffinée, bien qu'en gardant intacte une organisation féodale assez analogue à celle de l'Europe au moyen-âge. A leurs grandes qualités les samouraïs joignaient de non moindres défauts : la superbe, la morgue, la forfanterie, le mépris des faibles, l'amour des querelles et des combats singuliers, l'exagération du point d'honneur au delà de toute raison. Néanmoins, ils méritent une belle page dans l'histoire nationale, car leurs qualités — et aussi leurs défauts — empêchèrent la civilisation japonaise, émanée de la civilisation chinoise, de tomber comme elle dans la décrépitude et assurèrent la supériorité des Japonais sur les Chinois, plus intellectuels, plus lettrés, mais uniquement occupés de philosophie ou d'intérêts matériels et tenant à mépris le métier des armes, si estimé au Japon.

En 1854, à la suite d'une démonstration navale, faite dans la baie de Yédo par la flotte des États-Unis, le gouvernement shogunal consentit à signer un traité ouvrant plusieurs ports au commerce américain. Ensuite, l'Angleterre, puis la France, la Russie, l'Allemagne obtinrent des traités analogues.

Mais les plus grands événements se préparaient au Japon. Depuis un siècle, tous les ennemis des Tokugawa, les mécontents, les ambitieux intriguaient à la cour de Kyoto, sinon autour du mikado, perdu dans sa divinité et inaccessible aux simples mortels, du moins parmi les princes du sang et les kugués, soit pour amener le souverain à reprendre lui-même le pouvoir, soit plutôt pour enlever le shogunat aux princes Tokugawa et le faire passer dans quelque autre puissante maison féodale.

A la tête de ce parti sans cesse grossissant, se trouvaient quelques grands daïmios du sud, tels que les Shimazu, princes de Satsuma, les Mori, princes de Choshu, ou, plus exactement, les samouraïs de ces daïmios. Ils n'attendaient qu'une circonstance favorable pour agir; l'arrivée des étrangers, qui fit un trouble profond dans le pays et jeta le gouvernement shogunal dans les plus grandes difficultés intérieures et extérieures, leur fournit l'occasion de prendre une attitude franchement hostile aux Tokugawa.

D'une part, les ennemis du shogun l'accusaient d'outrepasser les pouvoirs qu'il tenait de l'empereur en ouvrant le pays aux étrangers et l'inculpaient de trahison; d'autre part, les étrangers, que son autorité chancelante était incapable de protéger contre les plus graves attentats, l'assaillaient de réclamations diplomatiques, de notes comminatoires, de menaces. Voyant son impuissance, ils finissaient par se faire justice eux-mêmes en bombardant Kagoshima, capitale du prince de Satsuma, pour venger le meurtre de l'Anglais Richardson, puis Shimonoséki, d'où le prince de Nagato avait fait tirer sur des navires européens pour leur interdire l'accès de la Mer Intérieure.

Entre temps aussi, les représentants des Puissances

étrangères entrevoyaient que le shogun les avait abusés en se donnant comme le maître légitime du pays. Le ministre britannique, découvrant en quelque manière le mikado, nouait à la cour de Kyoto des intrigues qui allaient assurer à l'Angleterre une influence prépondérante dans la suite des événements.

Au mois de novembre 1867, le shogun Keiki Tokugawa, peu attaché au pouvoir et sentant tout chanceler autour de lui, pria le mikado de le relever de ses fonctions. En même temps il demandait la convocation des daïmios, pour régler le nouvel ordre de choses créé par la venue des étrangers.

L'empereur, sans accepter la démission de Keiki, appela les daïmios à Kyoto. Beaucoup y vinrent avec de nombreux samouraïs armés, et ce fut bientôt autour de la ville impériale un afflux de troupes adverses placées dans le plus dangereux tête-à-tête. Des deux côtés on préparait ouvertement la lutte. Un incident, relatif à la garde du Palais mikadonal fit éclater les hostilités. En janvier 1868, la guerre commença, non entre le mikado et le shogun, — car nul ne contestait le droit divin du premier et le second se dérobait lui-même aux efforts de ses amis — mais entre les partisans des Tokugawa qui, détenant le pouvoir depuis plus de deux siècles, avaient le désir fort compréhensible de le conserver, et les ennemis des Tokugawa qui pensaient trouver enfin l'occasion de gouverner à leur tour.

La lutte fut courte et la victoire des troupes impériales eut pour conséquence immédiate une transformation du gouvernement et de l'état social du Japon si subite, si radicale, que nul exemple analogue ne pourrait se retrouver dans l'histoire du monde.

En 1869, avant même la fin des hostilités, l'empereur avait repris, en apparence sinon en réalité, le pouvoir effectif, transporté la cour à Yédo, l'ancienne capitale du shogun, appelée désormais Tokyo[1], créé un gouvernement central et traité avec les étrangers, dont ses conseillers passaient naguère pour les plus violents adversaires.

Peu après, les daïmios renoncèrent plus ou moins volontairement à leurs anciens privilèges ; chaque province reçut une administration uniforme ; les distinctions de caste disparurent.

Tels sont les faits. Quant aux causes qui développèrent avec une prodigieuse rapidité et amplifièrent au delà de toute attente le mouvement commencé contre

---

1. Après la Restauration, pour effacer le souvenir des luttes passées, on nomma Kyoto, Saikyo, c'est-à-dire capitale de l'Ouest, et Yédo, Tokyo, c'est-à-dire capitale de l'Est. Le nom de Tokyo est seul employé maintenant, et celui de Yédo a tout à fait disparu. Par contre, Kyoto est resté d'un usage courant ; affaire d'habitude et peut-être aussi de politique.

les Tokugawa, elles semblent complexes. Pour les élucider, il faudrait le sens historique d'un Taine, joint au loisir d'écrire plusieurs gros volumes. L'un et l'autre me font défaut. Je me bornerai donc à quelques réflexions.

Non seulement le dualisme d'autorité, conséquence du shogunat, était incompatible avec les conditions nouvelles créés par la venue des étrangers et l'établissement de relations politiques extérieures, mais, dans le pays même, cette organisation gouvernementale très délicate, très compliquée, qui avait assuré au Japon une prospérité et un bonheur relatifs sous le pouvoir fort des premiers Tokugawa, se détraquait continuellement sous la direction défaillante de leurs derniers successeurs.

Les princes du sang et les kugués avaient le plus grand intérêt à l'abolition du shogunat, à la destruction de la féodalité, à la restauration entière du pouvoir impérial, qui devaient changer en puissance et en richesse effectives les seuls vains honneurs dont ils jouissaient.

Les daïmios et même la plupart des grands samouraïs, défenseurs naturels de la féodalité, étaient circonvenus, dominés, chambrés par de petits samouraïs dont le niveau social ne dépassait guère la domesticité ; et ces derniers, tout en restant personnellement fidèles à leurs seigneurs, voyaient sans déplaisir commencer un nouvel état politique qui allait permettre à chacun d'aspirer aux plus hauts rangs.

Le peuple, pour si peu qu'il comptât, ne pouvait regretter l'ancien ordre de choses.

Enfin, les partisans des Tokugawa acceptaient leur défaite avec une résignation toute orientale.

Le mouvement novateur sembla donc s'épanouir sans opposition, après la rapide victoire des armées mikadonales.

Mais, très vite, surgirent des difficultés de tous genres, chaque jour aggravées; une scission se produisit parmi ceux qui avaient fait la Restauration et gouvernaient l'empire. Deux partis se formèrent: l'un ardemment progressiste, l'autre réactionnaire. Puis, les réactionnaires, ne pouvant faire prévaloir leurs avis dans les conseils impériaux, s'éloignèrent peu à peu de Tokyo, et commencèrent dans le sud du Japon une agitation qui aboutit, en 1877, à la révolte appelée par l'histoire: guerre de Satsuma. Cette insurrection fut réprimée après une lutte très sanglante, et les progressistes restèrent maîtres absolus du pouvoir. Ils n'abusèrent cependant pas de leur succès et traitèrent leurs adversaires avec une extrême indulgence.

Bientôt même les deux partis se réconcilièrent dans un égal amour de la patrie, un semblable désir d'assurer la grandeur de la maison mikadonale et de l'empire japonais.

Comme emblème d'union et d'oubli, un unique monument, figurant une immense baïonnette, fut élevé à Tokyo au souvenir de tous ceux qui tombèrent dans la guerre de Satsuma, vainqueurs ou vaincus.

*
* *

Maintenant le Japon a une Constitution, une Chambre des Pairs et une Chambre des Députés, un Gouvernement parlementaire. Néanmoins, les gens de Satsuma et de Choshu, qui ont fait la Restauration conservent une part d'influence absolument hors de proportion avec leur nombre. Toujours en rivalité, mais toujours prêts à s'unir contre les nouveaux venus, ils se partagent le pouvoir, les places, les faveurs, et leurs luttes sont un des principaux facteurs de la politique intérieure du pays.

Malgré les efforts tentés, non seulement par ceux qui se trouvent ainsi écartés, mais aussi par quelques gens de Satsuma et de Choshu plus clairvoyants que leurs compatriotes, ce dangereux système dure depuis trente ans et durera, avec des fortunes diverses, tant que vivront les hommes qui ont joué un rôle prépondérant lors de la Restauration.

*
* *

Trois religions sont pratiquées au Japon : le shintoïsme, le bouddhisme et le christianisme.

Le shintoïsme est la religion primitive des Iles du Soleil Levant, culte vague de la nature et des ancêtres réunis en un peuple de dieux.

Plus tard, le bouddhisme, originaire des Indes, fut prêché dans le pays par des missionnaires venus de Chine et de Corée.

Les deux religions se mêlèrent. Sans oublier leurs dieux, les Japonais adoptèrent le bouddhisme, mieux fait pour parler au cœur par ses doctrines, aux yeux par ses pompes, et associé, pour l'élite, à la haute morale de Confucius.

Le shintoïsme fut négligé, même par les empereurs. Depuis la Restauration, au contraire, il est redevenu le culte officiel pour diverses raisons, autant gouvernementales peut-être que religieuses.

Quant au bouddhisme, toujours fort en honneur dans le peuple, il perd du terrain dans les classes élevées, au moins en ce qui touche aux manifestations extérieures du culte ; car, pour le reste, les Japonais instruits semblent peu occupés des questions religieuses si elles se présentent à eux dégagées de toute idée politique.

Parmi les chrétiens, le culte catholique est, de beaucoup, celui qui compte le plus d'adhérents.

*
* *

Il est aisé de baragouiner un peu de japonais pour les besoins ordinaires de la vie, mais extrêmement difficile de parler le beau langage, car non seulement les formes du discours, mais les mots mêmes varient suivant le sexe et le rang social des interlocuteurs.

Pour écrire, on se sert des caractères idéographiques chinois ou de deux alphabets phonétiques, nommés katakana et hirakana.

En général, on mélange les caractères et les kanas, de telle sorte que l'écriture japonaise est la plus incertaine et la plus compliquée qu'il soit possible d'imaginer.

On peut également écrire le japonais avec notre alphabet, et son adoption serait, à coup sûr, un immense progrès pour le pays. Je dois ajouter qu'elle est très peu probable, malgré les efforts d'une société formée dans ce but, sous le nom de : « Romaji Kwai».

*
* *

Tout ceci dit pour éclairer la suite de mon récit, fermons notre longue parenthèse, revenons au Club-Hôtel de Yokohama, allons à la gare et prenons nos billets pour Tokyo.

Les chemins de fer japonais rappellent par leur lenteur, leur matériel peu confortable, leur encombrement, certaines petites lignes de la banlieue parisienne, aux jours de fêtes carillonnées. S'ils allongent chaque année leurs rails, ils ne progressent guère pour tout le reste. Les étrangers se plaignent, mais les Japonais sont satisfaits. Pour eux, le temps demeure encore de minime valeur, l'empilement est un ennui secondaire, et ils préfèrent beaucoup les inconvénients actuels à une élévation du prix des places, conséquence nécessaire de transports plus commodes et plus rapides. Cela n'empêche pas qu'ils adorent les voyages. Les lignes ferrées japonaises, qui, toutes ou presque toutes, font d'excellentes affaires, sont les seules du monde, je crois, où le transport des personnes donne des recettes très supérieures à celles du transport des marchandises.

Dès l'entrée dans la gare, sale et mal tenue, nous sommes ahuris par des claquements bizarres dont le bruit répercuté sous les toitures de verre finit par devenir assourdissant. Ce singulier et caractéristique tapage est produit par les socques en bois des Japonais, qui, à peine retenus aux pieds par deux lanières passant entre le pouce et le premier doigt, battent l'asphalte des quais comme un claquet la trémie d'un moulin. Quand il pleut, le fracas redouble, car, alors on remplace le socque ordinaire, formé d'une épaisse planchette un peu évidée, entre le talon et la pointe, par un véritable petit banc.

Le prince et la princesse Arisugawa, de la maison mikadonale, prennent le même train que nous. La foule se bouscule pour voir les altesses, et est encore plus bousculée par des employés aux allures de policemen grincheux qui rabattent les voyageurs et les poussent vers les wagons; tels des chiens de berger autour d'un troupeau. Notre compartiment est envahi, bondé. Je réclame mais en vain, et mieux vaut encore partir ainsi que de redescendre pour attendre le train suivant.

Bientôt d'ailleurs le charme du paysage nous fait oublier les nombreux voisins qui fument sans cesse et crachent à l'instar de lamas irrités. Malheureusement, la ravissante nature est gâtée par des affiches multicolores piquées le long de la voie. Les troncs d'arbres même sont envahis par des réclames peintes sur l'écorce en grands caractères blancs. C'est le progrès! Et qui sait? Peut-être ces caractères bizarres recommandent-ils aux voyageurs les Pastilles Géraudel, la Revalescière Dubarry, le Savon du Congo ou enfin les Parfums au Corylopsis du Japon, fleur inconnue d'ailleurs ici.

En une heure, nous sommes à Tokyo. — Descente du train; bousculade; souhaits de bienvenue; saluts aux altesses que nous reverrons bientôt en audience officielle. Le prince, petit, mais très distingué, porte avec aisance l'uniforme d'officier de marine. La princesse, grande et élancée, à l'encontre de la plupart de ses compatriotes, est habillée à la dernière mode de Paris.

*
* *

Tokyo est bâti au fond d'une large baie, mais son port, en eau peu profonde, est fréquenté seulement par des barques ou de petits bateaux de commerce.

Les vieux forts qui marquent encore de leurs silhouettes les îlots voisins, ont été abandonnés pour d'autres ouvrages beaucoup plus sérieux, élevés à l'entrée même du golfe.

Au milieu de la ville s'élève le palais impérial, entouré de fossés et de remparts qui forment du côté de la mer une double et même triple ligne de défense. En outre, une vaste enceinte extérieure aboutissant d'un côté à la mer, de l'autre à l'estuaire de la Sumida-gawa, enserre les quartiers centraux, au delà desquels s'étendent d'immenses faubourgs, indéfiniment prolongés eux-mêmes par des maisons bordant les routes principales.

Le long de la mer et au bord de la Sumida-gawa se trouvent des terrains bas sillonnés de canaux. Le reste de la ville couvre une infinité de petites collines séparées par d'étroites vallées, cultivées jadis en rizières.

Autrefois, le gouvernement shogunal, pour enlever aux daïmios toute velléité d'indépendance, les contraignait de faire à Tokyo de fréquents séjours ; souvent même d'y laisser leurs familles pendant qu'ils résidaient en province. Vivant à l'écart les uns des autres, mais entourés de nombreux samouraïs, sortant peu et toujours en cérémonie, n'ayant avec le palais shogunal aucune des relations qui constituent la vie de cour suivant nos idées européennes, les daïmios cherchèrent moins à se grouper dans les mêmes quartiers qu'à posséder de vastes propriétés d'un séjour agréable, contenant, outre la demeure seigneuriale, d'énormes communs et de véritables parcs. La nature du sol, coupé de petits mais nombreux accidents, les servit à souhait ; ils choisirent les sommets, tandis que dans les parties basses se groupaient les marchands ou les ouvriers. Et la ville s'étendit indéfiniment, englobant d'innombrables temples entourés de jardins, des cimetières, un lac, des boqueteaux, des champs encore en culture, des terrains vagues, etc.

Quelques portails de bois monumentaux, entre des murailles de torchis blanchies à la chaux et striées en losanges par de grosses baguettes noires, indiquent encore les entrées d'anciens logis seigneuriaux; certaines portes même conservent les traces d'un laquage rouge, dont le privilège était réservé aux Tokugawa et à leurs alliés familiaux; mais aucune propriété, je crois, n'est demeurée intacte aux mains de ses anciens possesseurs ou de leurs enfants. Les unes ont été morcelées, d'autres appartiennent à l'État, d'autres encore, achetées par des spéculateurs, restent abandonnées en attendant une hausse dans la valeur des terrains.

Néanmoins, Tokyo, dans son immensité, conserve pour longtemps encore son ancien caractère, et par là ressemble plutôt à une réunion de villes et de villages qu'à une grande cité, capitale d'un vaste empire.

Les rues macadamisées sont larges, mais très peu entretenues, surtout dans les faubourgs, à tel point qu'un journaliste grincheux classait un jour leurs fondrières parmi les obstacles capables d'arrêter l'ennemi, en cas d'invasion.

La plus belle voie est la Guinza, grande avenue plantée d'arbres et bordée de boutiques auxquelles font souvent face de légères baraques, comme sur nos boulevards au temps du jour de l'an.

Quant à l'éclairage, très insuffisant dans son ensemble, il varie de la lumière électrique au plus vulgaire quinquet, et des quartiers entiers sont plongés dans une obscurité à peu près complète dès que la nuit tombe. Je dois dire cependant que, grâce à une police admirablement organisée, tous sont également sûrs; jamais je n'entendis parler d'attaques nocturnes contre les passants attardés.

Naguère, toutes les habitations étaient de bois et souvent sans étage, par crainte des tremblements de terre, si fréquents au Japon [1]; mais, aux demeures des riches

---

[1]. Les tremblements de terre se produisent d'ordinaire quand la température s'élève ou s'abaisse d'une façon brusque, anormale pour la saison. Il n'est pas rare d'en ressentir plusieurs dans une seule journée. En général, l'ébranlement ne dépasse guère celui que produirait le passage rapide d'un lourd omnibus; mais quand une secousse commence, nul ne sait de quelle façon elle se terminera. Certains tremblements de terre ont causé d'épouvantables désastres, encore accrus par les incendies que les foyers renversés allument de toutes parts dans les maisons de bois.

Les vieilles légendes populaires expliquent les secousses sismiques de la manière suivante.

Un énorme poisson est emprisonné sous le sol du Japon et, pour le tenir en repos, Bouddha lui a placé sur la tête une colonne de pierre que sa droite puissante maintient fortement appliquée. — On montre dans je ne sais quel temple le haut de la colonne sur laquelle un Bouddha de bronze s'appuie. — Quand les hommes sont méchants, Bouddha lève un peu la main, le poisson frétille et secoue la terre d'un coup de queue; mais bien vite les hommes avertis se repentent et

s'adjoignaient de lourds pavillons dont le murs épais de torchis, les portes et les fenêtres de fer défiaient les secousses sismiques et les incendies.

Depuis peu d'années, on a construit en pierre et en brique de grands édifices publics — ministères, banques, casernes — et un certain nombre de maisons particulières toujours situées au milieu de jardins et ressemblant fort aux belles villas de la banlieue parisienne.

La plupart de ces bâtiments ont résisté jusqu'ici aux tremblements de terre; mais les constructions à la mode étrangère seront longtemps encore de rares exceptions. Les Japonais leur préfèrent infiniment les maisons à l'ancienne mode; et ceux même qui possèdent les plus belles demeures en pierre habitent plutôt de légers chalets attenants.

Sauf dans les rues commerçantes où quelques magasins à l'européenne apparaissent çà et là, toutes les boutiques se composent d'une partie basse et étroite au niveau des trottoirs (c'est là que s'arrêtent les clients), puis d'une partie plus haute et garnie de tatamis[1] où les vendeurs se tiennent accroupis.

prient, Bouddha miséricordieux rabaisse sa main, le poisson redevient immobile, le tremblement de terre est fini.

1. On nomme tatamis des nattes en paille de riz, très épaisses et très fines, qui garnissent, dans les maisons japonaises, le sol de toutes les pièces.

Les devantures complètement ouvertes sont abritées en été par de larges bandes de toile noire formant stores ou auvents ; en hiver, les marchands grelottent à côté de leurs braseros. D'ordinaire, chaque commis a un petit brasero particulier près duquel, après avoir servi les clients, il vient réchauffer ses mains ou allumer sa pipe au long tuyau et au fourneau minuscule dont trois bouffées à peine épuisent le contenu. Les Japonais, d'ailleurs, fument toute la journée : chez eux la pipe, dehors la cigarette. On conte même qu'un étranger, rédigeant naguère un manuel de civilité à l'usage d'une ambassade envoyée en Europe par le mikado, y mit, entre autres préceptes : « Ne fumez pas aux enterrements, à moins que l'on ne vous en prie. »

*
* *

La plupart des hommes portent le costume national et ne sacrifient aux modes nouvelles que pour le chapeau, le parapluie et le paletot. Tous, ou à peu près, ont renoncé à l'ancienne coiffure, formée d'une petite queue de cheveux non tressés, mais serrés par un fil et ramenés en avant sur le haut de la tête.

Les ouvriers en tenue de travail sont vêtus de toile bleue. Ils ont un pantalon collant, un gilet à manches et une sorte de vêtement un peu long, moitié veste, moitié manteau, marqué entre les épaules d'un emblème ou de « caractères » indiquant le métier de chacun.

Les autres Japonais s'habillent de longues robes nommés kimonos, auxquelles s'ajoutent, en cérémonie, le « hakama », pantalon plissé tombant jusqu'à terre et si large qu'il semble une jupe, ainsi que le haori, casaque de soie noire à manches flottantes, ouvertes par devant et descendant jusqu'aux genoux.

Au dos et aux manches du haori sont figurées, sur de petites réserves blanches, les armes de celui qui les porte, celles de son ancien seigneur ou seulement un emblème plus ou moins fantaisiste.

Sauf le haori qui est toujours noir, les vêtements des Japonais varient, pour la couleur, entre le bleu foncé, le brun foncé et le gris perle. Les nuances et les coupes changent au gré de la mode, tout en conservant le même aspect général aux yeux des étrangers, ainsi qu'il arrive pour nos redingotes ou nos chapeaux hauts de forme.

Les femmes portent des robes assez semblables à celles des hommes, mais beaucoup plus larges, et des ceintures nommées obis. Les nuances, dans la tonalité générale, sont à peu près les mêmes que pour le costume masculin. Les jeunes filles, les très jeunes femmes et les personnes « objectionables » mettent seules des vêtements clairs, et encore jamais pour sortir.

L'obi joue un grand rôle dans les élégances féminines; certains sont des merveilles de tissage. La forme du nœud, toujours très volumineux, varie beaucoup. A Tokyo, les jeunes filles font deux coques inégales dont la plus grande remonte jusqu'à la nuque, tandis que les femmes se contentent d'un nœud carré, gonflé par un coussinet de crin. Le poids de ce nœud contraint les Japonaises à pencher le haut du corps en avant; l'appréhension de laisser leurs robes s'entr'ouvrir les accoutume à marcher en dedans, celle de perdre leurs socques à traîner les pieds. Joignez à cela le désir d'avoir une attitude modeste, et vous ne serez pas étonné de trouver peu gracieuses au dehors des femmes que vous aurez vues charmantes à la maison.

Beaucoup d'estampes, plus ou moins anciennes, répandues en Europe, montrent de jolies dames, portant l'obi attaché par-devant en un volumineux reploiement d'étoffes chatoyantes. Cette mode, spéciale jadis aux femmes de mœurs légères avérées, a maintenant disparu. Il en est de même, ou à peu près, de l'horrible coutume de se laquer les dents en noir.

Quant à la coiffure, c'est toujours un échafaudage compliqué, soutenu par des fils de fer ou du carton, et lustré à huit reflets par un flot d'huile de camélia. Ce beau travail est d'une exécution si longue que la plupart des femmes se font coiffer une ou deux fois par semaine seulement et dorment le cou soutenu par un petit traversin très dur, pour ne pas déranger, en appuyant la tête, l'économie de leur coiffure.

Les chaussures masculines et féminines sont, à l'intérieur, des guêtres en grosse toile et, pour le dehors, des socques qu'on dépose à la porte, avant de rentrer. Par respect pour la propreté méticuleuse et la délicatesse des tatamis, nul ne garde dans la maison les chaussures qu'il portait dans la rue ni même des chaussures, si propres qu'elles soient, à semelles dures et à talons. Cette coutume ne laisse pas que d'être gênante pour les Européens fréquentant dans les demeures exclusivement japonaises. Certains se munissent de pantoufles; d'autres, moins formalistes, restent en chaussettes tout simplement. C'est à ce dernier parti que je m'arrêtai, et j'arrivai bien vite à ôter et remettre mes souliers avec la prestesse d'un véritable Japonais; mais, au début, j'étais plutôt embarrassé de mes pieds, surtout si je m'apercevais — oh! malheur! — que j'avais des chaussettes trouées.

Rien n'est plus drôle que de voir un maître de maison reconduire ses hôtes jusqu'au seuil de sa demeure, puis leur faire de longs salamalecs d'adieu tandis qu'ils se rechaussent.

Il y a quelque quinze ans, Japonais et Japonaises s'étaient engoués de nos modes et de nos usages.

Sur les conseils du célèbre marquis Ito, alors premier ministre, la cour donnait l'exemple. Les dames faisaient venir de Paris ou de Berlin des toilettes magnifiques et des corsets si bien ajustés qu'à chaque grand dîner quelques-unes se pâmaient.

Les maîtresses de maison prudentes en étaient venues à toujours inviter un médecin parmi leurs convives.

C'était le temps de l'européanisation à outrance. Chaque étrangère avait un cercle de Japonaises avides d'apprendre les belles manières d'Occident. Aux leçons de danse en petit comité succédaient des bals. Enfin, le marquis Ito donna un bal costumé. Il recevait ses hôtes, vêtu en doge. D'autres grands personnages portaient d'anciens vêtements japonais; l'un même, dit-on, avait remis pour la circonstance ses vieux habits d'apparat!

Cette fois, la mesure était dépassée : un tolle général s'éleva ; les journaux anti-ministériels crièrent au scandale, au sacrilège, puis contèrent sur l'immoralité des divertissements occidentaux les plus étranges histoires. Le marquis Ito devint le point de mire de toutes les calomnies. Lui-même s'en souciait peu; mais, naturellement, son nom n'était pas seul prononcé; plusieurs femmes furent compromises dans d'absurdes racontars que le peuple crédule acceptait sans réserves.

Bref, le ministère tomba, les bals cessèrent, les robes européennes rentrèrent dans les armoires.

Bientôt d'ailleurs une série d'événements politiques amena une réaction générale contre les étrangers, leurs idées, leurs usages. Maintenant, la cour seule, pour ne pas se dédire, conserve les modes européennes. Sauf les dames attachées aux maisons de l'impératrice ou des princesses, toutes les femmes, même celles des plus hauts fonctionnaires, ont repris les anciens costumes.

Quant aux hommes du monde, ils portent des vêtements européens comme tenue de service ou de cérémonie, mais s'empressent de reprendre le costume national dès qu'ils le peuvent.

*
* *

Naguère, les véhicules japonais étaient la charrette, le palanquin et le kago, moitié panier, moitié hamac, suspendu à une perche dont les extrémités reposaient sur les épaules des porteurs.

Maintenant le moyen de locomotion habituel est la jinrikisha, appelée d'ordinaire ici kuruma.

Les traîneurs — dits kurumayas — suivent facilement un cheval au trot ordinaire pendant plusieurs heures; mais, chose bizarre, ils sont tout désorientés si on leur demande de faire une course au pas gymnastique, sans traîner leur petit véhicule derrière eux.

Contrairement aux principes habituels, ils courent haut et gardent toujours la bouche ouverte, sans jamais s'essouffler.

A Tokyo seulement, le nombre des kurumayas est d'environ 45,000 d'après les statistiques officielles. Les uns sont engagés au mois chez des particuliers, d'autres stationnent au coin des rues, attendent sous des remisages, ou bien « maraudent » à la recherche du client.

Il existe des tarifs pour la location des kurumas, mais ils sont vagues et tombés en désuétude. D'ordinaire, les prix varient suivant les conditions de l'offre et de la demande et selon la situation sociale des clients.

Le proverbe : « Il faut payer suivant son rang » est vrai au Japon plus que partout ailleurs. J'avais l'habitude de donner fort généreusement quinze sens [1] pour une course entre la gare et ma maison. Un jour, le kuru-

---

[1]. Le sen vaut environ deux centimes et demi. Il est la centième partie du yen, unité monétaire en usage au Japon.

maya demanda plus ; et, comme je m'étonnais, il répondit que mon voisin, le ministre de Chine, payait la même course vingt sens. Je dois ajouter qu'ayant appris la différence de rang diplomatique qui existait entre mon voisin et moi, il rabattit immédiatement ses prétentions.

Le maréchal Y... étant ministre, résumait par une phrase amusante cet échelonnement des prix suivant le protocole : « Quand un marchand de poisson, disait-il, entre avec un taï au ministère, il est décidé à le vendre un yen à ma femme, cinquante sens à la femme du vice-ministre, et dix sens à la femme du concierge. »

Quoi qu'il en soit, un kurumaya gagne, en moyenne, de huit à dix sous de notre monnaie par lieue ou par heure.

Les héros de la corporation sont Mukobata et Kitaga qui, en 1891, sauvèrent le tsarévitch victime d'un attentat.

Le prince dont ils avaient protégé la vie, le mikado dont ils avaient défendu l'hôte, n'ont pas été ingrats pour eux. Ils vivent maintenant sans rien faire, rentés et décorés par la Russie et le Japon.

Naguère les kurumayas appropriaient leur costume aux circonstances et le réduisaient souvent au seul fundoshi, large bande en toile qui forme la pièce essentielle du vêtement masculin pour les gens du peuple. D'ailleurs, ils rachetaient cette pénurie par d'admirables tatouages noirs, rouges et bleus. Après chaque course, ils s'essuyaient, se séchaient, se rhabillaient et n'attrapaient pas de refroidissements. Maintenant la police les contraint à se vêtir beaucoup moins sommairement, afin que leurs corps nus n'offusquent pas les étrangers qu'ils traînent. La pudeur y gagne peut-être un peu, mais l'humanité y perd beaucoup, car les kurumayas s'enrhument continuellement.

Quant aux tatouages, ils sont interdits par les lois nouvelles, à titre de pratiques barbares. Malgré quoi, un tatoueur renommé vient toujours offrir ses services aux étrangers descendus dans les hôtels de Tokyo. D'après son prospectus, il aurait décoré des peaux illustres, à commencer par celle de S A. R. le duc d'York. Ce prince, venu au Japon en 1881, se serait fait tatouer au bras le léopard britannique.

Les voitures sont rares, laides d'ordinaire, presque toujours mal attelées et mal tenues. Les cochers des Japonais portent des livrées à coupe européenne dont le modèle remonte à l'envoi d'un équipage offert au dernier shogun par l'empereur Napoléon III, et à la vérité quelques habits et surtout quelques chapeaux contemporains pourraient être donnés aux curieux pour les spécimens authentiques envoyés à cette époque.

Derrière les voitures, se tiennent, accrochés comme nos laquais jadis, mais beaucoup moins majestueux, un ou deux coureurs — en japonais *bettos*. Tout vêtus de toile bleue, les bettos ont des pantalons collants, des blouses à manches flottantes, de très grands chapeaux, en forme de calotte sphérique, maintenus sur la tête par de légères coiffes en bambou.

Au tournant des rues, dans les encombrements, ils sautent à terre, devancent les chevaux, font faire place, enlèvent prestement du chemin et garent le long des maisons les enfants que leurs parents laissent vaguer à l'aventure.

Quant aux Européens, ils habillent leurs gens comme les bettos, et c'est le valet de pied qui, sautant du siège et y remontant avec adresse sans que l'attelage ralentisse, précède la voiture, s'il est besoin.

« In fiocchi » seulement, les diplomates sortent avec de véritables coureurs. Ces derniers alors, piqués d'orgueil, bondissent devant les chevaux avec une merveilleuse élasticité. C'est plaisir de les voir s'élancer, les bras tendus, leurs larges manches flottantes, si légers que parfois ils semblent prêts à s'envoler. Je ne puis oublier l'un de mes bettos, nommé Tsuné, qui joignait la légèreté du sylphe à la bêtise de l'oie. Il m'a fait bien des « gaffes », mais, quand je le grondais, il me disait si gentiment : « *Paddon, môsieur* », avec un accent très drôle et un air très contrit, que jamais je n'eus le courage de le renvoyer. Puis il sautait si haut, si haut! Les fameux coureurs de la reine Caroline-Mathilde de Danemark, qui n'entraient au service de la souveraine qu'après sept ans d'apprentissage et le quittaient bientôt complètement fourbus, étaient, j'en suis sûr, moins lestes que Tsuné.

Deux lignes de tramways traversent Tokyo, mais les véhicules sont d'horribles guimbardes, toujours encombrées d'une foule peu élégante.

*
* *

L'ennui de Tokyo, pour les Européens, est l'importunité des gamins et même des grandes personnes, qui s'attroupent dès qu'un étranger s'arrête devant un étalage ou entre dans une boutique.

Sans être agressive, leur attitude est indiscrète, malveillante même parfois, et ne peut s'excuser par une simple curiosité, car ils voient des étrangers tous les jours.

Il n'est pas nécessaire, en outre, de savoir beaucoup

de japonais pour comprendre ou deviner leurs propos. Quant aux moyens de se débarrasser des importuns, ils sont divers et généralement inefficaces. En voici un fort drôle, que je signale sans le recommander. Il existe dans la langue japonaise des numérations différentes, suivant les choses ou les êtres comptés. Apprenez la numération spéciale aux quadrupèdes, et lorsque les gamins vous serrent de trop près, commencez gravement à la réciter en les désignant successivement... Si après cela vous recevez une pierre, au moins vous saurez pourquoi !

En province, au contraire, ou à la campagne, les gens, malgré leur curiosité réelle, restent toujours réservés dans leur tenue, discrets dans leurs propos, polis et obligeants dans toutes leurs manières.

* * *

J'ai déjà parlé des vieilles enceintes, au milieu desquelles s'élève le palais impérial.

Elles demeurent à peu près intactes, avec leurs larges douves, leurs remparts, tantôt formés de raides pentes gazonnées, tantôt revêtus d'énormes blocs de pierre, posés les uns sur les autres, sans ciment, semble-t-il, et rappelant l'appareil des murs cyclopéens. Toujours sensible, l'inclinaison des revêtements s'accentue aux angles extérieurs, surtout vers la base, et certains saillants semblent sortir de l'eau comme les éperons de gigantesques navires. Vers le sommet des talus poussent des pins aux apparences bizarres dont les tiges se contournent et dont les maîtresses branches s'étalent abaissées et tordues par le vent.

Quelques fortins profilent au-dessus des bastions leurs silhouettes inattendues. Des murs blanchis à la chaux et percés de meurtrières, des tuiles noires couvrant les toits et les auvents, des dauphins fantastiques posant leurs grosses têtes aux extrémités des pinacles et relevant vers le ciel leurs corps incurvés, ajoutent à l'étrangeté de ces fortins dont les étages successifs diminuent à mesure qu'ils s'élèvent comme les assises d'une pyramide.

Les poternes conservent leurs passages cauteleux où se coudent les voies d'accès. Certaines gardent leurs portes en bois bardé de fer.

C'est tout l'ancien Japon féodal subitement évoqué, et ces restes archaïques forment le plus singulier contraste avec les grands bâtiments à l'européenne — banques, ministères, casernes — édifiés à l'entour, les poteaux du télégraphe et du téléphone, la voie ferrée transurbaine qui, du côté d'Ushigomé, suit les fossés de l'enceinte extérieure.

Le palais, reconstruit depuis peu après un incendie,

est un grand bâtiment de bois sans étage, pastiche plus ou moins heureux de l'ancien style japonais. Son apparence est nulle; il se distingue seulement des autres habitations du même genre par ses dimensions plus vastes et par la beauté des matériaux employés.

Après avoir monté les marches d'un haut perron, on entre dans l'antichambre. Là se tiennent les gens en livrée à l'européenne : culotte rouge et frac noir bordé de larges galons où brille, tissé or sur or, le chrysanthème héraldique, fleuri de seize pétales pour l'empereur, de quatorze seulement pour les princes du sang. Ensuite commence une sorte de large corridor, plusieurs fois bifurqué, formant comme l'artère du palais et desservant toutes les salles. Une toile épaisse en couvre les parois; elle reproduit, sur un fond clair, des fleurs et des feuillages, conçus dans le style « œsthetic » comme nuances et comme disposition. Le plafond à poutrelles, les lambris, les montants qui séparent les panneaux des tentures sont en bois de hinoki — sorte de thuya — au grain marmoréen, dont aucune peinture et même aucun vernis ne vient rehausser l'éclat. Aux fenêtres, le verre dépoli remplace et imite le papier jadis en usage. Le soir, des ampoules électriques ajoutent leur lumière à celle des cierges plantés dans les hauts chandeliers de laque.

Quelques salles du palais ont de belles proportions,

notamment la salle du trône, la salle à manger, deux très grands salons ; mais chacune semble contenue dans un bâtiment particulier ; elles se relient seulement les unes aux autres par les embranchements du corridor principal circulant autour des jardins intérieurs.

Dans toutes ces salles, les plafonds à caissons peints et à nervures de laque, les portes ornées d'admirables ferrures dorées rappellent l'ancien goût japonais, tandis que les décors des fenêtres, où se tordent les peluches mêlées aux brocarts, font songer aux appartements riches arrangés, il y a quinze ans, par le *Louvre* ou le *Bon Marché*.

Les meubles ont été fournis par un tapissier allemand et tous les styles s'y confondent, depuis l'« altdeutsch » des buffets de la salle à manger jusqu'au Louis XVI conventionnel des fauteuils du salon d'attente.

Quant aux soies tissées au Japon, elles sont merveilleuses, et, en les voyant si belles, on regrette plus encore qu'elles aient été si mal employées.

Quelques objets japonais, anciens ou modernes, tranchent sur la banalité générale.

Ce sont, parmi les vieilles choses, une série de kakémonos [1], représentant des fleurs, des fruits et des

---

[1]. Peintures sur soie se roulant et se déroulant autour d'un bâton, comme chez nous certaines grandes cartes géographiques.

animaux; un admirable paravent, dont le fond d'or fait ressortir un lion vert fantastique d'un superbe mouvement; des boîtes et des écritoires en laque; parmi les choses modernes, un coq et un poussin d'émail cloisonné d'or, puis quelques bibelots de vitrine en ivoire ou en émail translucide, quelques bronzes incrustés de métaux divers, aux nuances variées par de savants alliages comme les tons d'une tapisserie.

L'empereur et l'impératrice reçoivent dans deux petits salons contigus et fort simples séparés par quelques marches seulement du grand corridor.

Un fauteuil chinois, placé au milieu, et deux grands meubles chinois aussi, ce me semble, forment tout l'ameublement du salon de l'empereur, qui ouvre sur les jardins; celui de l'impératrice, arrangé à l'européenne, prend jour sur une cour triste et exiguë.

Au bas du tertre que domine le palais, un grand bâtiment européen, flanqué de tourelles à toits pointus, abrite les services de la maison impériale.

Le parc est superbe, au dire des Japonais et des Européens qui le virent autrefois. Maintenant, nul étranger n'y pénètre, et tout ce que j'en connais est une pittoresque et large douve, traversée par l'avenue d'accès.

Cette douve aux eaux tranquilles et pures, aux berges couvertes d'arbres et d'arbustes harmonieusement mélangés, fait le plus singulier contraste avec les fossés voisins, bordés de hauts murs défensifs.

L'empereur Mutsuhito est monté sur le trône il y a trente ans, au moment même de la Réstauration, et son règne restera célèbre par les transformations prodigieuses survenues au Japon depuis son avènement. Il est de taille relativement élevée et a une grande apparence de dignité, accentuée encore par l'uniforme de général qu'il porte d'ordinaire.

Le souverain ne se promène jamais hors de ses jardins et ne sort du palais que pour l'ouverture des Chambres et quelques rares cérémonies militaires ou civiles.

D'après l'étiquette ancienne, les Japonais ne devaient ni contempler le maître face à face, ni surtout le regarder de haut en bas. Les volets des maisons se fermaient à l'annonce de son arrivée, les rues devenaient désertes et les passants rencontrés par hasard se prosternaient, le front dans la poussière.

Maintenant le mikado est fort visible dans son carrosse à huit glaces ; et, sur son passage l'ancien cri de « Shita ni iro — Prosternez-vous » est remplacé par celui de « Mikado, chapeau, chapeau » que poussent les policemen à l'usage des Européens. D'autre part, il est vrai, on force les gens à descendre de voiture ou de cheval et on ferme encore les volets.

Ces usages anciens, conservés au milieu de la transformation du pays, produisent de singuliers contrastes. Lors de l'ouverture des Chambres, par exemple, les fenêtres des salons d'attente, situés au premier étage et donnant sur la cour d'entrée, sont couvertes de stores cloués soigneusement afin que nul ne s'y mette pour regarder l'empereur au moment de son arrivée; mais, en revanche, dans la salle des séances construite suivant les habitudes occidentales, les spectateurs des tribunes sont placés plus haut que le souverain, sans que personne en soit scandalisé.

Un jour, le carrosse impérial arriva en même temps qu'un train au passage à niveau de Méguro. Tout le monde perdit la tête. Le garde-barrière n'osa fermer, le cocher n'osa s'arrêter, le mécanicien ne put le faire, et c'est miracle si rien de fâcheux ne survint.

On dit que l'empereur travaille beaucoup, seul ou avec ses ministres, et se tient admirablement au courant de ce qui se passe dans ses États et ailleurs. Il est très accessible à ses sujets et, notamment, reçoit, au départ et au retour, tous les Japonais chargés par le gouvernement, à un titre quelconque, de missions à l'extérieur.

Quant aux rares audiences accordées aux diplomates ou, exceptionnellement, à d'illustres étrangers, elles sont fort courtes.

L'empereur, ne sachant que le japonais, parle par interprète et borne d'ordinaire l'entretien à des formules banales excluant toute idée de conversation suivie.

Je crois d'ailleurs qu'en agissant de la sorte, il obéit à des raisons d'étiquette, car L. A. R. monseiseigneur le comte de.... et monseigneur le prince de.... me firent l'honneur de me dire, au sortir d'une audience, que Sa Majesté s'était fort aimablement entretenue avec eux.

Bien que les ministres mettent toujours en avant la volonté souveraine, comme on le faisait en France sous l'ancienne monarchie, la personne de l'empereur et la part qu'il prend aux affaires de l'État restent peu connus; mais, incontestablement, il faut au mikado des qualités éminentes de caractère et d'intelligence pour tenir son rôle de souverain moderne, malgré l'éducation qu'il a reçue et les compétitions qui ne cessent de mettre aux prises dans son entourage les partisans du vieux et du nouveau Japon.

De même les conditions de la vie journalière dans le palais demeurent entourées d'un certain mystère qui semble au Japonais inhérent à la majesté souveraine.

« L'empereur, dit Chamberlain [1], se nomme Mutsuhito; mais son nom n'est presque jamais prononcé

---

[1]. *Things japanese*, par Basil Hall Chamberlain. Londres, librairie John Murray, Albermale Street, 3ᵉ édit., p. 280.

et la majorité de la nation l'ignore même probablement. Au Japon, l'empereur est simplement l'Empereur, et non une personne définie dont l'individualité nous est connue et presque familière comme, par exemple, celle de la reine Victoria ou de l'empereur Guillaume.

« Le peuple le vénère, de loin, comme un Dieu, et les étrangers qui demandent parfois si le mikado est populaire, ignorent totalement les sentiments que les Japonais, comme tous les Extrême-Orientaux, professent à l'égard de leur souverain. »

Jadis, le loyalisme à l'égard des maîtres temporels était poussé jusqu'à ses dernières limites par les Japonais. Les annales nous en montrent d'innombrables exemples. Maintenant encore, dans les romans et au théâtre, le dévouement, plutôt que l'amour, domine l'intrigue, et si l'amour intervient, il conserve dans son essence et ses manifestations le caractère d'un dévouement sans bornes. Néanmoins les auteurs japonais, historiens, romanciers, dramaturges, ne parlent jamais des sentiments professés à l'égard de l'empereur, par respect peut-être, mais aussi parce que ces sentiments doivent planer au-dessus de toute analyse et de toute discussion. Certaines légendes seules rappellent le souvenir de sujets fidèles qui, en des temps troublés, vinrent en aide aux mikados ; mais, ce faisant ils agirent non comme de féaux serviteurs d'un maître temporel, mais comme des chrétiens voulant épargner un sacrilège et sauvant les Saintes-Espèces au moment d'un pillage.

Aujourd'hui, les anciennes croyances, intactes encore dans le peuple des campagnes, s'obscurcissent peu à peu parmi les gens des villes, surtout chez les étudiants et les hommes jeunes des classes dirigeantes. S'ils considèrent encore l'empereur comme le palladium du pays et vénèrent en lui l'héritier de la plus ancienne race souveraine du monde, ils doutent de sa divinité. Rien de plus caractéristique à ce point de vue que l'attitude des pairs et des députés à l'ouverture des Chambres, quand le souverain paraît. Les premiers, gardiens fidèles des anciennes traditions, s'inclinent si bas, qu'ils semblent regretter de ne pouvoir se prosterner tout à fait, à cause de la disposition des gradins et de la coupe européenne de leurs habits chamarrés; puis ils écoutent les paroles impériales avec la soumission de croyants recevant une bénédiction. Les seconds saluent très respectueusement le mikado à son arrivée et à son départ, entendent son discours avec grande déférence, mais leur maintien laisse percer ce qu'on aurait appelé en France, au temps de la Constituante, les sentiments d'hommes libres instruits de leurs devoirs et de leurs droits.

La foi dans la divinité impériale devenant moins vive, les hommes qui gouvernent le Japon font de grands efforts pour populariser leurs princes et transformer en loyalisme les adorations d'autrefois.

L'œuvre est délicate et ceux même qui l'accomplissent ne sauraient en parler ouvertement. Je les compare volontiers à des ingénieurs qui, sachant une digue minée par les eaux, mais ne pouvant en convenir par crainte d'amener une panique, préparent secrètement en arrière un barrage nouveau.

* * *

L'impératrice appartient à la maison Itchidjo, l'une des cinq grandes familles de kugués[1] parmi lesquelles ont toujours été choisies les souveraines du Japon. Elle se nomme Haruko, et ce nom veut dire en japonais Printemps. S'il faut en croire l'Almanach de

---

[1] On appelait ces familles Goken ou Gosekkei. Les fonctions de Daidjo-Daidjin (premier ministre), Sesshio (régent) et Kwambakou (administrateur du gouvernement) étaient toujours occupées par les descendants de ces familles princières. C'est dans ces familles que les souverains devaient choisir leur épouse. Lorsque l'empereur prenait une épouse en dehors des familles Gosekkei, cette jeune fille devait auparavant être adoptée par l'une d'elles. C'est ce qui eut lieu pour le père du souverain actuel L'empereur Komeï-Tenno épousa la fille du kugué Nakayama-Tadayasu. C'est la Kodaikogo (impératrice mère) actuelle. S. M. I. fut, avant la conclusion du mariage, adoptée par la famille Kudjo. » —*La Pairie japonaise*, par Léon van de Polder, secrétaire-interprète de la Légation de S. M. le Roi des Pays-Bas au Japon. — (Yokohoma, imprimerie de S. Salabelle, 1885).

Gotha indiscret, l'impératrice Printemps est née en 1850, il y a un demi-siècle à peu près ; mais, par un privilège rare dans un pays où les femmes vieillissent vite, elle conserve la grâce et le charme de la jeunesse. Les rides sur son front semblent seulement des ombres très légères, telles que le doux soleil d'avril, quand il décline, en met aux fleurs des églantiers.

Toujours habillée suivant les modes d'Occident, la souveraine porte avec élégance des toilettes magnifiques, mais souvent un peu lourdes, qui engoncent sa petite taille dans leurs soies trop épaisses. Je me souviens de l'avoir vue, à la fin d'une cérémonie officielle qu'elle présidait en l'absence de l'empereur, presque écrasée sous le poids de son grand manteau de cour, dont la traîne brodée de larges chrysanthèmes s'épanouissait à ses pieds en une immense jonchée fleurie.

L'impératrice est adorée de tous ceux qui l'approchent pour sa bonté, sa bienveillance, son inépuisable charité. Une foule d'œuvres se réclament de son haut patronage et elle s'occupe avec une sollicitude toute spéciale de la Société de secours aux blessés, parfaitement organisée au Japon.

Les étrangers ont l'honneur de la voir en de très rares occasions seulement ; mais, bien que ne sachant aucune langue européenne, elle s'efforce d'être aimable et accueillante pour eux toutes les fois que l'étiquette le lui permet. Voici à ce sujet une anecdote amusante qui me fut contée par plusieurs personnes; je vous la conte à mon tour, sans en garantir l'authenticité.

J'ai dit combien le beau langage japonais est difficile ; il faut, surtout pour parler aux souverains, connaître toute une série de formules. Or, un diplomate, le représentant du grand-duché de Gérolstein, si vous voulez, qui savait tout juste assez de japonais pour donner quelques ordres à des serviteurs, eut un jour l'idée étrange de s'adresser directement à l'impératrice. L'essai fut malheureux, très malheureux même, paraît-il, et le grand maître des cérémonies effaré se préparait à intervenir, lorsque la souveraine, après une seconde d'étonnement, l'arrêta du geste et reprit avec le plus gracieux sourire : « Exprimez à Son Excellence tout mon vif regret de ne pas comprendre le gérolstenois. »

L'impératrice n'a jamais eu d'enfants, mais sa qualité de femme légitime fait d'elle, suivant les vieilles coutumes, la mère légale de tous les enfants de l'empereur, c'est-à-dire du prince héritier et des cinq petites princesses.

Si étrange que puisse sembler cet usage, il n'en est pas moins une sauvegarde pour la femme légitime, assurée ainsi de conserver toujours la première place au foyer familial.

Mme Sono, véritable mère du prince et, je crois,

aussi des princesses, n'a ni situation officielle, ni rang à la cour, ni influence.

Naguère, dit-on, l'impératrice seule avait le droit d'adresser la parole à l'empereur, les maîtresses ne devaient que répondre. Une étroite surveillance de tous les instants sauvegardait les privilèges de la souveraine en cela, et aussi en d'autres matières dont il serait un peu scabreux de parler ici.

Maintenant encore, la maîtresse disparaît à tel point devant l'épouse que, lors de la naissance de la dernière petite princesse, une gravure populaire répandue à profusion dans tout le Japon, montrait l'impératrice tenant le poupon dans ses bras.

On assure que le prince impérial lui-même ne connaît pas son exacte origine et que cette ignorance a été soigneusement maintenue par son entourage pour épargner au futur souverain, instruit des choses européennes, un regret ou un étonnement.

Le prince Itchidjo, frère de l'impératrice, est lieutenant de vaisseau. Il a servi dans notre marine et sait parfaitement le français. Il ne jouit, à ce qu'il semble, d'aucun privilège. Lorsque les circonstances de quelque cérémonie publique le placent près de sa sœur, rien dans leur attitude réciproque ne laisserait deviner le lien de parenté si étroit qui les unit.

Ceci est encore un trait des mœurs japonaises; la

femme mariée doit faire en quelque sorte abstraction de sa famille propre au profit de celle de son époux. Un gendre n'est même pas tenu, je crois, de porter le deuil de ses beaux-parents.

Le prince impérial, assez délicat dans son enfance, a grandi, entouré de précautions et de soins infinis, sous la haute direction médicale de l'excellent docteur Baelz, Allemand de naissance, établi depuis longtemps au Japon. Le prince a la figure fine et aristocratique, une jolie tournure, l'air aimable, des allures distinguées. On le dit fort intelligent, curieux des choses occidentales. Il apprend notamment le français et fait dans notre langue de rapides progrès.

Déclaré majeur en 1898, il épousera bientôt soit une princesse de sa maison, soit une jeune fille choisie parmi les premières familles du Japon.

Parfois on discute l'éventualité d'un mariage entre le prince et une princesse européenne. Il est certain que la maison mikadonale, qui porte déjà les deuils des souverains d'Occident et en toute occasion traite de pair avec eux, serait heureuse de leur être apparentée. Les mikados rechercheront, dans un avenir plus ou moins éloigné, des alliances souveraines étrangères, mais, pour beaucoup de raisons, ce temps n'est pas encore venu.

La question de religion, d'abord, serait fort embarrassante ; le prince, il est vrai, pourrait conserver le culte de ses aïeux, mais ses enfants devraient être chrétiens, et l'avénement au trône d'un chrétien entraînerait les plus profondes modifications dans la vie sociale de l'empire.

En outre, le christianisme comprend le catholicisme romain, le protestantisme et l'orthodoxie grecque ; l'adhésion du Japon à l'une de ces confessions aurait — au moins au début — une influence marquée et particulière sur l'orientation de la politique extérieure. Enfin je ne sais si la perspective terrestre d'un diadème impérial et la perspective céleste d'un nimbe brillant comme celui de sainte Clotilde décideraient une fille de maison régnante européenne à s'expatrier si loin des siens.

J'ajouterai que l'alliance d'une étrangère n'appartenant pas à une famille souveraine n'offrirait que des inconvénients pour la dignité de la maison mikadonale.

L'impératrice Asako, veuve de l'empereur Koméï-Tenno et mère de l'empereur actuel, est morte en 1897.

Plus accessible, selon les vieilles étiquettes, que le souverain son époux, elle avait été mêlée activement aux prodromes de la Restauration. Vers la fin de sa vie, elle habitait un des palais de Tokyo, mais conservait le costume et tous les usages d'autrefois. Le docteur Baelz, appelé en consultation peu de temps avant sa mort, est peut-être le seul Européen qui jamais lui parla.

Je raconterai plus loin ses funérailles splendides célébrées à Kyoto. Son deuil fut sévèrement porté et les ordonnances qui le réglèrent confondirent dans un singulier amalgame les usages étrangers et les coutumes japonaises. Tout à la fois, parurent au journal officiel des ordonnances réglant le port des vêtements européens, des bijoux, des rubans, des gants, des éventails à l'instar des cours occidentales, et d'autres ordonnances défendant aux enfants de jouer, aux grandes personnes de chasser, de faire de la musique, etc.

Le respect littéral de ces dernières ordonnances fut si grand que dans certaines villes, dit-on, les policemen interdirent aux aveugles l'usage du flageolet dont le son, prévenant de leur passage, les gare d'être bousculés. Ailleurs, le deuil s'étendit jusqu'aux quartiers les plus mal famés dans les plus étranges conditions.

*
* *

La cour mikadonale reçoit peu, je l'ai déjà dit; après avoir écarté au nom des idées européennes les barrières qui entouraient la majesté souveraine, les conseillers impériaux, pris de regret, semblent vouloir les rétablir au nom des mêmes idées et empruntent surtout aux étiquettes occidentales leurs clauses restrictives. Du reste, au milieu des incessantes compétitions étrangères qui s'agitent à Tokyo, la cour, plus d'une fois trompée, a quelque sujet de rester sur la réserve.

Dans l'après-midi du premier janvier, le corps diplomatique défile devant le couple impérial. Les hommes sont en grande tenue naturellement, les femmes en robes décolletées avec la traîne de cour.

Un petit lunch et la distribution aux invités de gros œufs en sucre, contenant des bibelots, termine la cérémonie.

Une note pittoresque inattendue est donnée par des pages vêtus de costumes violets, rappelant l'époque de Louis XV. Ils ont la tête nue, mais portent attachés dans le dos leurs grands feutres emplumés.

La fête des cerisiers est un garden-party quelconque organisé dans le joli jardin de Shiba-Rikyu, au temps où les cerisiers doubles fleurissent. Après une courte promenade en cortège derrière les souverains, on s'arrête près d'une grande tente. Les chefs de mission présentent à Leurs Majestés les diplomates nouvellement arrivés, puis on goûte. L'empereur, l'impératrice, les princes prennent place à une grande table en fer à cheval, les invités s'installent à leur guise autour de tables plus petites. Le goûter est bon, les domestiques sont bien tenus, tout est correct, mais, abstraction faite du décor idéal fourni par la nature, l'ensemble rappelle les splendeurs médiocres d'une importante préfecture française et ne correspond nullement au tableau charmant qu'évoque pour les imaginations occidentales le nom de la fête des cerisiers. Quelque réjouissance villageoise dans un modeste bourg japonais serait plus suggestive cent fois.

J'avais rêvé d'un mikado en splendide costume, arrivant dans un palanquin de laque noire rehaussée d'or; d'une impératrice merveilleusement parée, s'avançant à petits pas sur les verts gazons, hiératique comme une déesse et souriante comme une enfant; de guerriers casqués et cuirassés, ayant deux sabres à la ceinture; de nobles dames aux étroites et longues robes brodées d'oiseaux, de fleurs, de papillons. Imagination! Le mikado porte un uniforme à la mode européenne, l'impératrice une robe venue peut-être de chez Doucet; leur équipage est une calèche à huit ressorts; des officiers en dolmans ajustés, des messieurs en redingotes, fils des guerriers d'autrefois, s'empressent à leur rencontre. Seules, la plupart des Japonaises conservent les modes anciennes — encore qu'en des nuances assombries — comme pour nous rendre plus vif le regret des splendeurs passées.

Je n'ai pas vu la fête des chrysanthèmes, donnée chaque automne, au palais d'Akasaka. Le programme général est le même dans un décor différent, mais les fleurs des chrysanthèmes, variées à l'infini, offrent un intérêt auquel ne sauraient prétendre les flocons neigeux des cerisiers.

Telles sont les trois seules réceptions de la cour.

Parfois, en l'honneur d'un illustre voyageur, la maison impériale organise une chasse au canard, une séance de danseurs nobles, une partie de polo.

Pour la chasse au canard, les invités se postent au bord d'étroits fossés, puis, avec des « filets à papillons », cherchent à capturer les volatiles attirés par certains appâts.

Les danseurs nobles font, en de splendides costumes, des passes ressemblant à nos saluts d'escrime, au son d'une musique archaïque et discordante.

Le polo japonais est charmant et gracieux au possible. Les joueurs, parés à la mode ancienne et montant de petits chevaux superbement harnachés, forment deux camps. Chaque partenaire, armé d'une flexible tige en bambou terminée par un petit filet, ramasse des balles à terre et tâche d'en lancer le plus possible dans une étroite ouverture malgré les efforts du camp opposé. Les joueurs ordinaires de la cour appartiennent à la domesticité des écuries; mais quelques jeunes gens de l'aristocratie pratiquent également le polo. Je me souviens du succès d'adresse et d'élégance obtenu par le fils du marquis Ito, empruntant les atours d'un professionnel et se mêlant au jeu, lors d'une fête en l'honneur de S. A. R. monseigneur le comte de...

*
* *

Parmi les membres de la maison régnante, les plus connus sont le prince Arisugawa, le prince Komatsu, le prince Fushimi, le prince Kanin et le prince Yorihito Komatsu.

J'ai déjà parlé du prince Arisugawa, premier prince du sang. Il a fait ses études en Angleterre; parle très bien l'anglais et sait quelques mots de notre langue dont il se sert avec beaucoup de politesse et d'à-propos.

Excellent marin, il s'est fort distingué pendant la guerre sino-japonaise. Tous rendent hommage à sa bravoure, apprécient ses talents, vantent son exactitude à remplir ses devoirs d'officier.

Petit de taille et conservant l'air très jeune, bien qu'il dépasse la trentaine, le prince n'en a pas moins beaucoup de dignité dans le maintien et de noblesse dans les allures. Ses manières sont aisées, son abord est affable, sans hauteur, mais sans familiarité; tout dans son attitude est en rapport avec le haut rang qu'il occupe.

Sa femme est la sœur du marquis Maëda dont les aïeux furent les plus opulents daïmios du Japon. Elle a une taille fine, une figure allongée, des yeux légèrement relevés vers les tempes, et réalise le type parfait des Japonaises idéales, telles qu'aimèrent à les peindre sur de longs kakémonos les artistes du siècle dernier.

Le prince Komatsu, chef d'état-major général de l'armée jusqu'au printemps de 1898, puis président du conseil militaire aulique, est un très bon officier et le meilleur des hommes. Né en 1846, il était destiné à entrer dans les Ordres pour devenir grand-bonze de quelque temple illustre; mais les circonstances de la Restauration décidèrent autrement de sa carrière et en firent un général. Son frère, le prince Fushimi, envoyé en 1896 comme représentant de l'Empereur au couronnement du Tsar, a fait des séjours à Paris, avant et après les fêtes de Moscou. Au Japon, il vit assez retiré, depuis que sa femme, toujours souffrante, est condamnée à une complète réclusion.

Le nom du prince Kanin est très connu en France. Il a suivi les cours de Saint-Cyr, de Saumur, de l'École de guerre et fait un long stage dans notre cavalerie.

Les habitués du bois de Boulogne se rappellent l'avoir souvent rencontré en 1892, montant un joli cheval alezan ou conduisant un grand phaéton. Tout le monde le regardait tant et si bien qu'il finit, dit-on, par rendre quelques œillades. Mais ne parlons pas de l'histoire ancienne.... Dès son retour au Japon, le prince a épousé la charmante et mignonne fille du feu duc Sanjo. Maintenant, il est le modèle des princes aimables, des bons pères de famille et des officiers de cavalerie. Le régiment qu'il commande passe pour le le plus beau de l'armée.

Le prince Yorihito Komatsu, frère cadet du prince Kanin, a suivi les cours du *Borda*. Nul Japonais ne parle mieux notre langue, n'a davantage les allures d'un Européen distingué, ne semble plus sympathique.

Chaque prince donne tous les ans chez lui ou au palais impérial d'Akasaka une série de dîners auxquels sont invités les membres du corps diplomatique et de hauts personnages japonais.

Ces agapes officielles sont d'une correction parfaite, mais sans variété et comme impersonnelles. Les fonctionnaires de la cour en règlent uniformément tous les détails avec l'Hôtel Impérial ou un grand restaurant nommé le Seiyo-ken, qui fournissent les mets, les domestiques, etc.

Les décorations florales seules varient suivant les saisons. Je garde le souvenir d'arrangements faits en répandant sur la nappe des aiguilles de pin au travers de mille cribles à dessins variés, ou en disposant autour du couvert des feuilles d'érable rouge soigneusement séchées.

Beaucoup de Japonais ignorent les langues européennes et infiniment peu d'Européens savent le japonais; aussi la grande préoccupation pour les organisateurs des dîners princiers est-elle de répartir les convives de telle manière que chacun puisse causer avec l'un de ses voisins ou au moins avec son vis-à-vis.

Ce soin, joint aux exigences du protocole, fait ressembler le choix et le placement des invités aux combinaisons légendaires qui régissent le voyage du loup, de la chèvre et du chou.

Je dois ajouter que tous les Japonais parlant des langues européennes, si haut placés qu'ils soient, se prêtent aimablement à faire office d'interprètes.

Les princes japonais, sauf peut-être le prince Arisugawa, semblent n'avoir pas de fortune personnelle.

La cassette impériale leur sert des pensions et subvient, suivant les circonstances, à leurs dépenses imprévues. A l'encontre de ce qui se passe pour les membres des familles régnantes d'Europe, les idées, les tendances spéciales à chaque prince demeurent inconnues. Bien que les membres de la maison mikadonale se trouvent, par leurs fonctions dans l'armée ou dans la marine, en contact avec une foule de gens très divers, le respect populaire continue à les entourer d'une sorte d'impersonnalité.

Comme je l'ai dit, plusieurs princes furent instruits en Europe. Dans nos grandes écoles, ils étaient traités en simples particuliers et, suivant le désir de leur gouvernement, astreints à la vie, parfois très dure, de leurs camarades. Ces procédés démocratiques, si peu en rapport avec leur existence passée et future, semblent avoir été malhabiles. Une éducation mieux appropriée à leur rang, tout en épargnant aux impériaux élèves d'inutiles corvées, leur aurait assuré une instruction technique égale, une instruction générale plus étendue et, peut-être, une meilleure connaissance des choses et des gens.

*
* *

Les dignitaires de la cour mikadonale sont très nombreux, mais les Européens en connaissent seulement quelques-uns appartenant au « service extérieur ».

Le comte Hijikata, ministre de la maison impériale, est un aimable vieillard marié à une femme remarquablement intelligente et instruite.

Après lui dans l'ordre des préséances, vient le baron Sannomiya, grand maître des cérémonies. Le baron a épousé une Anglaise qui, sans charge officielle, fait fonction de grande-maîtresse de l'impératrice dans certaines occasions. Pratiquement M. et Mme Sannomiya servent d'intermédiaires pour toutes les relations de la cour impériale avec les étrangers : dur métier, car le mélange d'étiquettes nouvelles et d'usages anciens qui forme le cérémonial du palais est fort embrouillé. Chaque jour, les demandes, les réclamations, les plaintes, les objurgations affluent, officielles ou officieuses, aigres ou amicales, chez les Sannomiya. Des prodiges de tact, de diplomatie leur sont nécessaires pour concilier les intérêts de chacun et remplir à la satisfaction générale leur rôle d'intermédiaires, de pacificateurs, parfois même d' « État-tampon ». Ils y réussissent cependant et ne comptent que des amis, grâce à leur politesse, leur intelligence, leur bon cœur, leur désir extrême d'obliger.

N'ayant pas d'enfants, M. et Mme Sannomiya traitent presque en fille adoptive une jeune Anglaise, miss Hayes, qui aide et supplée la baronne dans la direction de nombreuses œuvres charitables : ventes, concerts, représentations théâtrales, etc...

Le marquis A. Y. Tokugawa, vice-grand-maître des cérémonies, appartient à l'ancienne maison shogunale et descend de la branche très illustre et très opulente des princes de Mito. Il y a quelque trente ans, avant la Restauration, son frère aîné, envoyé en France par le shogun, fut traité en prince du sang à la cour de Napoléon III. Quant au marquis actuel, il a fait ses études à Paris, mais plus tard et dans de moins brillantes conditions. Entré ensuite dans la diplomatie, il fut ministre à Rome pendant quelques années. Le grand palais de Mito, entouré de jardins merveilleux, est devenu l'arsenal, et le marquis habite maintenant une ancienne mais beaucoup plus modeste propriété de sa famille, située à l'une des extrémités de Tokyo, au bord de la Sumida-gawa. Près de la demeure primitive, il a construit une villa de style italien, arrangée à ravir et pleine de choses rares et précieuses parmi lesquelles on remarque divers objets provenant des missionnaires catholiques qui, au XVIIe siècle, évangélisèrent le Japon.

Immédiatement après la Restauration, plusieurs kugués de haute naissance et quelques daïmios, jouèrent un rôle politique prépondérant, servirent dans la diplomatie, remplirent des charges de cour; mais aujourd'hui le pouvoir et les charges honorifiques mêmes ont passé en d'autres mains; le marquis Tokugawa reste l'un des rares grands seigneurs qui se mêle à la vie active du pays et ne se contente pas d'occuper, dans un silence ennuyé, le siège de la Chambre haute auquel son titre lui donne droit.

Exact à remplir les devoirs de sa charge, il passe chaque jour plusieurs heures à son modeste bureau dans ce palais où les siens vécurent en rois et parle du passé, encore si proche, avec un détachement qui étonne les Occidentaux, très longs à oublier. Tous ceux de sa famille, d'ailleurs, ont accepté, sans étonnement, le fait accompli. Le jeune prince Tokugawa, chef actuel de l'ancienne maison shogunale, prend une part active aux travaux parlementaires.

Quant au shogun lui-même, Keiki Togugawa, il vit encore; mais si parfois il se souvient de son pouvoir passé, c'est toujours en fidèle et loyal sujet du mikado.

Retiré après la Restauration à Shidzuoka, berceau de sa race, il y passa trente ans, en philosophe, entouré d'anciens serviteurs tout dévoués à sa personne, mais aussi respectueux que lui-même des volontés impériales. La chasse, la pêche, la peinture, la photographie, la poésie, la culture des fleurs, l'arrangement des jardins, occupaient les loisirs que lui laissait la direction d'une nombreuse famille. Puis, en 1898, se sentant vieillir et souffrant d'un isolement rendu plus sensible par la mort de sa femme, il revint à Tokyo, près de ses enfants, mariés ou achevant leur éducation.

Son premier soin, au retour dans la ville où il régnait naguère, fut de saluer l'empereur et l'impératrice, qui le reçurent avec toute la distinction possible et le comblèrent de présents. Le mikado, du reste, a toujours traité l'ex-shogun non comme un adversaire vaincu, mais comme l'ancien titulaire de la plus haute charge de l'État. L'une des filles de Keiki Tokugawa a même épousé un prince de la maison impériale.

Parmi les titulaires des grandes charges de la cour, les maîtres des cérémonies, les gentilhommes des princes, les fonctionnaires divers de la maison impériale, je citerai encore quelques noms, sans faire nomenclature et en suivant plus mes souvenirs que l'ordre des préséances.

Le vicomte Fujinami dirige les écuries du palais. Grâce à lui les équipages impériaux, sans atteindre encore à une parfaite correction, dépassent tout ce qu'on a coutume de voir au Japon. Les voitures viennent de Paris ou de Londres. Quant aux chevaux, quelques-uns, achetés en Europe, en Amérique, en Australie, ou nés au Japon de parents étrangers, sont fort beaux; d'autres, choisis parmi les meilleurs produits d'étalons importés et de juments du pays, sont convenables. La plupart de ces derniers viennent du haras impérial de Nikkapu, dans l'île de Yézo. Les gens laissent plus à désirer, et les piqueurs de la cour sont loin d'égaler Montjarret. Néanmoins, il faudrait bien peu de chose pour donner à l'ensemble le petit « coup de fion » qui lui manque encore.

Les jardins et les serres de la maison mikadonale sont placés sous la haute surveillance de M. Fukuba, botaniste distingué qui joint à une science étendue des connaissances pratiques acquises en France. L'immense parc de Shinjiku, situé dans un faubourg de Tokyo, forme son principal domaine. Il y a réuni une collection superbe, et chaque jour accrue, de fleurs, de fruits, de légumes, originaires du pays ou importés. Les roses de France, les tulipes de Hollande, les orchidées des régions équatoriales fleurissent près des chrysanthèmes, des lys, des iris du Japon. L'acclimatement de nos arbres fruitiers se poursuit, malgré les difficultés dues à l'humidité très grande du pays. On entreprend de sérieux essais pour généraliser la culture de la vigne, réduite encore à quelques treilles.

A Shinjiku se trouve également la pêcherie organisée pour fournir de poissons d'eau douce la table impériale. Les eaux claires et rapides d'une rivière, amenées de fort loin, se déversent sur des claies qui arrêtent au passage tous leurs habitants.

Le vicomte Kagawa cumule les fonctions de grand-maître des cuisines impériales et de grand-maître de la maison de l'impératrice. C'est un petit homme, gros, en train, toujours en mouvement, toujours de bonne humeur et prêt à rendre service.

Les dames d'honneur de la souveraine sont de gracieuses Japonaises, fort intelligentes, connaissant à merveille les langues et les usages européens. Lorsque l'impératrice s'adresse à des étrangers, l'une d'elles sert d'interprète et traduit les mots que sa maîtresse, obéissant, je pense, à quelque étiquette, murmure sur un ton très bas.

Une fois par semaine, les dames d'honneur reçoivent dans un salon du palais et se tirent vraiment bien de leur rôle. C'est plaisir de les voir parmi la foule des visiteurs, aimables et souriantes. Elles savent ce qu'il faut dire à chacun ou chacune et évoluent au milieu du cadre européen qui les entoure, sans embarras, mais avec une nuance de timidité. Leur « jour » est très suivi par le corps diplomatique et les Japonais qui ont des attaches à la cour, entre autres : le marquis Nabeshima, ancien grand-maître de cérémonies, et la marquise Nabeshima ; Mme Shimoda, qui dirige le collège des demoiselles nobles, et ses collaboratrices, Mlle Ogashima, Mme Nagata, etc.; Mlle Horié, spécialement attachée à l'éducation des petites princesses, filles du mikado ; le vicomte et la vicomtesse Tanaka ; le comte

Toda, et la comtesse Toda qui passe pour la plus jolie femme de Tokyo et est aussi charmante en costume européen qu'en habits japonais; M. Nagasaki, maître de cérémonies, et Mᵐᵉ Nagasaki; M. Shosaku Matsugata et sa femme, fille du richissime banquier Iwasaki; MM. Daté, Hachisuka, Matsudaïra, jeunes gens de la plus haute aristocratie féodale, pourvus depuis peu de quelques charges dans la maison de l'empereur, etc.

Les maisons civiles des princes et des princesses comprennent un nombre restreint de dignitaires, maintenus, comme leurs maîtres, dans une dépendance marquée à l'égard du Palais.

Je retrouve, en classant mes souvenirs, les noms du vicomte Inaba, parfait gentleman, élevé dans les Universités anglaises et attaché, dès son retour, au prince héritier; du baron et de la baronne Hanabusa, attachés au prince et à la princesse Kanin; de M. Niwa, gentilhomme du prince Yorihito Komatsu; de M. et Mᵐᵉ Inouyé, qui ont quitté le prince et la princesse Arisugawa, en 1898, pour représenter le Japon à Berlin.

Parmi les militaires servant auprès des princes, j'ai surtout connu le capitaine comte Hishamatsu, officier d'ordonnance du prince Komatsu et ancien élève de Saint-Cyr.

Descendant des daïmios de Matsuyama, gendre du

prince de Satsuma, le comte Hishamatsu est l'un des
rares hommes de l'ancienne noblesse suivant une carrière, conservant une existence brillante et envisageant l'avenir sans oublier le passé.

Sa femme est charmante, et sa mère, veuve depuis
ongtemps, semble un modèle accompli des hautes et
puissantes dames japonaises d'autrefois, douces de
manières, infiniment polies dans le fond et dans les
formes, soumises à leurs époux, mais intelligentes, instruites, accoutumées à diriger une nuée de serviteurs,
et fort éloignées d'être les insignifiantes poupées que
l'on s'imagine. Sortant rarement de son logis presque
palatial, elle écrit, dit-on, les souvenirs de sa vie. Rien
ne doit être plus intéressant, plus suggestif, plus
curieux au point de vue de la psychologie japonaise
que ses jugements sur les changements prodigieux survenus au Japon depuis sa jeunesse.

* * *

A côté de la cour, le monde officiel est nombreux et
accueillant d'ordinaire pour les étrangers, par devoir
ou par goût; malheureusement, les changements de
ministère — et ils sont fréquents — bouleversent profondément les relations, car la plupart des hommes

politiques cessent tout rapport avec les Européens, dès qu'ils ont quitté le pouvoir. Parmi les plus connus, je citerai le marquis Ito, qui naguère s'enfuit du Japon féodal pour visiter l'Occident et, depuis la Restauration, joue dans les affaires de son pays un rôle considérable, souvent même prépondérant; le comte Matsugata, dont un fils compte parmi les Japonais connaissant le mieux notre langue et nos usages; le comte Okuma, infirme, depuis qu'une bombe lancée sur sa voiture lui broya la jambe, mais toujours agissant et d'une fougue inusitée dans son pays.

Il ne m'appartient pas d'apprécier la conduite politique du comte Okuma. Dans les relations mondaines, nul homme d'État parmi ses compatriotes ne semble au même degré comprendre les choses et les gens d'Occident, discerner nos usages, être accessible à nos idées. Sa supériorité vient de ce qu'en cherchant beaucoup à nous connaître, il n'a pas trop cherché à nous imiter. Ce n'est point un Japonais qui, durant certaines heures du jour, se transforme en Européen d'allures médiocres; c'est un Japonais de haute distinction qui, par grande politesse et pour éviter toute gêne aux étrangers qu'il fréquente, conforme momentanément ses manières aux leurs.

Le comte Okuma possède à Waseda, faubourg de Tokyo, des collections de fleurs admirables. Ses chrysanthèmes, surtout, sont renommés à l'égal de ceux du palais.

La comtesse Okuma n'adore pas moins les fleurs, mais se complaît aux infiniment petites. Nulle n'est plus habile à élever dans des pots, moins grands que des verres à liqueur, mille sortes de végétaux minuscules qui reproduisent le port de leurs grands congénères. Alors que son mari était ministre des affaires étrangères, une table du salon, toujours couverte de plantes lilliputiennes, faisait l'amusement des visiteurs et l'objet de leurs convoitises non dissimulées. Nous avions emporté précieusement quelques-unes de ces charmantes plantes données à ma femme par Mme Okuma. Hélas! l'air embrasé de l'Océan Indien desséma leurs petites feuilles; les pots seuls nous restent.

*
* *

Dans l'armée, je citerai d'abord les maréchaux Yamagata, Oyama, Nodzu, dont les exploits pendant la guerre sino-japonaise ont popularisé les noms dans le monde entier.

Le maréchal Yamagata, venu peu après en Europe, fut accueilli partout avec une sympathique et admirative curiosité. On se rappelle sa figure émaciée et expressive, son abord très courtois, toutes ses allures qui, malgré la différence des races, décelaient l'habitude des hauts commandements. Aucun homme n'a joué, au point de vue militaire et politique, un rôle plus considérable dans l'évolution de son pays depuis la Restauration.

Également connu, respecté et admiré dans l'armée, mais moins versé dans la politique, le maréchal Oyama paraît, au moral comme au physique, l'anthithèse du maréchal Yamagata. Autant le maréchal Yamagata est réservé, calme, circonspect, autant le maréchal Oyama est vif, enjoué, ouvert, bon vivant, tout de prime-saut et de premier mouvement. Enfin, pour achever les portraits, le premier est aussi maigre et bilieux que le second est gras et sanguin.

La maréchale Oyama, élevée aux États-Unis, est l'une des Japonaises les plus instruites, les plus aimables, les plus distinguées. Nulle, sinon peut-être Mme Ynouyé, ne porte avec autant d'aisance le costume européen; néanmoins, elle a repris les vêtements, les coutumes, les usages de son pays; et ses filles reçoivent une éducation très soignée, mais purement japonaise.

Parmi les officiers moins âgés, on remarque surtout le général Kawakami, chef d'état-major général, le général Katsura, ministre de la guerre, le général Kodama, gouverneur de Formose, le général Teraoutsi qui dirigea fort habilement tous les *services de l'arrière* pendant la campagne de Chine, etc.

Leur véritable éducation militaire date de la venue au Japon des instructeurs français. Ils représentent une génération intermédiaire entre les hommes d'autrefois qui jouèrent les premiers rôles dans la guerre de la Restauration et les jeunes gens instruits d'après les idées européennes, mais sans le concours d'étrangers. Les succès de la guerre sino-japonaise sont leur œuvre ; ils forment actuellement l'âme de l'armée.

Le général Kawakami est l'un des hommes éminents de son pays, et, bien qu'il ne connaisse aucune langue étrangère, l'un des plus ouverts aux choses et aux idées européennes. Les circonstances en ont fait un officier, mais sa supériorité est évidente et s'affirmerait dans toute autre carrière aussi bien que dans l'armée [1].

Également en vue, mais peut-être moins brillant d'apparence, le général Katsura, a sur le général Kawakami l'avantage de parler le français, l'anglais et l'allemand.

Dans l'armée de mer, les noms les plus populaires sont ceux de l'amiral Saïgo, ministre de la marine, et du vice-amiral Ito, chef d'état-major général.

---

[1]. Le général Kawakami a succombé en 1899 à une maladie de cœur, dont il souffrait depuis longtemps. Sa mort est une immense perte pour le Japon.

L'amiral Saïgo jouit d'une popularité immense, héritée en partie de son frère aîné, le grand Saïgo, dont les exploits, puis la rébellion et la mort en 1877, à la fin de la révolte de Satsuma, sont le dernier épisode des fastes héroïques du vieux Japon.

Après s'être couvert de gloire pendant la guerre de la Restauration, le grand Saïgo, ancien samouraï du prince de Satsuma, avait été nommé maréchal et commandant en chef de l'armée. Mais cela ne suffisait pas encore aux ambitions de ses amis, de ses partisans, hantés par le souvenir des guerriers heureux qui, au nom des mikados sans pouvoir, avaient gouverné le Japon en maîtres absolus. Lui-même voyait avec impatience d'autres avis que les siens reçus dans les conseils impériaux. Bientôt il devint le chef de tous les mécontents, le porte-parole de tous ceux qui se prenaient à regretter les vieilles institutions de leur pays. Peu à peu il s'éloigna de la cour et, quand éclata la révolte de Satsuma, dirigée sinon contre le mikado, du moins contre ses conseillers, il se trouva, presque sans l'avoir voulu, à la tête des rebelles.

Vaincu en diverses rencontres, fugitif avec une poignée de soldats, Saïgo parvint, après mille traverses, à gagner Kagoshima, lieu de sa naissance, et s'établit pour la lutte suprême sur une colline nommée le Shiroyama. Les impériaux cernèrent la hauteur, l'entourèrent de lignes de circonvallation et donnèrent l'assaut. Dès le début de l'action, Saïgo, blessé à la jambe, dut abandonner le commandement. Allait-il, pour comble d'infortune, tomber vivant aux mains de ses adversaires? Il ne le voulut point et résolut de mourir suivant les rites d'autrefois. — Saïgo, le dernier et le plus brillant des samouraïs, ne pouvait faillir au devoir que les vieilles lois de l'honneur imposaient à ceux de sa caste, après tout espoir perdu. — Donc, il s'inclina devant le soleil levant, emblème du Japon, puis s'assit par terre et donna l'ordre à son fidèle lieutenant Hemmi de le décapiter, tandis que lui-même se frapperait au ventre d'un coup de poignard. Le sacrifice consommé, Hemmi, exécutant jusqu'au bout les volontés du maréchal, ensevelit sa tête dans un endroit secret pour dérober aux assaillants ce trophée illustre, puis, retournant à la bataille, tomba percé de coups.

Cependant, les impériaux victorieux découvrirent la tête de Saïgo; alors Kawamura, leur chef, prit lui-même cette tête toute maculée de boue et de sang, l'emporta pieusement dans sa tente, en lava le visage, en accommoda la chevelure suivant l'ancienne mode, et, avant de la rendre à la terre, l'offrit à la vénération de ses soldats, pour qui Saïgo, même rebelle, restait le guerrier illustre par excellence, le héros des temps disparus.

Solennellement, on plaça au centre d'une large fosse la dépouille du maréchal, entre les cadavres de ses compagnons d'armes.

Plus tard, la mémoire du grand rebelle fut réhabilitée.

D'ailleurs, les choses vont si vite en Extrême-Orient, que ces événements sont déjà entrés dans l'histoire, dégagés de toute discussion, et même s'y parent d'un éclat légendaire. La sépulture de Saïgo est devenue un lieu de pélerinage et les gens du peuple assurent que le héros, élevé au rang des dieux, a maintenant la planète Mars pour séjour.

Suivant une autre croyance, Saïgo, miraculeusement sauvé, avait gagné l'Amérique et devait reparaître pour commander les armées, si quelque grand péril menaçait le Japon. Au début de la guerre de Chine, plus d'un pensa le revoir, mais c'est en vain qu'on l'attendit. Le grand Saïgo est bien mort, et le vieux Japon chevaleresque des daïmios et des samouraïs est mort avec lui !

La marquise Saïgo, femme de l'amiral, ministre de la marine, est remarquablement intelligente et bonne. Elle partage son temps entre la tenue d'une maison luxueusement hospitalière et l'éducation de ses enfants. Les aînés de ses fils sont, l'un à l'École navale, l'autre à l'École militaire, et font déjà honneur au grand nom de Saïgo. Ses filles appelées : l'une Sakura, c'est-à-dire cerisier, l'autre Fuji, c'est-à-dire glycine, sont charmantes. Mlle Sakura, jeune personne de douze ans, est la plus aimable, mondaine et enjouée petite Japonaise que j'aie jamais vue. Des maîtres japonais la parent de tous les talents, et nos religieuses lui enseignent le français et la musique. Quant à Fuji, bien qu'âgée de cinq ans à peine, elle suit déjà les traces de sa sœur. Lorsque sa mère reçoit, Fuji adore venir au salon et fait la joie des visiteurs par ses beaux saluts et ses petites mines.

Le vice-amiral Ito est le vainqueur du Yalu [1] et le nom de cette bataille ajouté au sien sert à le distinguer de ses nombreux homonymes. Le nom d'Ito — qui veut dire ficelle — est, en effet, l'un des plus répandus au Japon.

*
* *

La noblesse japonaise est assez nombreuse et s'accroît rapidement par de fréquentes collations de titres qui récompensent les services divers rendus à l'État.

---

1. Bataille navale gagnée par les Japonais au début de la guerre de Chine.

Avant la Restauration, elle comprenait deux classes très distinctes : les kugués et les daïmios.

Les premiers, rattachés à la maison impériale par des liens de parenté ou d'alliance et un immémorial dévouement, vivaient à Kyoto, aux entours du palais.

Peu riches, comme le mikado leur maître, et ne portant pas les armes, ils s'occupaient de poésie et d'art, réduits parfois à utiliser leurs talents pour accroître leurs modestes ressources ; mais, de même que le mikado et les princes du sang impérial conservaient leur divin prestige malgré les traverses et les obscurcissements de leur pouvoir, la noblesse des kugués restait d'une essence supérieure et incontestée.

Les plus opulents daïmios, entourés d'hommes d'armes et s'avançant avec une pompe presque souveraine, devaient des marques respectueuses au pauvre kugué, suivi seulement de quelques serviteurs. Les kugués, il est vrai, étaient toujours prêts à laisser les daïmios se rédimer de cette obligation gênante, comme aussi à faire argent de leur influence dans les conseils impériaux.

Quant aux daïmios c'étaient, on le sait, des seigneurs féodaux pourvus de gouvernements héréditaires. Certains avaient des revenus énormes, mais tous étaient écrasés de charges qui faisaient d'eux, malgré leur opulence extérieure, des « riches malaisés. »

Après l'abolition du pouvoir féodal, la suppression des distinctions de castes et l'adoption des usages étrangers, la noblesse, tout en continuant à exister, perdit ses titres distinctifs, remplacés par l'appellation générale de *kazoku*, qui veut dire littéralement « famille-fleur ».

Les kugués reçurent des dotations. Les daïmios conservèrent seulement le dixième de leurs revenus, mais furent dispensés de toute charge, de telle manière que la plupart se trouvèrent aussi riches qu'auparavant et surtout beaucoup moins gênés dans leurs affaires.

En 1884 seulement, le gouvernement mikadonal créa une titulature nouvelle qui comprit des princes, des marquis, des comtes, des vicomtes et des barons. En agissant de la sorte, il voulut récompenser des services, satisfaire des ambitions, donner bel air aux dignitaires de la cour et aux diplomates ; enfin peut-être détruire le prestige conservé par les anciens seigneurs en leur égalant des hommes nouveaux.

On créa d'abord onze titres de princes, donnés aux chefs des cinq grandes familles de kugués qui fournissaient naguère les impératrices ; à l'aîné des Tokugawa ; à deux Shimadzu et à l'aîné des Mori, dont les vassaux s'étaient particulièrement signalés au service de l'empereur lors de la Restauration ; enfin au kugué

Sanjo, alors premier ministre, et au kugué Iwakura, en souvenir des services éminents rendus à la cour impériale par son père ; puis vingt-cinq titres de marquis, soixante-seize titres de comte, plus de trois cents titres de vicomte et environ quatre-vingts titres de barons. Cette première promotion comprenait, à côté d'anciens nobles, une trentaine de samouraïs qui s'étaient distingués par leur dévouement au parti du mikado, lors de la Restauration.

Depuis lors, d'assez nombreux titres ont été conférés soit à des gens non titrés, soit à des titulaires de titres moins élevés, au fur et à mesure des services rendus. En 1895, la noblesse japonaise comprenait environ six cent cinquante familles.

Le titre de duc n'existe pas. Si les Takatsukasa et les Sanjo le prennent d'ordinaire dans leurs rapports avec les étrangers, c'est comme équivalent du titre de prince et à la suite d'une différence de traduction.

Les princes et les marquis siègent tous à la Chambre haute ; les comtes, les vicomtes et les barons élisent parmi eux un certain nombre de pairs.

Dans les cérémonies officielles, les gens titrés doivent porter un uniforme dont voici à peu près la description : frac noir à grosses épaulettes, brodé en or de fleurs de paulownia héraldiques ; gilet blanc ou noir ; pantalon blanc ou noir à bande d'or ; tricorne empanaché orné d'une cocarde rouge et blanche, aux couleurs nationales ; épée de cour. Le collet et les parements des manches varient de nuance suivant les titres. Ils sont violets pour les princes, rouges pour les marquis, roses pour les comtes, bleus pour les vicomtes, verts pour les barons.

Les samouraïs, bien que formant une caste militaire spéciale, n'ont jamais été considérés comme appartenant à la noblesse proprement dite. Il existait d'ailleurs entre eux des différences énormes de situation et de fortune. Actuellement, on trouve d'anciens samouraïs ou des fils de samouraïs dans tous les rangs de la société. Ils n'ont plus de privilèges, mais gardent cependant un certain prestige.

A l'exception des nobles que leurs fonctions mettent en relations avec les étrangers, les membres de l'aristocratie sont inconnus des Européens. Il m'est impossible d'en parler et surtout de dire quel peut être l'état d'âme des anciens daïmios, leurs regrets ou leurs espoirs. Je veux néanmoins conter un spectacle étrange et suggestif auquel j'assistai.

En avril 1898, une fête fut donnée à Tokyo pour le trentième anniversaire de l'élévation de la ville au rang de capitale impériale.

Entre autres réjouissances, on organisa un cortège

où figurait la « procession » d'un seigneur telle qu'elle se formait naguère pour traverser une ville, avec les crieurs avertissant le peuple de se prosterner, les porteurs d'insignes honorifiques et de bagages, enfin la litière du daïmio. Celle-ci était vide, nul figurant, semble-t-il, n'ayant osé s'y asseoir. Pourtant, ce simulacre paraissait étrange dans un défilé sans couleur historique, entre une théorie de danseuses, charmantes du reste sous leurs ombrelles enguirlandées de fleurs, et des mascarades plus ou moins singulières formées par les divers corps de métiers.

Dans la tribune officielle, honorée par la présence du mikado, se trouvaient à ma connaissance trois nobles de race féodale : le vicomte Okabé, gouverneur de Tokyo et organisateur de la fête ; le marquis Nabeshima, ancien grand-maître des cérémonies ; le marquis A. Tokugawa.

Les deux premiers se rappelaient fort bien avoir été portés ainsi, et le second surtout, issu des opulents princes de Hizen, conservait le souvenir précis du plus luxueux appareil. Quant au troisième, moins âgé, il gardait cependant l'image des anciennes splendeurs familiales encore agrandies par ses yeux d'enfant.

Tous trois néanmoins suivaient le spectacle avec une curiosité impersonnelle ; même ils donnaient obligeamment quelques explications sur les vieux usages, ce dont nul, d'ailleurs, parmi leurs compatriotes ne semblait surpris.

Les anciens samouraïs, même parvenus aux plus hauts rangs, conservent un certain respect pour ceux qui furent leurs maîtres, mais ce sentiment ne survivra guère à la génération actuelle. Presque tous les fils de daïmios paraissent, en effet, destinés à tenir dans l'État des rôles très effacés. Malgré les exhortations du prince Konoyé, directeur de l'École des nobles, ils n'apprennent pas grand'chose et sont pour la plupart élevés sous la direction de serviteurs âgés, fort dévoués, à coup sûr, mais dont les enseignements généraux se bornent à quelques recommandations dans le genre de celles-ci : « Ne sortez pas sans parapluie, quand le temps est incertain. — Ne vous mouillez pas les pieds. — Ne dépensez pas trop d'argent. — Ne faites pas de *bêtises*, etc. ». Tout cela est sage, mais insuffisant pour préparer à la vie des jeunes gens appelés à subir les difficultés qui, dans ce pays-ci comme ailleurs, assaillent les descendants des aristocraties vaincues.

*
* *

Les alliances entre Européens et Japonaises sont assez nombreuses, et quelques Européennes ont également épousé des Japonais; plusieurs parmi ces derniers occupent des situations élevées ; si leurs mariages avec des étrangères excitent peut-être certaines défiances, ils n'ont pas nui à leur carrière, bien au contraire. J'ai déjà parlé du baron et de la baronne Sannomiya. Le vicomte Aoki, ancien ministre des affaires étrangères et ancien ministre à Berlin, a épousé une Allemande ; le capitaine de vaisseau Ito, attaché naval à Paris, une Française ; le commandant d'artillerie Satow une Belge, etc. Tous ces mariages ont été arrangés pendant des séjours faits en Europe par les futurs maris. Je ne connais — au moins dans la classe élevée — aucun exemple d'alliance entre un Japonais et une jeune fille de la colonie étrangère.

Quant aux mariages entre Européens et Japonaises, ce sont fort souvent des « réparations ».

Il serait intéressant de voir les qualités et les défauts des enfants issus de sang blanc et de sang jaune ; mais ils sont encore trop peu nombreux, trop jeunes ou élevés dans des conditions trop précaires pour qu'on puisse les juger.

Je veux cependant citer Mlle Aoki, intelligente, instruite, peintre, musicienne, gracieuse à l'infini dans toutes ses allures où le charme pénétrant, quoique un peu enfantin, des femmes d'Extrême-Orient s'anime de la vivacité européenne.

Je me souviendrai toujours de son élégance alors qu'elle dansait une sorte de mazurka appelée le Pas des Patineurs. En la regardant, je pensais aux bals du Directoire où tous les couples s'arrêtaient pour voir passer, légère comme une sylphide, la vicomtesse de Beauharnais.

* * *

En dehors de la cour, du monde officiel, des quelques ménages mi-européens, mi-asiatiques, enfin des gens de banque ou de commerce, les Japonais qui fréquentent les Européens sont peu nombreux.

Ceux qui vécurent longtemps hors de leur pays conservent momentanément des relations avec les étrangers, soit par goût, soit par reconnaissance du bon accueil trouvé au loin ; mais ces relations s'espacent vite et finissent par disparaître. Peu à peu, les idées, les manières de penser, les coutumes, les mœurs japonaises ressaisissent les transfuges.

Depuis les dernières années du shogunat, les Japonais nous empruntent beaucoup de choses ; les transformations apparentes, tangibles de leur civilisation sont prodigieuses, mais leur âme ne change pas et, plus leurs dehors tendent à se rapprocher des nôtres, plus nous sommes frappés par les différences psychologiques qui les séparent de nous. Des pensées qui nous auraient semblé naturelles chez un samouraï vêtu d'un kimono et armé de deux sabres, nous stupéfient chez son fils accoutré d'une redingote.

Entre Japonais et Européens, les dissemblances restent énormes; tout devient sujet à froissements, à malentendus. Non seulement les idées communes sont rares, mais ces idées, quand elles se présentent, évoluent différemment dans leurs cerveaux et dans les nôtres. A moins de porter sur un sujet bien défini, une affaire à traiter, les conversations languissent parmi des constatations de faits et des formules nombreuses de civilité. Partant, une foule de choses ici nous restent inconnues, fermées, d'autant plus que si les Japonais connaissant l'Europe se plaignent ou se gaussent des erreurs accréditées sur leur compte à l'étranger, ils semblent peu enclins à les rectifier d'une façon nette et se dérobent aux questions, quelques-uns par méfiance, beaucoup par ignorance ou plus exactement par difficulté d'analyser, de condenser leurs sentiments, leurs idées, pour répondre d'une façon claire et précise.

En outre, la haine des étrangers qui, naguère, résumait la politique extérieure du pays et se confondait avec l'amour même de la patrie, n'a pu disparaître sans laisser de profondes méfiances, ravivées, il faut le dire, par l'intervention de la Russie, de la France et de l'Allemagne après la guerre sino-japonaise. Ce n'est pas sans amertume que les sujets du mikado nous ont vus les priver du fruit de leurs victoires, sous prétexte de sauvegarder l'intégrité de la Chine, puis — instruits par leur exemple — commencer à notre profit le dépècement de ce malheureux empire.

Enfin aux raisons directes qui éloignent de nous les Japonais, vient s'ajouter la crainte qu'ils éprouvent d'être en suspicion à leurs concitoyens, de voir tenues à mal de simples relations mondaines avec les étrangers dès qu'elles deviennent fréquentes et ne peuvent s'expliquer par des motifs politiques ou des rapports commerciaux.

Il n'existe, à ma connaissance, aucun ouvrage sur les Japonais peints par eux-mêmes. Quant aux jugements des étrangers, innombrables et d'une infinie variété, ils s'accordent, d'après Chamberlain[1], pour leur reconnaître trois qualités dominantes : la propreté, l'amabilité, un sens artistique raffiné ; trois défauts principaux : la vanité, le manque d'aptitude aux affaires, l'incapacité des idées abstraites.

Mais si les Japonais sont d'une propreté personnelle parfaite, grâce à l'usage de bains très fréquents,

---

1. *Things japanese*, p. 222.

et tiennent avec un soin méticuleux leurs petites maisons de bois, ils deviennent négligents et sales aussitôt qu'il s'agit d'entretenir des choses européennes.

S'ils sont fort aimables et d'une politesse extrême qui donne aux gens du peuple un air de civilisation raffinée, cette amabilité vient plutôt d'un ensemble de formules soigneusement apprises que du cœur. Ils substituent un protocole exact, compliqué, inflexible, aux nuances de courtoisie qui rehaussent la valeur d'un égard ou d'une attention, et, ignorant certains euphémismes, certaines délicatesses, se montrent grossiers, alors qu'ils supposent être froids simplement. Un Japonais ne vous dira pas, en parlant d'un compatriote : « C'est un homme poli » ; mais : « C'est un homme qui sait la politesse ». Et cette différence d'expressions est absolument caractéristique.

Pour le sens artistique des Japonais, il est incontestable. Comme dans certaines contrées — en Italie, dans le midi de la France, par exemple — tout le monde chante juste, sans avoir appris la musique, ici tout le monde voit juste, si je puis m'exprimer ainsi, sans avoir eu le goût affiné par aucune étude d'esthétique. Un paysan, dans l'arrangement de sa maison, les dispositions de son jardin, obtiendra, par des moyens très simples, de charmants effets, d'agréables perspectives ; un potier de village, pétrissant l'argile vulgaire, donnera aux vases les plus humbles une apparence gracieuse ; le moindre ferronnier enjolivera ses chaudrons ou ses bouilloires par une recherche dans la forme ou l'adjonction d'un ornement. Mais ce sens artistique délicat, raffiné, subtil, semble incapable de s'élever au-dessus d'un niveau moyen, de se transformer en génie créateur et d'atteindre à la hauteur des réels chefs-d'œuvre.

D'autre part, la vanité des Japonais, pour être plus naïve dans ses manifestations, ne surpasse guère celle d'innombrables Européens. Leur apparente inaptitude aux affaires vient de leurs besoins modestes, du facile bien-être auquel la nation, recluse dans un pays riche et fertile, s'était accoutumée pendant son long isolement. Quant à leur incapacité des idées abstraites, elle est absolument caractéristique. Non-seulement ce qui touche à la psychologie, la morale, la religion, la philosophie leur reste étranger, mais la plupart manquent totalement d'esprit d'analyse ou de synthèse et d'idées générales de quelque nature qu'elles soient. Amenez la conversation sur un de leurs compatriotes, ils ne donnent jamais à son sujet une appréciation d'ensemble, mais citent des particularités insignifiantes. S'agit-il d'un étranger, ils le jugent sur des vétilles, des détails infimes, d'ordinaire ceux par lesquels cet étranger se rapproche ou s'éloigne de leurs propres coutumes.

Lisez les relations de voyage publiées par des Japonais revenant d'Europe ou d'Amérique, vous êtes surpris de leur puérilité.

Voyez les nombreux jeunes gens que le Gouvernement mikadonal envoie en France, en Allemagne, en Angleterre pour compléter leurs études. Certains sont de très bons élèves, assidus, travailleurs, disciplinés; bien peu cherchent à s'instruire en dehors du programme exact qui leur est fixé, à visiter nos monuments, nos musées, à connaître notre littérature, nos arts, notre civilisation, à fréquenter l'élite de nos sociétés. Tant qu'ils ont de l'argent, ils emploient leurs heures libres à « s'amuser »; quand leur bourse est vide, ils se consolent en se réunissant pour parler leur langue, s'asseoir par terre et confectionner tant bien que mal quelques plats de leurs pays.

J'ajouterai que les Japonais sont dévoués, pitoyables aux malheureux, respectueux de toutes les autorités; susceptibles d'une grande assiduité, mais plus minutieux que précis; très fins, très déliés, très adroits à saisir les détails, mais non les nuances; lents à se décider, mais prompts aux engouements comme aux découragements; très aptes à organiser doucement, posément, sûrement, mais inhabiles à réparer un accroc par un moyen de fortune et enclins à se laisser surprendre et comme désorienter par tout événement imprévu. Sont-ils faux, sont-ils sincères ? Je l'ignore ; tout ce que je sais, c'est qu'ils restent très maîtres d'eux-mêmes dans les plus graves circonstances et ne manifestent jamais aucun sentiment violent.

Si nous examinons maintenant l'état de la civilisation japonaise, nous voyons que les gens des classes inférieures sont incontestablement aussi intelligents et plus policés que leurs égaux d'Occident, mais nous voyons également que, plus le niveau s'élève, plus l'avantage semble revenir aux Européens.

Maintenant, je me demande si je ne dois pas effacer tout ce que je viens d'écrire et constater seulement que les Japonais sont fort différents de nous, qu'ils nous comprennent peu, que nous les comprenons moins encore, et que, plus on les voit, moins on les connaît.

*
* *

Ceci dit en toute franchise, je vais essayer de donner quelques détails généraux sur la vie au Japon.

Remarquons d'abord que l'existence sociale, telle que nous la pratiquons, avec les relations très étendues, les tournées de visites, les réceptions, n'existe pas ici. Les gens de la classe élevée — du monde — restent beaucoup chez eux, entourés d'un cercle de parents, d'amis moins fortunés, de commensaux, de serviteurs. Les femmes, sans être cloîtrées, sortent rarement et s'occupent beaucoup de leur intérieur. Quant aux hommes, ils se réunissent de temps en temps pour dîner au restaurant.

La plupart des familles riches possèdent, soit au bord de la mer, soit dans quelque « summerstation » des maisons de campagne où elles passent l'été ; mais peu villégiaturent loin de leurs résidences hivernales.

L'hospitalité est large et les coutumes la rendent facile.

En effet, l'idée de la chambre à coucher n'existe pas ici ; toutes les pièces sont à peu près semblables, avec des parois fixes enduites d'un stucage brun ; des cloisons mobiles, nommées karakamis, analogues aux feuilles d'un paravent et glissant sur des rainures ; des fenêtres garnies de « carreaux » en papier de riz, donnant sur des vérandas closes, la nuit, par des volets de bois ; des planchers recouverts de tatamis, sorte de nattes très épaisses et douces au marcher.

Quant au mobilier, il se réduit à des coffres, des coussins pour s'asseoir — ou, plus exactement, s'accroupir — et quelques bibelots.

Le soir, on étend sur les tatamis des futons, épaisses couvertures ouatées ; chacun se dévêt, met sa robe de nuit, se coule entre deux futons et s'endort. Le lendemain matin, on plie les futons et on les range dans un placard, tandis que ceux et celles à qui ils ont servi font leur toilette très complète dans la salle de bain commune.

Aux repas, chacun mange séparément, sur une petite table basse, des mets servis dans des bols de laque ou de minuscules assiettes.

L'arrivée d'un hôte ne cause donc aucun trouble et, grâce à la simplicité et au bon marché de la vie, ne représente pour les maîtres de maison qu'une dépense insignifiante.

Parmi les Japonais encore fortement imbus des doctrines de Confucius, le respect des parents et des maîtres est le premier devoir.

Quant à la constitution même de la famille, elle diffère de la nôtre par la fréquence des adoptions qui substituent en quelque sorte la volonté et le choix aux liens du sang.

Jamais une famille ne doit rester sans héritier direct, et ce principe est poussé si loin qu'un frère aîné sans enfant adopte son cadet.

De même, un peintre, un médecin, voire un artisan,

dont les fils ne peuvent suivre dignement la carrière ou le métier, adopte son meilleur élève.

Souvent aussi l'adoption remédie à l'inégalité des familles; un ménage chargé d'enfants en cède un ou plusieurs à des parents, des amis, des voisins moins bénis du ciel, qui les élèvent et les aiment comme s'ils les avaient procréés.

Les mariages sont une affaire d'arrangement, mais le divorce est facile, au moins pour les hommes [1]. En outre, les maris coureurs jouissent, hors de chez eux, d'une liberté complète, et les maris casaniers peuvent engager leurs femmes à prendre des servantes accortes.

Les femmes mariées doivent obéissance absolue non seulement à leur mari, mais encore à leurs beaux-parents. Néanmoins, la condition des Japonaises est plus élevée qu'on ne le suppose généralement. Sans remonter au temps presque légendaire où l'impératrice Jingo conquit la Corée, nous voyons à maintes reprises des impératrices, des épouses de shoguns jouer un rôle marquant. D'ailleurs, en prenant place dans l'empyrée aux côtés de leurs époux, les impératrices ne pouvaient oublier le temps où elles étaient de simples mortelles, et le souvenir du monde extérieur les aidait

---

[1]. D'après les statistiques officielles, il y a chaque année au Japon environ 350,000 mariages, et 110.000 divorces.

à comprendre bien des choses qui demeuraient étrangères aux divins mikados.

Depuis la Restauration, le gouvernement s'est beaucoup occupé de l'éducation des filles. Le Collège des demoiselles nobles, à Tokyo, est remarquablement organisé, sous le patronage de l'impératrice et la direction d'une femme éminente, Mme Shimoda; on y donne un enseignement où la pure morale de Confucius semble s'unir à quelques principes de notre philosophie chrétienne.

Dans la classe inférieure, l'union libre ou, pour employer l'euphémisme habituel, le mariage non régularisé est fréquent et ne cause ni étonnement ni scandale.

Les Japonaises qui vivent de la sorte sont fort tranquilles et restent fidèles à leurs pseudo-maris aussi longtemps que l'union se prolonge. L'infidélité de la femme d'ailleurs paraît un fait absolument anormal et chacun, ayant toutes facilités de vivre à sa guise, respecte la propriété du voisin.

L'amour joue dans la civilisation japonaise un rôle beaucoup moindre que dans la civilisation latine. L'affection filiale, le dévouement, l'amitié forment, à son détriment, l'intrigue de la plupart des romans.

Au théâtre, le sacrifice volontaire d'un fils pour ses

parents, d'un serviteur pour son maître, produit chez les spectateurs une émotion que l'amour et les sentiments connexes pourraient seuls faire naître parmi nous.

L'amour, dépourvu des voiles qui en font le charme mystérieux, des pompes solennelles dont l'Église chrétienne entoure la consécration de sa forme régulière, des glorifications dont l'ennoblissent, l'exaltent, l'extra-humanisent, dans sa forme irrégulière, les littérateurs et les poètes d'Occident, n'ayant même pas l'attrait du fruit défendu, apparaît comme une conséquence des lois naturelles et une distraction, la plus grande des distractions, si vous voulez, mais rien de plus !

Les écrivains japonais ignorent les sous-entendus, les allusions, les nuances ; quant aux sculpteurs et aux peintres, ils ne s'occupent pas de l'amour ou le montrent sous sa forme la plus simple et la plus crue.

La vente ouverte des représentations de ce genre est interdite ; mais ceux même qui les réprouvent y voient de simples gamineries et s'étonnent qu'elles nous choquent, alors que nous regardons sans embarras et que nous exposons dans nos musées, dans nos jardins publics, sur nos places, les plus complètes nudités. Nous les considérons, il est vrai, comme des œuvres d'art, tandis que les Japonais n'ont jamais trouvé le nu artistique ni dégagé sa représentation de toute idée polissonne. Il y a quelques années, M. Kuroda, qui avait étudié la peinture en France, exposa une dame très peu vêtue. Ce fut un beau scandale. La cour et la ville s'émurent. Il y eut une interpellation à la Chambre. Bref, on parlait déjà de former une Ligue contre la licence des arts européens, lorsque le malencontreux tableau disparut. D'autre part, il paraît naturel aux Japonais des deux sexes, de se baigner en commun et sans voiles, ce qui prouve que la décence est une chose relative et la pudeur un sentiment acquis.

Après avoir loué la fidélité et le dévouement des femmes mariées régulièrement ou simplement unies, il me faut dire un mot des autres. Elles se divisent en deux catégories très tranchées : les geishas et les filles.

Les geishas, jolies, spirituelles, instruites, sachant danser et faire de la musique, sont les commensales obligées de toute partie fine, de tout dîner, dans les restaurants à la mode.

Elles aident les servantes, versent à boire aux convives et les amusent de leur gai babil dans les intermèdes laissés par les danseuses professionnelles, les mimes, les musiciennes ou les faiseurs de tours qui viennent égayer la fin des repas.

Polies, douces, ayant d'agréables manières, elles ne rappellent en rien les servantes éhontées de certaines brasseries européennes.

D'ordinaire, les dîners au restaurant n'ont que des convives masculins; mais parfois des dames très considérées et très haut placées y prennent part afin d'en offrir la distraction à des étrangères curieuses de couleur locale. Sans pousser loin la conversation, ces dames ne dédaignent pas alors d'adresser quelques mots bienveillants aux geishas, qui leur répondent sur un ton de politesse déférente.

Du reste, tout en établissant une distinction très marquée entre les geishas et les femmes honnêtes, la civilisation japonaise n'a pour les premières que de faibles réprobations et les classe fort au-dessus des marchandes de sourires tarifés.

Quant aux filles, elles vivent parquées dans des quartiers spéciaux, retirés d'ordinaire, et parfois même entourés de véritables clôtures. Aucune n'exerce son métier isolément. A Tokyo et dans beaucoup d'autres villes, leurs auberges ont, au rez-de-chaussée, de grandes pièces largement ouvertes sur la rue derrière de légers barreaux à claire-voie et formant de véritables cages. Elles s'y réunissent chaque soir, superbement vêtues, comme des poupées à un étalage, et toujours d'une décence parfaite.

Cette coutume étrange indigne les moralistes occidentaux; mais, à tout prendre, les quartiers équivoques de Tokyo sont plus convenables que nos grands boulevards à la nuit tombée; d'ailleurs, il est toujours facile de les éviter.

Naguère, des contrats réguliers sanctionnaient les « engagements » à long terme des malheureuses, victimes inconscientes de marchés honteux ou sacrifiées volontairement pour soutenir leurs parents. La littérature abonde en romans et en pièces de théâtre dont les héroïnes gardent l'âme ingénue parmi les pires traverses et, échappant enfin à leur triste existence, deviennent, au milieu de la considération générale, des modèles d'honnêteté. Parfois même, le bénéficiaire du marché, ému de leur candeur, rompt lui-même le contrat qui les asservit. Tout s'achève alors en forme d'apothéose par le triomphe de la vertu, rehaussé des hommages du vice.

Depuis quelque vingt-cinq ans la police interdit ces ignobles trafics; mais, à tort ou à raison, la majorité des Japonais croient que beaucoup de filles sont encore des victimes, et, tout en réprouvant le métier qu'elles exercent, leur épargnent de trop cuisants mépris : « Ah! n'insultez jamais, disent-ils, une femme qui est tombée! »

Un dicton populaire dans certaines provinces, renommées pour le charme de leurs habitantes, affirme qu'un père ayant trois filles et restant pauvre, est un imbécile. On prétend même qu'à Niigata il est fort admis, en voyant une jolie enfant, de dire à ses parents : « Voilà de bel argent pour plus tard ».

Quoi qu'il en soit, non seulement les filles sont très nombreuses ici, mais encore leur exportation, d'abord limitée aux ports d'Extrême-Orient, trouve chaque jour de nouveaux et plus lointains débouchés, malgré les efforts de la police pour entraver cette peu honorable expansion et épargner au pays une cause de réel discrédit.

Beaucoup d'Européens s'imaginent que les maris japonais, mécontents de leurs femmes, les punissent d'un plus ou moins long séjour parmi les filles. J'ignore l'origine de cette absurde croyance et n'ai, pour ma part, jamais ouï rien de semblable.

Parfois aussi, on affirme que les hommes choisissent sans honte leurs compagnes légitimes parmi les geishas ou plus bas encore. Cette assertion, est-il besoin de le dire, est fausse également, mais quelques exemples l'ont accréditée. Voici la vérité. Plusieurs femmes, haut placées maintenant et dignes de tous les respects par leurs vertus familiales, sortent d'extraction infime et furent longtemps les maîtresses de leurs maris avant de s'élever au rang d'épouses. Mais, je l'ai dit, les gens des classes inférieures sont peu scrupuleux sur la question des unions irrégulières. Or, parmi les hommes qui gouvernent maintenant l'empire, beaucoup non seulement sont nés de familles très modestes, mais encore, victimes de leurs tendances novatrices, ont presque mené la vie d' « outlaw » avant et pendant la crise qui bouleversa leur pays, il y a trente ans. Arrivés au pouvoir, ils régularisèrent leurs unions. Leurs fidèles compagnes à la peine furent avec eux à l'honneur.

Nous trouverions des exemples analogues chez tous les peuples dans les temps troublés. Mais, chose caractéristique pour la civilisation japonaise, ces femmes, passées sans transition d'un rang très inférieur aux plus hautes situations, non seulement sont d'excellentes mères de famille, mais gardent en toutes circonstances une attitude parfaite et des manières distinguées.

*
* *

Quelques jours suffisent largement pour visiter Tokyo.

Les temples de Shiba, réunion de sanctuaires et de tombeaux, adossés à un beau parc, sont les plus curieux monuments de la ville.

Leur architecture rappelle, avec moins d'imposante grandeur, celle des mausolées splendides où reposent, près de Pékin, les empereurs chinois de la dynastie

Ming. Chaque construction, prise séparément, est écrasée, disgracieuse, mais l'ensemble frappe infiniment par la richesse des décorations, l'entente des vues et des perspectives, le parti merveilleux tiré du site même ou de ses entours pour donner aux édifices une élégance et un charme singuliers.

Les Japonais sont de prodigieux « paysagistes », les premiers du monde à coup sûr ! Amenés par l'instabilité de leur sol à n'employer que le bois pour toutes les constructions proprement dites, isolés de l'univers depuis le milieu du dix-septième siècle, ils ont copié à satiété les mêmes modèles dérivant peut-être d'un style autochtone par les formes générales et certainement du style chinois par la richesse des décorations, mais, d'autre part, ils ont poussé à ses dernières limites l'art d'associer la nature aux moindres détails.

En outre, tandis qu'en Chine tout va par paire, même les pendules, les Japonais obtiennent, par l'inégalité de proportions longuement étudiées, certains effets gracieux et inattendus.

Nulle part la dissymétrie n'est portée plus loin que dans la disposition des fleurs, toujours peu nombreuses, qui forment les bouquets. La connaissance de ces dispositions, basée sur l'étude de lignes et de figures ayant un caractère étrange, mystérieux, ésotérique, est une science qui a ses maîtres, ses écoles, ses schismes.

De nombreux ouvrages ont traité cette matière, et Michel Revon, l'éminent conseiller légiste du gouvernement mikadonal, passant son doctorat en Sorbonne, soutint une thèse latine intitulée : *De arte florali apud Japonenses*.

Malheureusement, cette thèse, dont la discussion fit, je pense, ressembler le docte aréopage à une cour d'amour, n'a pas été traduite, et les nobles dames ne savent plus le latin, comme au temps de Marguerite de Valois.

Mais revenons aux temples de Shiba.

Derrière les premiers sanctuaires, le parc, superbe et mystérieux comme un *lucus* antique, couvre une petite colline vers le sommet de laquelle un édicule, de forme octogonale, abrite le tombeau du deuxième shogun Tokugawa.

Le corps du prince repose sous les dalles, et son effigie est renfermée dans un tabernacle de laque d'or, placé sur un socle de pierre en forme de lotus.

Ce tabernacle est le plus grand et certainement un des plus admirables ouvrages créés par l'art du laqueur. La partie supérieure reproduit des paysages, tandis que le lion, roi des animaux, et la pivoine, reine des fleurs, ornent la partie inférieure.

Plus haut encore, au point culminant, d'où la vue s'étend très au loin sur la baie de Tokyo, un monument modeste, élevé il y a quelques années, rappelle le souvenir d'Ino Chukei, célèbre typographe qui dressa, au xviiie siècle, les premières cartes du Japon.

A l'opposite, un sentier, serpentant le long d'une pente raide, descend vers un petit lac tout couvert de lotus.

Entre les fleurs d'eau symboliques, dans une île à laquelle on accède par un pont de pierre au tablier convexe, bordé d'élégantes balustrades, se trouve un oratoire dédié à Benten, déesse de la Grâce et protectrice des Artistes.

Naguère, les temples d'Uéno, situés dans un parc ombreux, près d'un étang magnifique, rivalisaient de luxe et de sainteté avec les temples de Shiba; mais ils furent presque entièrement détruits pendant la guerre de la Restauration. Quant au parc d'Uéno, il renferme maintenant le musée, peu riche et d'un intérêt médiocre; le jardin zoologique; divers bâtiments servant pour des ventes d'objets d'art anciens, des ventes ou des expositions de charité, des expositions industrielles; les deux « salons » consacrés l'un aux artistes japonais restés fidèles à l'art national, l'autre à ceux qui s'essayent aux méthodes européennes; enfin, un panorama et un bazar.

En 1898, le panorama représentait la bataille livrée

trente ans auparavant, entre les troupes du shogun et celles du mikado, devant le même parc d'Uéno.

La peinture semblait quelconque; mais rien n'était plus suggestif que la vue des samouraïs, aux costumes pittoresques, combattant dans ce cadre, à peine changé depuis lors, mais où circulent maintenant des tramways à vapeur, où passent en uniformes à l'européenne les fils des guerriers.

Quant au bazar, j'en veux dire quelques mots, car il est le plus beau parmi les établissements de ce genre, très nombreux au Japon.

Ces bazars, nommés kwankobas, sont analogues à ce qu'auraient dû être nos *Magasins réunis*, de la place du Château-d'Eau. Une centaine de marchands, disposant chacun d'un petit étalage, y vendent, à prix fixe, toutes sortes d'objets, depuis des peignes et des épingles à cheveux jusqu'à des meubles, des voitures et même des bois en grume.

Un sujet du mikado peut vêtir sa famille et monter sa maison au kwankoba; les étrangers y rencontrent mille spécimens de l'industrie courante auxquels s'ajoutent parfois des bibelots de valeur ou même quelques objets anciens.

Non loin d'Uéno, on voit le grand temple d'Asakusa dédié à Kwannon, déesse de la Bonté. Les gens du peuple le tiennent en grande vénération et s'y rendent en foule, surtout les dix-sept et dix-huit de chaque mois, jours consacrés au culte de la déesse.

Un salut, parfois une courte prière, plus rarement l'aumône de quelques pièces de cuivre, jetées dans une grande caisse à travers les claires-voies du couvercle, marquent leur piété; puis, ce devoir rempli, ils se répandent à l'entour dans un vaste jardin, perpétuel champ de foire.

La plupart des baraques exhibent les attractions, cent fois vues à Neuilly et à Saint-Cloud : équilibristes, illusionnistes, femmes torpilles, serpents, crocodiles, veaux ayant plus ou moins de pattes que nature, etc...

Comme divertissement original, je dois mentionner la pêche au poisson rouge, dont on propose le plaisir aux fervents de la ligne, dans de vastes baquets. Les poissons sont rejetés aussitôt pris, et, à moins de cas imprévus, peuvent servir longtemps, dit-on, à ce jeu cruel, sans être — en apparence — autrement incommodés.

Quelques maisons, offrant, sous couleur de tir à l'arc, d'autres amusements, bordent une allée discrète, située derrière le temple. La police les tolère par condescendance pour de très anciennes coutumes. Elles sont, du reste, l'accessoire obligé de plusieurs célèbres pèlerinages; leur présence aux abords des autels ne scandalisait personne autrefois.

A ce point de vue comme à beaucoup d'autres, Asakusa montre à l'étranger, sous sa forme populaire, le Japon moderne, si fertile en contrastes de tous genres et en déroutantes anomalies.

Un autre lieu de pèlerinage, fréquenté d'ordinaire par des gens plus recueillis, est le cimetière où reposent les quarante-sept Ronins [1], aux côtés de leur ancien maître. De grands arbres ombragent les tombes modestes. D'abord, on voit un petit musée renfermant les armes des Ronins, puis la cuve de pierre, où, leur vengeance accomplie, ils lavèrent la tête coupée de leur ennemi, enfin les tombeaux.

Des cartes de visite amoncelées dans une anfractuosité du monument, élevé à la mémoire d'Oishi-Kuranosuké, chef des Ronins, ainsi que de nombreuses baguettes d'encens fumantes ou fraîchement éteintes, montrent combien la piété populaire conserve le souvenir des héros.

*
* *

Le théâtre japonais primitif se bornait à des danses accompagnées par un chœur.

---

1. L'histoire des quarante-sept Ronins est populaire au Japon. Elle rappelle le dévouement de samouraïs qui commirent un meurtre pour venger leur seigneur, victime d'une traîtrise, puis furent condamnés à s'ouvrir le ventre, ce qu'ils firent, d'ailleurs, très galamment.

Plus tard, on adjoignit au chœur deux personnages qui récitaient une partie du poème, et les pièces appelées « No » prirent, dans le fond et dans la forme, une analogie frappante avec le drame grec.

Les « No » sont encore joués par des familles d'acteurs qui en conservent la tradition séculaire, mais on les tient plutôt pour des exhibitions curieuses par leur archaïsme que pour de véritables spectacles; les gens [de la classe élevée seuls en suivent les représentations, d'ailleurs assez rares.

Par contre, les salles où l'on donne des pièces du théâtre populaire sont nombreuses et très fréquentées. Elles n'ont ni genres attitrés, ni saisons fixes d'ouverture ou de clôture. Diverses troupes s'y transportent tour à tour pour des séries de représentations.

La plus belle salle est celle de Kabuki-za, mais toutes se ressemblent beaucoup. Elles sont de forme rectangulaire avec, en bas, tenant lieu de fauteuils d'orchestre, de petits casiers où s'accroupissent les spectateurs. D'autres casiers analogues remplacent les baignoires et les loges.

Au fond, se trouvent les places à très bon marché. Les spectateurs s'y tiennent debout, serrés contre des grilles qui les séparent de la salle. C'est peu confortable, mais le public de ces places se renouvelle plusieurs fois au cours de chaque représentation; il paye par acte un prix toujours infime, qui varie selon les pièces, souvent même, je crois, selon les actes d'une même pièce.

Le spectacle dure de midi à sept heures du soir et rappelle, par sa longueur et sa variété, les représentations dominicales de nos théâtres provinciaux, où l'on commence par *la Tour de Nesles*, pour continuer par *les Mousquetaires de la Reine* et finir par *le Chapeau de paille d'Italie*.

La scène, largement ouverte, est peu profonde. Le rideau, monté sur une tringle, se tire par côté. Cette opération se renouvelle plusieurs fois au cours de chaque entr'acte, afin de faire passer devant les spectateurs une série de réclames, fort singulières parfois. Je me souviens même d'un rideau offert par les geishas du quartier pour une pièce dont l'héroïne appartenait à cette classe aimable de la société.

Deux ou trois passages, surélevés au niveau de la scène, traversent la salle et, concurremment avec les portes du fond ou des côtés, servent pour les entrées et les sorties des acteurs, qui prolongent quelquefois leur jeu au milieu même du public.

Cette disposition permet d'obtenir des effets curieux, très nouveaux pour les spectateurs accoutumés à nos conventions scéniques.

Un artifice de machinerie, inusité en Europe, sert à

changer les décors. Tout le milieu de la scène repose sur une plaque tournante, en arrière de laquelle on prépare, pendant chaque tableau, le décor du tableau suivant qui vient, au moment voulu, prendre sa place par une simple rotation.

Il n'y a pas de logette pour le souffleur; des comparses, tout de noir vêtus et masqués comme les pénitents du Moyen-Age, se tiennent accroupis sur la scène ou se traînent presque à quatre pattes, pour souffler les acteurs, aider aux changements de costumes, enlever les accessoires devenus inutiles et les remplacer par d'autres, s'il est besoin.

Jadis, assure-t-on, les acteurs jouaient les rôles de femmes et les actrices les rôles d'hommes ; plus tard, on interdit aux femmes de paraître sur la scène et les hommes tinrent tous les emplois. Il en est encore ainsi, actuellement; mais, à côté des troupes masculines, existent quelques troupes féminines, beaucoup moins renommées, il est vrai, bien qu'une ou deux actrices soient parvenues à une réelle notoriété.

Aucune tentative sérieuse de fusion ne paraît avoir été faite entre ces troupes diverses ; peut-être, au dire des gens du métier, à cause des terribles jalousies qui animeraient actrices et acteurs, privés chacun de tous les rôles qu'ils ont coutume de jouer en travesti.

On prétend que certains comédiens, non seulement

jouent exclusivement les travestis, mais conservent chez eux le costume féminin, afin de mieux s'y accoutumer. Il y a là beaucoup d'exagération; en effet, si quelques acteurs jeunes et minces sont plus spécialement qualifiés pour remplir les rôles de femmes, ils ne s'y adonnent pas uniquement. J'ajouterai que tous les artistes célèbres ont quelques-uns de ces rôles dans leur répertoire courant. Il suffit, pour s'en convaincre, de regarder les collections de leurs portraits.

Même, soit en passant, beaucoup de photographies, vendues en Europe comme images authentiques de jolies Japonaises, représentent tout simplement des hommes parfaitement grimés. En effet, peu de femmes conservent l'ancien type classique avec la figure longue, les yeux relevés vers les tempes, la bouche petite, la lèvre supérieure prête à découvrir les dents, le cou mince et flexible, la taille élancée, souple, ondoyante, tandis que, à l'aide d'une perruque adroitement posée, d'un bon crayon pour les sourcils et de quelques autres artifices, certains acteurs réalisent ce type avec une étonnante vérité.

Le théâtre populaire comprend lui-même une école classique et une école réaliste.

Dans les pièces classiques, le jeu des acteurs est accompagné par une musique intermittente rappelant les trémolos qui ponctuaient naguère les situations pathétiques de nos drames. En outre, un coryphée, placé à l'avant-scène, derrière une jalousie, remplit à peu près le rôle du chœur dans le théâtre grec.

Nul ne comprend ce qu'il chante, en jouant du koto[1] pour soutenir sa voix monotone, d'abord, parce qu'il bredouille sur un ton extraordinairement nasillard; ensuite, parce que le texte de ses chants est écrit dans un langage ancien, peu familier même aux gens instruits.

Quant au jeu des acteurs, il surprend au premier abord. Tous parlent en fausset et semblent tirer les sons du plus profond de leur gosier. Les daïmios, paraît-il, avaient jadis coutume de s'exprimer ainsi en public, et cette façon de parler constituait le ton noble. De même beaucoup de gestes, classiques pour les Japonais, tels que celui d'agiter très vivement la tête de bas en haut ou de droite à gauche pour marquer une grande émotion, paraissent bizarres, presque ridicules. Certaines poses où les jambes s'écartent sont d'une disgracieuse étrangeté. La plupart des scènes se traînent avec une lenteur incroyable, d'autant plus fastidieuse que les acteurs, suivant en cela les anciennes coutumes, parlent

---

1. Instrument formé d'une longue caisse sur laquelle sont tendues treize cordes. Les joueurs de koto se tiennent accroupis à la mode japonaise, avec leur instrument posé à terre devant eux; ils font vibrer les cordes à l'aide d'ongles en ivoire attachés aux doigts de la main droite.

et surtout écoutent avec des physionomies impassibles et comme figées, jusqu'au moment où elles s'animent d'une impression violente et passagère par l'explosion subite de quelque sentiment impérieusement contenu jusqu'alors.

Joignez à cela l'impossibilité pour nous de comprendre, palliée un peu cependant par ce fait que les pièces japonaises se réduisent le plus souvent à des scénarios d'une analyse facile, avec une succession de situations nettes, reliées par une intrigue simple; rappelez-vous que le dévouement, à l'exclusion de l'amour, forme le nœud de la plupart des drames, et vous jugerez combien ces spectacles doivent paraître fastidieux aux étrangers.

Néanmoins, il est incontestable que certaines situations sont belles, fortes, émouvantes même jusqu'aux larmes, surtout lorsque des enfants sont parmi les protagonistes.

Quant aux comédies, celles que j'ai vues ou dont j'ai lu les traductions plus ou moins complètes, m'ont paru des farces de tréteaux.

Le plus célèbre acteur classique se nomme Danjuro et, si étrange que semble son jeu, il est impossible de ne pas lui reconnaître beaucoup de talent.

Son rival, dans l'école réaliste, est Kawakami, étudiant devenu acteur par goût, intelligent, novateur, s'occupant de littérature, de sport, voire de politique et ayant même, à l'étonnement railleur de ses concitoyens, brigué leurs suffrages, pour je ne sais quelle élection municipale ou législative, dans un quartier populaire de Tokyo.

Kawakami connaît Paris; il a vu Mounet-Sully, Sarah Bernhardt, Cléo, danseuse à l'Opéra, dont le portrait orne sa loge.

Les pièces qui l'ont particulièrement frappé pendant son séjour dans notre pays, sont : *Œdipe-Roi, la Dame aux Camélias* et *le Juif Polonais*. Il compte revenir en France, pour l'Exposition de 1900, et espère que ses confrères parisiens lui feront quelque accueil.

Comme Danjuro, Kawakami a du talent, beaucoup de talent même, mais son jeu, pour être plus naturel, ne serait guère mieux compris de nos compatriotes.

Les Français connaissant l'Extrême-Orient, les critiques artistiques curieux d'impressions nouvelles, s'intéresseraient peut-être aux représentations de Kawakami, mais elles n'attireraient pas le gros public, dont elles dérouteraient les habitudes, sans forcer l'attention par une saveur d'exotisme suffisamment marquée.

Peut-être Danjuro ou l'un de ses élèves, gardant toutes les anciennes traditions, auraient-ils plus de chance d'obtenir, par leur étrangeté même, une vogue passagère.

Les pièces du théâtre réaliste, comme celles du théâtre classique, se réduisent à des scénarios ; mais on y retrouve l'influence de notre littérature, et, pour tout dire, de nos romans-feuilletons.

Ce sont des mélos un peu enfantins, procédant de *la Tour de Nesles*, des *Mystères de Paris*, de *Rocambole*, des drames de Pixérécourt ou des romans de Montépin.

La seule troupe de femmes que j'aie vue m'a paru très inférieure.

Les troupes d'enfants amusent les gens du peuple, mais n'offrent aucun intérêt spécial.

Au contraire, les théâtres de marionnettes sont originaux. En avant et par côté de la scène, un homme, assis sur un siège élevé devant un pupitre, lit la pièce, en prenant pour chaque rôle des inflexions de voix appropriées, tandis que jouent les marionnettes.

Les poupées sont tenues par des montreurs placés en arrière, mais dont les bras et la tête restent visibles au-dessus d'un long écran formant toile de fond. L'illusion est donc très mince ; l'effet peut être considérable néanmoins.

J'ai vu des spectatrices pleurer pendant une pièce, dont voici le sujet. — Un aveugle a épousé une femme, modèle de tous les dévouements, qui l'aime, le soigne, le conduit, s'efforce d'adoucir la tristesse de son infirmité. Un voisin courtise la femme de l'aveugle; mais, vertueuse, elle le repousse, et lui, perfide, va trouver le pauvre infirme, s'insinue dans sa confiance, puis excite sa jalousie. Bientôt une scène violente éclate sur la promenade publique, le mari accable sa compagne de reproches, lui ordonne de le quitter. Elle plaide son innocence, rappelle son dévouement, affirme son affection et enfin s'écrie : « Ah! comment pourrais-je obéir? Qui vous aimerait? Qui vous soignerait, si je n'étais pas là? Vous ne voulez plus de moi comme épouse, eh bien, gardez-moi comme servante! » Alors, Othello, touché, pardonne à Desdémone, reprend la main accoutumée à le conduire, et le couple réconcilié regagne son logis.

Une autre curiosité est le théâtre des singes dont les acteurs, tenus en laisse et dirigés à l'aide de baguettes, jouent à peu près dans les mêmes conditions que les marionnettes.

En 1898, au théâtre simiesque d'Asakusa, une guenon faisait florès dans la petite pièce suivante. — Une jolie dame poursuit par monts et par vaux son très volage ami... L'ami traverse en barque une rivière, mais quand la pauvrette arrive, une crue subite gonfle les eaux, le passeur a tiré sa barque sur la grève et est rentré dans sa maison. Elle frappe à la porte, le batelier refuse de se déranger, puis, sur ses instances, sort, l'écoute, et, la trouvant jolie, lui demande, pour la passer, le prix que, d'après certaines légendes, un batelier du Nil osa réclamer de sainte Marie l'Égyptienne. Alors, elle pleure, supplie, sanglote avec des spasmes et des râles, mord rageusement son mouchoir et le déchire. Par respect pour notre grande tragédienne, je n'ose avancer qu'elle rappelle Sarah Bernhardt, mais il me semble pouvoir dire qu'elle rappelle Baron imitant Sarah Bernhardt dans je ne sais quelle Revue des Variétés.

Finalement, le passeur restant inexorable, elle tente de franchir la rivière à la nage et se noie. Puis, l'intrigue s'égare dans les réminiscences de vieux contes populaires. La jolie dame renaît sous les apparences d'un dragon et se cache dans une grosse cloche, où son amant la retrouve enfin.

Je ne veux pas quitter ce sujet sans dire quelques mots des conteurs d'histoires et des faiseurs de tours.

Les premiers, installés dans les quartiers populaires, lisent chaque soir, devant un auditoire toujours nombreux, des récits historiques ou légendaires.

Quant aux faiseurs de tours, ils sont adroits, mais plus remarquables par leur élégance que par leur science en prestidigitation.

Ils excellent à faire évoluer, à l'aide de fils nombreux

et d'ailleurs visibles, un dragon fantastique. Le monstre grimace, prend des poses, bâille, se gratte, se contourne, le tout de la plus amusante façon.

Nul, plus qu'eux, n'est habile à façonner en quelques bribes de papier soyeux, des papillons qui voltigent, se poursuivent, s'atteignent, maintenus en l'air par le vent léger d'un éventail ; ou bien à gonfler au delà de toutes proportions une boule de sucre mou, qui prend les dimensions d'une outre et, lorsqu'elle éclate enfin, apparaît pleine d'objets, comme une corne d'abondance.

Dans les fêtes villageoises on rencontre des saltimbanques vulgaires qui avalent pêle-mêle des œufs, des anguilles, des bouts de fil, des aiguilles, etc., puis rendent les œufs intacts, et les aiguilles enfilées. Quant aux anguilles, leur retour dépend des circonstances. Je me souviendrai toujours d'un saltimbanque d'Ikégami qui se mit à faire la quête après avoir avalé une demi-douzaine d'anguilles. La tournée finie, il voulut les rendre, mais deux seulement revirent le jour, malgré ses efforts désespérés !

*
* *

Plusieurs fois j'ai dit combien les Japonais sentent vivement les charmes de la nature. Aucun peuple ne leur est supérieur à ce point de vue, et ce sentiment affiné existe à un degré égal chez les gens de toutes les classes.

Le plus modeste villageois auquel vous demanderez dans une promenade des renseignements sur les curiosités voisines, ne manquera pas de vous indiquer d'abord quelques jolis points de vue.

A Tokyo, le temps printanier où les cerisiers se couvrent de fleurs, semblables à de légers flocons de neige teintés de rose; le temps automnal, où rougissent les feuilles dentelées des érables, sont de véritables fêtes populaires.

Chaque saison apporte des floraisons nouvelles, dont les fervents ont coutume d'admirer la splendeur dans quelque lieu privilégié de Tokyo ou des environs.

En janvier et février, les pruniers de Kawasaki se mouchettent de fleurs blanches devançant les feuilles.

En avril, les cerisiers commencent à fleurir; ceux d'une allée bordant la Sumida-gawa, au faubourg de Mukojima, sont spécialement renommés.

En mai, on regarde les pivoines de Shokwa-en; les glycines de Kaméido; les azalées d'Okubo-mura.

En juin, les iris, dans le jardin marécageux de Horikiri, atteignent des dimensions inconnues en Europe.

En juillet et août, les convolvulus d'Iriya et les lotus du lac d'Uéno sont particulièrement renommés. C'est un curieux spectacle de voir, le long du lac, aux premières lueurs de l'aube, si matinale en cette saison, une foule anxieuse guettant le moment où les boutons gonflés du lotus font craquer leurs enveloppes, pour s'épanouir aux rayons du soleil levant.

Les chrysanthèmes de Dango-zaka et d'Asakusa, les érables de Shinagawa et d'Oji, sont le but des promenades pendant les mois d'automne, toujours admirables au Japon. Les mois de printemps sont aussi beaux peut-être, mais ceux d'automne empruntent aux jours qui décroissent, à la brise qui fraîchit, aux feuilles qui tombent, à la nature qui s'endort, un charme pénétrant.

Chose singulière, les Japonais, dont la flore est très riche, ménagent leurs admirations pour un petit nombre d'espèces. Ils dédaignent les amaryllis, accusés de porter malheur; les camélias, surtout les camélias rouges, dont les fleurs, jonchant la terre, semblent, disent les anciennes légendes, des têtes fraîchement coupées; les lys, admirables à l'état sauvage, mais dont une seule variété est cultivée, non pour ses grandes fleurs blanches en forme de cornets, mais pour ses bulbes comestibles à chair molle et sucrée.

Ils ne font ni corbeilles, ni massifs, ni parterres dans les jardins qui, grands ou petits, veulent être l'exacte reproduction de scènes naturelles.

Leurs procédés sont empruntés aux Chinois; mais, tandis que ces derniers, copiant certains sites de la Chine, célèbres par une étrange sauvagerie, amoncellent les rochers comme dans un chaos; les Japonais, au contraire, se plaisent à reproduire la nature de leur pays, peu grandiose à l'ordinaire mais si jolie, qu'elle semble le cadre rêvé pour une pastorale d'Urfé ou de Scudéri.

Rien n'est charmant, par exemple, comme les environs de Tokyo, surtout du côté de l'ouest. Ce ne sont que petites collines boisées, abritant de leurs enchevêtrements des vallées étroites, où de frais ruisseaux inondent les rizières.

Parmi d'innombrables sentiers entrecroisés à l'infini, s'élèvent des habitations de plaisance et des maisons rustiques, toujours gaiement et pittoresquement situées; des temples entourés de cryptomérias au port très noble et à la sombre frondaison, éclairée quelquefois par les feuilles vert tendre et les grappes violettes des glycines; des oratoires précédés chacun du torii[1] symbolique, mais si petits, que certains, humbles hommages de la piété villageoise, semblent des ruches d'abeilles.

Les rizières, les champs, toujours bordés d'arbres ou

---

1. Torii, sorte d'arc formé par deux montants verticaux supportant une ou deux poutres horizontales. Tous les temples japonais sont précédés d'un ou de plusieurs toriis.

de grandes haies en bambou, sont cultivés avec un soin méticuleux comme des jardins maraîchers.

Nul pays au monde n'est plus plaisant pour se promener à cheval en rêvant par les sentiers. Les routes sont moins agréables, surtout le matin, où l'on rencontre à chaque pas de petites charrettes portant de malodorants tonnelets, résidus de la grande ville et précieux adjuvants pour l'agriculture. Versé dans des cuves, le contenu de ces tonnelets fermente, puis, le temps venu d'engraisser la terre, les paysans en remplissent des seaux qu'ils portent en bandoulière et, d'un beau geste élargi, lancent la manne fertilisante à travers les sillons ; tel le semeur jetant le grain.

※

Nikko et Chuzenji.

Au pied d'un épais massif montagneux à cent cinquante kilomètres environ au nord de Tokyo, se trouve Nikko, aussi célèbre par ses temples et ses tombeaux que par le charme pénétrant de la nature parmi ses collines, ses torrents et ses bois.

Là repose Ieyasu, premier shogun de la dynastie Tokugawa, ainsi que Iemitsu, son deuxième successeur.

Jadis, on suivait, pour atteindre les sanctuaires, une avenue très longue de gigantesques cryptomérias menant à une passerelle en bois laqué rouge, jeté sur la torrentueuse Daiya-gawa. Deux fois l'an seulement, aux jours des grands pélerinages, les simples mortels avaient le droit de fouler le plancher de laque, réservé d'ordinaire au passage du shogun, mais doublé, heureusement, par un pont construit de moins précieux matériaux.

Maintenant, la voie ferrée, arrivant jusqu'à Nikko, coupe plusieurs fois l'allée des cryptomérias, et si le « Pont-Rouge » reste fermé, de lourds wagonnets portant les pyrites cuivreux extraits des mines d'Ashio, roulent devant les sanctuaires sur les rails bordant le chemin.

Nikko est devenu, grâce à son altitude, une station d'été très fréquentée par les Européens; cinq ou six grands hôtels s'y disputent le bon choix des voyageurs; les promeneurs abondent dans les sentiers où, seuls, passaient naguère les bonzes et les pélerins.

Au temps des Tokugawa une vénération profonde entourait les temples bouddhiques de Nikko. Depuis le milieu du dix-septième siècle, leurs grands revenus, joints à ceux des temples de Uéno, formaient une magnifique prébende. Le bénéfice en était ordinairement dévolu à un bonze de sang impérial que le shogun gardait sous sa dépendance pour l'opposer, le cas échéant, au légitime mikado.

En 1868, le prince Kita-Shirakawa, grand bonze de Nikko, fut emmené vers le nord par les partisans des Tokugawa et dut, bon gré, mal gré, jouer pendant quelques mois le rôle de prétendant.

Pris enfin par les troupes de son impérial cousin, il rentra immédiatement en grâce, et quitta les ordres pour le métier des armes.

Comme les temples de Shiba, ceux de Nikko frappent d'abord par le charme étrange des effets obtenus en donnant aux œuvres des hommes le plus merveilleux cadre naturel, puis par la splendeur et l'infinie richesse des moindres détails.

Les sanctuaires consacrés aux mânes de Ieyasu sont particulièrement beaux.

Après avoir franchi un immense torii de granit, on atteint une porte monumentale toute ornée de sculptures polychromes d'une extrême variété. Des tapirs, doués, suivant les légendes chinoises, d'un pouvoir mystérieux contre l'influence néfaste des contagions, se tiennent au bas des pilastres, en fidèles gardiens ; puis viennent des lions, des licornes, des takujus, animaux fabuleux, doués, dit-on, de la parole, mais n'apparaissant au monde que sous le règne des souverains vertueux. Ailleurs, des tigres et des éléphants mêlent leurs effigies aux arabesques et aux pivoines largement fleuries.

Dans la cour suivante, on remarque l'écurie du cheval sacré, ornée de sculptures célèbres figurant trois singes. Le premier tient ses mains sur ses yeux pour ne pas voir les sottises commises par les hommes; le second sur ses oreilles pour ne pas entendre leurs insanités; le troisième sur sa bouche pour ne pas risquer, s'il prenait la parole, de dire tout autant de bêtises qu'eux.

Traversant la cour en oblique, puis montant les marches d'un haut perron, on voit les offrandes faites aux mânes de Ieyasu par la Hollande, la Corée et les îles Loochoo, pays considérés tous trois par les Japonais d'autrefois comme vassaux de leur empire. Ce sont deux candélabres de bronze et une lanterne de bronze également. Ensuite viennent d'autres lanternes offertes par les seigneurs japonais.

Le temple comprenant une salle centrale située entre deux antichambres réservées naguère, l'une au shogun, l'autre au chef des bonzes, est petit et bas, mais d'une prodigieuse opulence et d'une fantaisie merveilleuse dans ses décorations. Certains grands volets de laque, ornés de chrysanthèmes et de branches de cerisiers figurés en or sur fond noir, dépassent, comme art d'exécution, tout ce que nous connaissons en ce genre dans les musées d'Europe.

En face, se trouve une sorte de petite scène ouverte sur laquelle se tient accroupie tout le jour une femme d'âge respectable, vêtue de rouge et de blanc. Moyennant une aumône légère, elle se lève et prend, en agitant un panache de grelots, quelques poses hiératiques nommées danses sacrées, fort improprement.

Plus loin, des cassolettes attendent les bois aux senteurs d'aromates et les baguettes d'encens, offrandes de pieux pèlerins.

En arrière, un petit musée, contenant des objets de culte et divers souvenirs, occupe d'étroites galeries.

Tout cela vu, le cicerone vous mène devant une porte fort ornée, comme le reste, et surmontée d'un panneau, au centre duquel se détache un chat endormi, chef-d'œuvre du sculpteur Hidari Jingoro.

Ce passage franchi, on trouve, formant le plus étrange contraste avec les éblouissements polychromes du temple, un escalier de pierre, bordé de balustrades dont les degrés moussus s'élèvent rapidement le long de pentes boisées. Deux cents marches conduisent à un petit oratoire, puis au monument funéraire de Ieyasu, fait d'un bronze clair mélangé d'or et affectant assez exactement la forme d'une grosse éprouvette renversée.

Le tombeau est entouré par une balustrade de pierre au milieu de laquelle s'élève une porte de bronze gardée par deux animaux fantastiques dont les représentations se rencontrent souvent dans les sanctuaires bouddhiques. On les nomme Ama-inu et Koma-inu, c'est-à-dire le chien céleste et le chien coréen; mais les gens du peuple ont coutume d'y voir seulement les images d'un lion et de sa lionne.

* * *

Parmi les montagnes qui dominent Nikko, se trouvent le temple et le village de Chuzenji, situés au pied du Nantai-zan, sur les bords d'un grand lac tout entouré de forêts.

Chuzenji, connu seulement naguère comme lieu de pèlerinage, devient maintenant une station d'été très élégante et paraît devoir remplacer, dans la faveur des étrangers, Nikko, plus accessible, mais moins frais.

Trois hôtels et de nombreux chalets s'élèvent au bord du lac. Les eaux saintes, dont, suivant les traditions, aucun être vivant ne souillait jadis le cristal, ont été empoissonnées de truites et de saumons; plusieurs oratoires, situés aux points les plus pittoresques, sont devenus des buts de promenade ou, pour employer l'expression anglaise, « pleasant spots for picnic ». Néanmoins, les pèlerins viennent toujours très nombreux. Ils arrivent vêtus de blanc, suivant les anciens rites, se purifient aux eaux du lac, puis, après s'être reposés dans de grandes baraques, commencent, vers minuit, l'ascension du Nantai-zan par un sentier infiniment raide qui prend son origine dans l'enceinte même des sanctuaires.

Parvenus au sommet, ils attendent que la nuit s'achève; puis, au jour naissant, s'inclinent, frappent des mains trois fois et adressent leurs prières à la déesse solaire Ama-terasu, fille d'Izanagi, le dieu créateur du monde, et aïeule légendaire de la maison impériale qui règne toujours sur le Japon.

Le mélange intime de pieuses traditions et de mondanités nouvelles a produit chez les paysans de la contrée un état d'âme spécial où le désir de gagner de l'argent, grâce au séjour des étrangers, s'unit aux souvenirs encore vivants de l'ancien fanatisme. Suivant les circonstances, l'un ou l'autre de ces sentiments prend le dessus, et la présence d'un poste de police à Chuzenji est moins inutile qu'on ne le supposerait d'abord.

La température de Chuzenji reste continuellement agréable, même aux temps les plus chauds de l'année, mais l'air est humide et le climat très pluvieux. En septembre 1896, par exemple, une pluie épaisse ne cessa de tomber pendant une semaine, gonflant le lac dont les eaux surélevées envahirent plusieurs maisons riveraines. Quant au torrent d'écoulement, il enleva les ponts, détruisit le chemin de Nikko, emporta les poteaux du télégraphe, isolant à Chuzenji presque tous les membres du corps diplomatique, tandis qu'une grave crise ministérielle éclatait à Tokyo.

Au delà de Chuzenji, un chemin ravissant longe la rive gauche du lac, franchit un torrent, s'élève ensuite par de nombreux lacets et traverse une immense plaine marécageuse bordée de forêts.

Plus haut encore se trouve Yumoto, célèbre par ses eaux sulfureuses. Le village se mire dans un lac qui, sans avoir les proportions et la noblesse sauvage du lac de Chuzenji, est d'une idéale joliesse, avec ses rives découpées où les clairières tapissées d'herbes hautes, les rochers moussus, les grands arbres verts, les azalées buissonneuses et les rhododendrons à grosses fleurs semblent disposés pour le plaisir des yeux, comme en un décor d'opéra.

Les eaux de Yumoto sont fort réputées. Elles se prennent dans des piscines fermées ou simplement couvertes; hommes et femmes y font trempette en commun et sans voiles.

Les étrangers trouvent des installations plus conformes à nos coutumes dans les hôtels de Yumoto, exclusivement organisés à la japonaise, mais parfaitement propres et d'un logis agréable, à condition d'y amener un serviteur capable de confectionner quelques mets européens.

*
* *

Kyoto.

Kyoto, l'ancienne capitale, est bâti sur les deux bords de la Kamogawa au large lit torrentueux, dans une plaine entourée de hautes collines couvertes de sapins.

Tandis que Tokyo, avec ses grands jardins, ses voies irrégulières, ses fossés, ses enceintes, son mélange de logis seigneuriaux et de pauvres demeures, rappelle ses origines féodales, Kyoto, au contraire, avec ses rues symétriquement tracées, ses petites maisons d'un aspect uniforme, modeste et aisé, ses temples innombrables, ses couvents bâtis tout autour de la plaine au pied des premières pentes et formant comme une auréole, est bien la ville calme, hiératique, heureuse, de mœurs policées et faciles, où les fidèles du mikado, sans puissance, presque sans argent, mais aussi sans devoirs guerriers, sans luttes violentes, menaient, à l'ombre tutélaire du souverain, une vie douce uniquement occupée d'intrigues, d'art, de littérature et de plaisir.

On voit à Kyoto très peu de maisons nouvelles, pas une voiture, sauf, hélas! le tramway électrique, peu de gens vêtus à l'européenne, pas de soldats.

Tout le monde est calme, lent, poli comme autrefois.

Ce n'est point que la ville soit morte; au contraire, ses soies, ses broderies, ses laques, ses bronzes, ses métaux damasquinés, sont toujours les plus beaux du Japon; mais parmi les ouvriers de Kyoto, beaucoup restent les fils des artisans qui travaillaient des mois et des années pour produire un chef-d'œuvre à l'époque heureuse où les jours ne comptaient pas, dans le Japon isolé du monde.

Les temps ont changé. Si les objets réellement beaux sont encore fréquents, ils deviennent coûteux. Ces objets, d'ailleurs, sont plutôt achetés par les Japonais, qui en comprennent la valeur exacte, que par les étrangers. Habitués aux japoneries de pacotille, les voyageurs croient qu'on abuse en demandant une somme élevée pour un petit bibelot et, dans tous les cas, trouvent la différence de prix entre l'article d'exportation et l'objet d'art très supérieure à la différence d'appréciation qu'ils peuvent faire.

Quoi qu'il en soit, il faut, comme curieux, sinon comme acheteur, visiter les fabriques et les magasins.

Jomi, gardant les traditions et les secrets des anciens ciseleurs, produit par de savants dosages, des alliages aux colorations variées à l'infini, puis, assortissant les nuances, figure sur le bronze de ses vases ou de ses coffrets mille gracieuses fantaisies.

Les broderies de Nishimura, comme les anciennes tentures drapant aux jours de fête le parvis des temples, sont lourdes et de couleurs trop heurtées parfois, mais d'une somptuosité prodigieuse avec leurs sujets qui se détachent en relief sur des fonds épais, tout brodés eux-mêmes d'or et de soie.

Takashima, Daïmaru, d'autres encore vendent des soieries de toutes sortes, depuis les brocarts jusqu'aux gazes ; des broderies légères sur satin ou sur crêpe ; des « velours coupés ». On nomme ainsi certaines étoffes rappelant les velours d'Utrecht, mais rehaussées de couleurs mises à la main sur les parties soyeuses ; les parties rases forment les fonds. On obtient ainsi pour représenter les fleurs, les effets de neige ou de crépuscule, les eaux, tous les paysages aux contours vagues et flous, des nuances très douces et de curieux effets.

Tandis que la plupart des villes japonaises n'offrent, en dehors de leur aspect général charmant mais toujours le même, qu'un mince intérêt pour le voyageur accoutumé déjà aux mœurs du pays, on ne se lasse jamais de voir et de revoir Kyoto.

Chaque fois, on y trouve un nouvel attrait comme à Paris, à Rome, à Constantinople, commé dans toutes les cités où battit le cœur d'un peuple, où se synthétisèrent ses arts, sa littérature, son caractère, son âme.

Kyoto, même aux jours les plus brillants du shogunat, restait la ville sainte et rayonnante où les shoguns eux-mêmes venaient demander la sanction de leur autorité aux mikados dépourvus de puissance effective, mais demeurant aux yeux de tous la source du pouvoir, le palladium du pays, l'image de Dieu sur la terre.

C'est à Kyoto et à Kyoto seulement, dans les palais, les temples, les couvents, le très beau musée, que l'on peut évoquer le vieux Japon, deviner sa civilisation, étudier et comprendre son art.

Jamais le passant, curieux des choses orientales, ne donnera, en répartissant les jours de son voyage, une part trop large à Kyoto; et, une fois dans la vieille cité, ce qu'il aura de mieux à faire sera de tout visiter, le guide Murray à la main comme un « Cook's traveller » consciencieux.

Le palais impérial, incendié en 1854, a été rebâti très

exactement sur son ancien modèle. Naguère, il se trouvait entouré d'un quartier spécial, clos de fossés et de petits remparts, où demeuraient les nobles de cour; maintenant ce quartier a disparu, et le palais est isolé de la ville par une esplanade plantée.

Ses bâtiments, ses cours, ses jardins forment un grand rectangle, entouré d'un haut mur en terre, chaperonné de tuiles grises.

Six portes en bois, surmontées par quelques sculptures vierges de toute peinture et de tout vernis, donnent accès dans l'enceinte.

La cour d'honneur est entourée de galeries supportées par des pilastres peints en rouge. Au fond, entre un cerisier et un oranger sauvage, souvenirs d'anciennes traditions, un large perron mène à la salle du trône. Le souverain s'y tenait jadis, aux occasions solennelles, sous un dais garni, suivant les saisons, de rideaux blancs et rouges ou de courtines brochées de grues et de bambous. D'après leur rang, les dignitaires du pays s'échelonnaient sur les marches successives du perron, et les très grands personnages seuls, agenouillés sur les plus hauts degrés, pouvaient apercevoir le dais impérial.

Comme tout le palais, la salle du trône est lambrissée et plafonnée en hinoki naturel sous des toitures de chaume.

Il n'existe aucun meuble apparent dans l'auguste demeure ; les seuls ornements sont des chrysanthèmes de bronze doré cloués sur les poutres ou aux chambranles des portes.

Les peintures des karakamis[1], conçues dans un style sobre et purement japonais, s'harmonisent avec la simplicité générale. La plupart reproduisent des œuvres plus anciennes, détruites au cours des siècles.

La chambre de l'empereur est complètement entourée d'autres pièces, dont la séparent des cloisons mobiles, de telle manière que nul ne puisse parvenir directement jusqu'au souverain. Dans une salle voisine, à l'angle oriental du palais, se trouve une plate-forme cimentée sur laquelle, chaque matin, on répandait un peu de sable afin que, sans quitter sa demeure, le mikado pût adorer la longue suite de ses ancêtres en foulant des pieds la terre et en levant les yeux vers le soleil, qui fut le premier de ses aïeux.

Depuis la Restauration, l'empereur et l'impératrice ont fait plusieurs séjours au palais de Kyoto et y passèrent notamment une partie de l'année 1897. Leurs Majestés, nées à Kyoto toutes deux, préfèrent la vieille cité mikadonale au moderne Tokyo et y viendraient

---

1. Châssis analogues aux feuilles d'un paravent, glissant sur des rainures, et servant à séparer les différentes chambres d'une maison. (*Ancien Japon*, par G. Appert).

souvent si Elles suivaient leurs goûts en dehors de toute préoccupation politique.

Du reste, bien que Kyoto soit, d'après les statistiques météorologiques, encore plus chaud que Tokyo pendant l'été et un peu plus froid pendant l'hiver, l'atmosphère moins lourde y est plus agréable et plus saine.

Quand les souverains sont à Kyoto, on étend des tapis sur les tatamis, pour épargner aux dignitaires de cour vêtus à l'européenne l'ennui d'enlever leurs chaussures. C'est là, je crois, avec la pose de paratonnerres et de sonnettes électriques, la seule concession faite aux idées nouvelles dans l'auguste logis.

Formant un absolu contraste avec la demeure du mikado, si noble et si simple, enclose plutôt que défendue, l'ancien palais où résidait le shogun pendant ses visites à la cour impériale, frappe par la prodigieuse richesse de ses décorations intérieures ainsi que par l'aspect formidable de son enceinte flanquée de tours et bordée de fossés. Encore ce que nous voyons maintenant n'est que la moindre partie de l'ancienne habitation shogunale; le reste fut détruit par un incendie à la fin du siècle dernier.

Le palais actuel, devenu les bureaux de la préfecture après la Restauration, a eu fort à souffrir d'incroyables vandalismes. En ce temps, les Japonais se ruant sans mesure à l'européanisation de leur pays, croyaient faire œuvre de progrès en détruisant les vieux chefs-d'œuvre, calcinaient les laques d'or pour en extraire quelques atomes de métal et abattaient même les arbres producteurs du vernis à laque, les jugeant inutiles désormais.

Après avoir franchi deux portes aux vantaux bardés de fer, aux faîtes surmontés de sculptures peintes et dorés d'une splendeur un peu lourde, le visiteur pénètre dans les appartements.

A l'encontre des coutumes japonaises, les pièces sont hautes et spacieuses. Partout apparaissent des peintures aux nuances vives qui représentent des animaux, des arbres, des fleurs, des paysages détachés sur un fond d'or dont les tons chauds rappellent les plus belles dorures du dix-huitième siècle.

Aux plafonds, des baguettes de laque noire, entre-croisées et reliées par des armatures de cuivre ciselées, séparent les caissons peints d'éclatantes arabesques.

La salle d'audience, dont le sol est divisé en deux parties d'égales dimensions par une marche basse de laque noire, produit une saisissante impression. Les panneaux sont encadrés par d'étroites bandes de bois poli, décorées d'ornements en bronze émaillé figurant des phénix ou les trois feuilles de nard sauvage, armes des Tokugawa.

On dit que les shoguns ont emprunté à la Chine leur prédilection pour ces décors d'une extrême richesse, si contraire au pur goût japonais; mais il semble aussi que certaines dispositions, certains détails décèlent l'influence des Portugais et des Espagnols; ils font songer au style opulent et lourd pratiqué dans l'Europe méridionale vers la fin du seizième et le commencement du dix-septième siècle, époque de la première ouverture du Japon.

Je ne puis citer et décrire les innombrables temples de Kyoto. Beaucoup sont d'un grand intérêt; aucun, même parmi les moindres, les plus ignorés, les plus pauvres, ne déçoit tout à fait le rêveur sinon le curieux. Les uns sont remarquables par leurs peintures, leurs bronzes, les étoffes et les laques de leurs trésors; d'autres, comme celui des cent Bouddhas, par leurs sculptures sur bois; d'autres encore par leur situation, leurs entours, comme les sanctuaires de Kiyomidzudera accrochés aux flancs rocheux d'une colline, ou le charmant oratoire de Nishi-Otani avec son parc, ses pièces d'eau, ses ponts, ses escaliers; quelques-uns enfin par leurs dimensions, tel l'immense temple de Higashi Hongwanji, rebâti depuis peu au moyen de dons volontaires.

Quant aux couvents qui entourent la ville, tous semblent intéressants par leurs sanctuaires, leurs jardins, leurs sites. Des bonzes calmes et lents, enveloppés de manteaux en gaze légère, à larges manches flottantes, les montrent avec une douce bienveillance et mêlent à leurs descriptions d'édifiants récits.

Plusieurs sont des lieux de pèlerinage où les croyants viennent prier et parfois implorer quelque grâce spéciale par de pieuses pratiques.

A Shimo-Gamo, par exemple, les femmes demandent la paix de leurs ménages et apportent en offrande des arbrisseaux divers qu'elles plantent dans l'enceinte sacrée. Tous — miracle singulier et bizarre antithèse — se hérissent bientôt d'épines comme le houx.

Ces couvents me rappellent certains monastères orthodoxes des Balkans, merveilleusement situés, où de bons moines contemplatifs priant Dieu et admirant la nature s'acheminent, sans hâte, vers le ciel, parmi les douces fumées de l'encens et les ors éclatants des iconostases.

A l'entour de Kyoto se trouvent plusieurs charmantes villas impériales. La plus curieuse, connue sous le nom de Katsura no Rikyu, appartenait à la feue princesse Katsura, tante de l'empereur actuel.

La princesse Katsura était célèbre par son esprit, sa science et son fier courage dont voici un exemple. Au temps de la Restauration, des serviteurs lui demandèrent de quitter sa demeure, exposée aux hasards d'une bataille, mais elle refusa, disant que les projectiles des hommes ne pouvaient rien contre le sang des dieux qui coulait dans ses veines et que le respect de sa personne auguste arrêterait les combattants.

On raconte aussi qu'étant — comme dit mon interprète japonais — une personne « fort sérieuse », elle refusa péremptoirement de recevoir le mikado, son neveu, en costume européen.

Devant la maison se trouve une grande terrasse, formée par dès claies de bambou, nommée Tsuki-mi-dai — la terrasse regardant la lune —. C'est là qu'aux beaux soirs, la princesse venait rêver et contempler la lune, tandis que l'astre laissait d'abord deviner sa face blanche parmi les grands pins, au bord opposé d'un lac, puis dépassait peu à peu la cime des arbres et se mirait dans l'eau.

Tous les environs de Kyoto sont d'un charme idéal, et les paysans mêmes semblent des bergers d'églogue, par l'arrangement coquet de leurs demeures, l'élégance de leur costume, leur parler et leurs manières d'une politesse raffinée.

⁂

Pour bien connaître Kyoto, pour comprendre le charme de ses aspects différents, il faut visiter la vieille capitale au printemps, quand les cerisiers fleurissent; puis à l'automne, quand rougissent les feuilles des érables; enfin aux jours froids de l'hiver, quand la neige couvre les collines et que le givre diamante les sapins. Alors on grelotte dans les hôtels entre des fenêtres mal closes et des poêles qui fument, on patauge dans les rues, mais la vue de la nature, merveilleuse sous sa parure hivernale, vous paie de tous ces ennuis. Jadis un mikado, près de mourir en été, voulut une fois encore admirer Kyoto cerné de frimas. Par son ordre, on drapa les collines de soies blanches et, sous le chaud soleil, le souverain put croire l'hiver revenu.

Chaque année, au mois d'avril, se donnent, dans un petit théâtre spécial, les représentations d'un charmant ballet, le Miyako-odori.

La salle est rectangulaire avec une scène sans profondeur, prolongée sur les côtés, en avant de galeries plus hautes, réservées aux musiciennes.

Les danseuses, rangées par ordre de taille et semblablement vêtues, se tiennent en ligne sur la scène.

Elles avancent, reculent, prennent des poses d'ensemble, manient avec grâce des voiles, des corbeilles, des éventails ou des écrans.

Derrière elles, la toile de fond change toutes les deux ou trois minutes.

Les décors représentent des paysages, plus ou moins appropriés aux phases du ballet. Le dernier figure d'abord un temple sur des collines neigeuses, dans un effet de nuit, puis la neige se paillette sous les feux d'innombrables ampoules électriques qui descendent des frises accrochées à des branches fleuries de cerisier. C'est le Printemps après l'Hiver.

Chaque soir, le ballet recommence plusieurs fois. La salle est toujours comble ; et de nombreux spectateurs, attendant leur tour, boivent du thé au foyer.

***

En janvier 1897, les funérailles de l'impératrice douairière furent célébrées à Kyoto, avec une pompe curieuse et impressionnante dans sa majestueuse tristesse.

La souveraine était morte à Tokyo : mais, suivant les vieilles croyances, son âme ne devait quitter son corps qu'à Kyoto, après le passage de sa dépouille sur le « Pont des Ombres ».

La cérémonie funèbre commença au crépuscule, pour être achevée le lendemain, dès l'aube naissante afin que l'astre du jour ne pût en être offusqué.

Le long cortège, lentement acheminé vers le Pont des Ombres, traverse d'abord la ville, mêlant les uniformes modernes des hauts dignitaires, des officiers et des soldats aux robes des prêtres. Vêtu de blanc, selon les rites, le prince Arisugawa conduit le deuil derrière le cercueil, traîné dans un char de laque, par trois bœufs de couleur différente marqués d'une étoile au front. A chaque pas, les roues grincent, tournant péniblement autour de leurs essieux; et cela est à dessein, suivant les anciennes étiquettes. Le Pont des Ombres franchi, le char s'arrête, des porteurs prennent le cercueil de la souveraine, morte désormais. Il fait une claire nuit de gelée. Sans manteaux, par respect pour les usages japonais, nous montons, grelottant, un chemin creux, bordé de pins, jusqu'à une clairière nouvellement frayée à la lisière de grands bois. Quelques brasiers aux flammes jaunissantes et de clairs fanaux électriques éclairent l'entrée d'une vaste salle construite en planches légères pour la cérémonie. A l'intérieur, des draperies noires couvrent les parois et de longs crêpes enroulés aux hampes retombent en flots épais sur les blancs drapeaux marqués au centre d'un disque rouge rayonnant.

Les porteurs déposent leur fardeau au sommet d'une haute estrade et les prières commencent. D'abord, les officiants chantent des lamentations accompagnées par les flûtes anciennes dont les notes ascendantes, précédant chaque verset, rappellent une modulation déchirante de la marche funèbre de Chopin. Puis un bonze redit les vertus de la feue impératrice. Enfin les prêtres apportent du riz, des fruits, des gâteaux, offrandes symboliques; et tous les assistants défilent devant le catafalque en jetant des rameaux de laurier.

Les funérailles publiques sont finies. Les princes, les prêtres et les serviteurs de la maison impériale suivront seuls le corps jusqu'à la mise au tombeau.

Les rites donnent aux fossoyeurs employés en de telles circonstances le nom de corbeaux, voulant ainsi épargner aux dépouilles souveraines le contact insultant des hommes, et préférant, par une fiction étrange, croire que des oiseaux inconscients ont seuls pu rendre à la terre les restes sacrés des maîtres du Japon.

*
* *

Nara.

Près de Kyoto se trouve Nara, capitale du Japon au huitième siècle et maintenant jolie petite ville, modeste en étendue, mais grande en souvenirs de toutes sortes et abondante en monuments anciens. Le plus original est le Daïbutsu, colossal Bouddha de bronze, assis sur un lotus. Il remplit un temple haut de quarante-sept mètres, long de quatre-vingt-huit, large de cinquante-deux, qui semble une simple gaîne abritant son immensité.

Voici l'histoire étrange de cette statue.

Le bouddhisme, prêché aux Indes d'abord, puis en Chine et en Corée, fut introduit au Japon dans les dernières années du sixième siècle, par de nombreux missionnaires.

Au début du siècle suivant, le prince-régent Shotoku-Taishi fonda le premier temple bouddhiste à Horyuji, près de Nara; et rapidement la religion nouvelle devint le culte général du pays. Sans détruire le vieux shinthoïsme, elle l'absorba peu à peu, accueillant tout son peuple de dieux et de déesses, ne discutant pas ses croyances, se pliant aux superstitions populaires. D'ailleurs, le bouddhisme — consolant l'âme par ses enseignements, charmant les yeux par ses pompes, exaltant l'ascétisme, mais enclin à toutes les indulgences, incertain dans ses dogmes, vague dans ses doctrines, divisé en sectes infinies — est, à coup sûr, la plus accommodante des religions.

Quoi qu'il en soit, l'empereur Shomu Tenno résolut,

vers l'an 736, d'élever à Nara une prodigieuse effigie de Bouddha; mais, respectueux des divinités autochtones, il envoya un prêtre dans la province d'Isé, au saint temple d'Ama-terasu, pour offrir à la déesse solaire une relique de Bouddha et demander son assentiment. Le messager passa en oraison sept jours et sept nuits aux portes de l'antique sanctuaire qui s'ouvrirent enfin, tandis qu'une voix éclatante prononçait un oracle favorable.

Aussitôt l'empereur fit appel à son peuple pour subvenir aux frais de l'œuvre dont lui-même surveilla l'exécution, et, treize ans après, Bouddha apparut dans toute sa grandiose majesté.

D'autres temples encore font l'orgueil de Nara. La plupart sont disséminés dans un parc aux arbres immenses tout enguirlandés de glycines, aux allées ombreuses jalonnées par des lanternes de granit, pieux *ex-voto*.

Mais le grand intérêt de Nara vient moins des sanctuaires eux-mêmes que des sculptures sur bois et des objets précieux très divers exposés dans le musée et les dépendances de plusieurs temples.

Aucun travail spécial n'existe, à ma connaissance, sur ce sujet. Il y'aurait là cependant un champ d'études bien intéressantes pour quelque savant versé dans les arts anciens de l'Inde, de l'Égypte, de la Grèce.

Certaines sculptures sur bois sont de véritables œuvres d'art, très réalistes, mais sans grimaces ni contorsions. Par le style général, la vérité simple des attitudes, l'arrangement des draperies, elles diffèrent absolument des sculptures japonaises habituelles. De quelle époque sont-elles ? On ne saurait le préciser.

Les Japonais ont copié et recopié indéfiniment les mêmes modèles avec une méticuleuse fidélité. On peut donc, d'après certains signes matériels, affirmer l'ancienneté d'une œuvre ; mais nul expert ne saurait attribuer à cette œuvre une date certaine, sauf peut-être s'il s'agit d'une peinture signée.

En effet, l'histoire des peintres japonais et de leurs écoles est parfaitement connue ; mais là s'offre une autre difficulté : chaque maître a formé une pléiade d'élèves imitant sa manière et signant plus ou moins son nom, soit irrégulièrement, soit régulièrement, en vertu des adoptions si fréquentes ici.

D'ailleurs, le système usité au Japon pour l'enseignement de la peinture est presque un encouragement à la contrefaçon, car il paraît uniquement basé sur l'imitation d'un certain nombre de modèles reproduits pendant des mois et des années, suivant une progression immuable.

Quelques artistes évidemment finissent par dégager leur personnalité, se créer un style ou un genre; mais, aussitôt qu'ils s'affirment, les imitateurs se groupent autour d'eux.

Tous les Japonais versés dans les arts, tous les étrangers ayant quelque usage de l'Extrême-Orient savent cela parfaitement; aucun d'eux ne tranche, dans ses appréciations, avec la netteté de certains amateurs étrangers, netteté dont le résultat pratique est l'affirmation qu'eux seuls possèdent de belles choses à l'exclusion des voisins.

Jusqu'à l'ouverture du pays, les objets exportés, même les plus beaux, ne représentaient nullement le pur art japonais, mais un art bâtard et médiocre accommodé au goût européen.

Plus tard, lors des luttes de la Restauration et pendant les années de vandalisme qui suivirent, beaucoup d'œuvres précieuses allèrent orner les collections d'Europe et d'Amérique. Mais ce temps est passé. A moins de circonstances exceptionnelles, les Japonais ne vendent plus guère d'objets de grande curiosité, ou, tout au moins, ne les vendent plus à des étrangers, assurés qu'ils sont de trouver parmi leurs compatriotes des acheteurs nombreux.

Le maréchal Yamagata, amateur fort éclairé, me fit un jour l'honneur de me dire que les deux tiers des richesses artistiques du vieux Japon avaient été exportées ou détruites ; mais le tiers restant est encore très considérable, et, abstraction faite des objets appartenant à des particuliers, les temples, les couvents, les musées, si imparfaits et si mal organisés qu'ils soient encore, contiennent des trésors.

Puis ici les choses apparaissent dans le cadre où elles furent conçues et exécutées ; on les comprend, elles s'animent, elles vivent, elles redisent le passé disparu, cent fois plus suggestives que les « curiosités » minutieusement classées dans de lointaines collections.

Mais revenons à Nara... Outre les sculptures sur bois dont j'ai déjà parlé, le musée renferme quelques objets d'origine inconnue et qu'on est fort surpris de trouver au Japon : un vase d'argent, en forme d'aiguière, porte, gravés sur sa panse, des chevaux ailés de pur style pompéien. Quelques terres cuites rappellent les statuettes de Tanagra. Un masque d'homme jeune, coiffé d'une sorte de casque à cimier avançant au-dessus de la face, fait penser à certaines statues égyptiennes, avec son front bas et large, ses pommettes saillantes, ses joues un peu creusées, son nez pointu, ses narines très ouvertes, sa physionomie calme et énigmatique. Je n'ai jamais rencontré ce type au Japon mais je l'ai vu en Égypte et en Algérie.

Parmi les objets appartenant aux temples, je citerai un gong de bronze renfermé dans le trésor de Kobukuji. Ce gong, ciselé avec une extrême finesse, est encadré par quatre serpents dont les têtes s'unissent et dont les queues s'enroulent autour d'une colonnette reposant sur le dos d'un lion accroupi. D'après les traditions, il serait l'œuvre de quelque artiste japonais, inspiré de modèles chinois ou hindous, et remonterait à plus de mille ans; mais certains amateurs le jugent beaucoup plus moderne, et il n'est, très probablement, qu'une reproduction. Néanmoins, c'est, à ma connaissance, le plus beau bronze qui existe au Japon.

Beaucoup d'objets sacrés sont de style hindou et marqués d'inscriptions sanscrites. D'autres rappellent les œuvres inspirées par l'antique aux artistes de la Renaissance italienne. Un tokko[1] de ce genre, doré et orné de mufles de lion, fut même classé au musée du Louvre parmi les collections de la Renaissance.

Chose digne de remarque, les artistes ou les ouvriers de Nara et des environs s'inspirent toujours de modèles spéciaux. Aujourd'hui encore, ils reproduisent pour les usages courants des vases, des pots, des aiguières dont les formes originales et élégantes ne se rencontrent pas dans le reste du pays.

1. Emblème bouddhiste ayant quelque vague ressemblance, dans sa forme générale, avec une clé.

Yamada. Les Temples d'Isé [1].

A quatre-vingt-dix kilomètres environ de Nara, de l'autre côté de la grande presqu'île située au sud de Kyoto, se trouvent dans la petite ville de Yamada, les fameux temples shintoïstes d'Isé, consacrés, dès l'antiquité la plus haute, aux déesses du Soleil et de la Terre. Nul pélerinage n'est entouré d'une plus grande vénération. Des milliers de voyageurs s'y rendent chaque année, et de bizarres légendes content même l'histoire d'animaux, s'attachant aux pas des pèlerins et les suivant jusqu'aux sanctuaires d'Isé.

La grande rue de Yamada est bordée d'hôtelleries et d'auberges plus hospitalières encore, toutes semblables d'aspect et différenciées seulement les unes des autres par leurs enseignes, auxquelles s'ajoute pour les « autres » un *caractère* engageant.

Le temple d'Ama-terasu, déesse du Soleil, est situé à l'extrémité de la ville.

Il s'appelle Naïku et le respect populaire le nomme Naïku-san, c'est-à-dire littéralement « Monsieur le Naïku ».

[1]. Isé est le nom de la province où se trouve Yamada.

Pour s'y rendre, on franchit d'abord un torrent bordant un jardin aux allées régulières, parfaitement tenu sous la surveillance de gardiens portant la livrée impériale. Quelques canons, offerts à la déesse après la guerre de Chine, ornent les parterres.

Ensuite, on traverse un bois d'aspect grandiose où les camphriers aux troncs énormes se mêlent aux cryptomérias géants.

Enfin, on atteint une palissade ornée de branches vertes et de gohéïs[1]. Elle clôt l'enceinte où s'élève le sanctuaire principal qui abrite le miroir sacré, emblème de la déesse, gardé précieusement sous de nombreuses enveloppes de soie et les parois de plusieurs cassettes. Le temple, couvert de chaume, petit et d'apparence modeste, repose sur une esplanade au sol parsemé de cailloux. A côté, existe une autre esplanade semblable, emplacement du temple futur. Tous les vingt ans, en effet, pour obéir aux antiques usages, on transporte le miroir dans un sanctuaire neuf exactement pareil à l'ancien, qui est détruit et dont les bois, divisés en d'innombrables parcelles, sont vendus comme reliques.

A proximité se trouvent divers bâtiments accessoires, entre autres une scène pour les danses hiéra-

---

1. Emblèmes shintoïstes formés par des bandes de papier blanc plié, dont la forme rappelle celle d'un fer de flèche.

tiques et des écuries pour les chevaux sacrés. Chaque cheval jouit d'un pavillon isolé formant boxe, où les pélerins vont le visiter et lui offrir des friandises. En 1897, je vis trois chevaux à Yamada. Le premier, tout noir, absolument ankylosé et âgé d'au moins quarante ans, dit-on, vivait depuis longtemps soutenu par de larges sangles. Le second était de couleur indécise, d'âge moyen et d'aspect insignifiant. Quant au dernier, de nuance café au lait très clair avec des crins blancs et des yeux vairons, il me parut joli de formes, mais peu agréable de caractère et prêt à répondre par un coup de dent aux bons procédés de ses visiteurs.

Le Géku, temple consacré à la déesse de la Terre, ressemble fort au Naïku et n'offre, après la visite de ce dernier, qu'un médiocre intérêt. Un grand voile blanc, fermant la porte principale de l'enceinte rappelle une des plus tragiques aventures du Japon moderne.

Il y a quelque dix ans, le vicomte Mori, ministre de l'Instruction publique et partisan fanatique des idées nouvelles, osa soulever le voile du bout de sa canne, pour jeter dans l'enceinte des regards impies. Beaucoup s'émurent de ce sacrilège et un fanatique, nommé Nishino Buntaro, jura de venger l'offense faite à la déesse. Peu après, choisissant le jour même où le mikado octroyait une constitution à son peuple, il poignarda Mori qui se rendait au palais en uniforme de gala. Les suivants du ministre le lynchèrent aussitôt ; mais l'opinion populaire, exaltant sa mémoire, lui décerna l'auréole du martyre. Sa tombe est entourée de pieux témoignages, et les simples d'esprit implorent son intercession près des dieux protecteurs du pays.

*
* *

Chaque soir, les auberges de Yamada s'illuminent et de nombreux spectateurs y viennent voir danser l'Isé-Ondo.

Voici en quoi consiste ce spectacle, étrange par l'endroit où il se donne, mais original, gracieux... et convenable absolument.

Dans une grande salle se trouve une sorte de scène occupant le fond et se prolongeant en retour, le long des côtés.

D'ordinaire, elle est au niveau du sol ; mais, pour les danses, un mécanisme l'élève d'un demi-mètre environ, tandis que les lanternes de papier, suspendues au plafond s'abaissent pour former, avec les cierges placés devant la rampe dans de hauts chandeliers, un éclairage aux effets adroitement ménagés.

Des draperies, composées de bandes verticales vertes, jaunes, rouges, blanches et violettes garnissent les murs.

Bientôt arrivent les danseuses, portant l'uniforme de l'auberge qu'elles habitent.

Dans celle où j'allai, qui passe pour la plus luxueuse, elles se parent de robes gris-perle doublées de rouge. De larges ceintures de soie rouge, brodées de roues d'or, serrent leur taille et s'attachent derrière par un nœud énorme dont les boucles remontent à hauteur des épaules et les pans tombent jusqu'aux genoux.

L'une après l'autre, elles se rangent sur la scène, puis, au son des kokius[1] et des shamisens[2], commencent une danse composée de pas lents et de gestes très simples, faits en éloignant peu du corps les bras demi-allongés et en conservant les mains ouvertes.

Leurs attitudes ne ressemblent nullement aux contorsions, si bizarres à notre sens, des danseuses japonaises ordinaires; et l'analogie de leurs poses avec celles des « saltatrices » représentées dans les frises grecques et romaines est frappante.

En dansant, elles psalmodient des paroles dont j'ignore le sens exact, mais dont la traduction libre — très libre, vu le lieu et les circonstances — rappellerait assez le chœur fameux des *Cloches de Corneville :*

> R'gardez par ci, r'gardez par là,
> Que dites-vous de tout cela?...

---

[1]. Sorte de violon. (*Ancien Japon*, par G. Appert.)
[2]. Sorte de guitare à trois cordes. (*Idem.*)

✱
✱ ✱

Ozaka.

Très curieuse au point de vue industriel et commercial, la grande et riche ville d'Ozaka n'offre au touriste qu'un minime intérêt.

Près de l'arsenal neuf et admirablement outillé, l'ancien château couronne d'enceintes successives un monticule isolé au milieu de la vaste plaine.

Une série de rampes et de larges escaliers conduit à la plus haute terrasse. Des rochers énormes, entaillés de créneaux irréguliers, entourent ce réduit, formidable naguère mais dont un vieux canon oublié est la seule défense aujourd'hui.

Plus bas, végète encore un camélia blanc rapporté de Corée par Hidéyoshi victorieux[1]. Les souvenirs qu'il évoque rendent plus frappant encore le contraste entre l'antique citadelle abandonnée et l'arsenal moderne dont fument les cheminées et grincent les machines.

Parmi les nombreux temples, le plus intéressant est celui de Tennoji, célèbre par sa source miraculeuse. Une tortue de pierre vomit l'eau sacrée que boivent

---

1. Hidéyoshi, premier ministre, et, en réalité, véritable maître du Japon à la fin du XVIᵉ siècle.

pieusement les fidèles, après y avoir trempé des lanières de bambou gravées de prières pour les morts. Au-dessous, dans un vivier, fourmillent d'innombrables tortues qui, anxieuses et bouche bée, attendent les grains de riz que leur jettent les pélerins.

Un oratoire s'encombre d'ex-voto enfantins : petites robes, poupées, joujoux avec lesquels contrastent quelques képis de soldats.

A l'encontre des autres sanctuaires japonais, Tennoji laisse au passant une impression de foi profonde et recueillie.

*
* *

Hiroshima.

Bien que d'un accès facile par le chemin de fer, Hiroshima est rarement visité par les étrangers. Les deux principaux hôtels sont éclairés à l'électricité et fort élégants, luxueux même, mais purement japonais. On se déchausse en entrant; toutes les pièces sont garnies de tatamis et complètement dépourvues de meubles; on dort sur des futons, on se chauffe à des braseros, on fait sa toilette aux lavabos des corridors et dans la salle de bain commune; enfin, tout le service est confié — honni soit qui mal y pense — à une nuée de servantes accortes. C'est à peine s'il existe une table et quelques chaises pour les Européens inhabiles à manger assis sur leurs talons. En revanche, abondent les coupes, les plats et les bols d'ancienne porcelaine, les pots à thé de vieil étain dorés à l'intérieur, les écritoires de laque et une foule de jolis objets précieusement gardés par les hôteliers dont ils sont l'honneur.

Le jardin du marquis Asano, ancien daïmio d'Hiroshima, est le plus ravissant qu'on puisse imaginer.

Une longue pièce d'eau, traversée par un pont de pierre surélevé à la mode chinoise, en forme le motif principal. Des temples, des kiosques, des maisons de thé s'élèvent sur les rives, dans un paysage rappelant les plus jolis sites des Vosges et du Jura, au point où les hêtres plus clairsemés font déjà place aux sapins. Ailleurs, de vieux troncs déjetés, troués, vermoulus jusqu'au cœur, demi-morts semblent reprendre une vie nouvelle et — par un procédé de culture familier aux Japonais — se couvrent de fleurs innombrables dont la fraîcheur contraste avec leur vétusté.

Du côté de la ville, un épais rideau d'arbres cache les murs, tandis que des collines en miniature, bordant les sauts de loup du côté de la campagne, semblent relier le jardin aux grands bois qui couvrent les hauteurs voisines.

Chaque arbre, chaque branche, chaque buisson,

chaque brin d'herbe dans les gazons, chaque mousse sur les rochers, chaque caillou sur les grèves, chaque grain de sable dans les allées est l'objet de soins minutieux; mais l'art s'efface devant la nature et le visiteur novice aux choses japonaises ne saurait jamais imaginer combien de temps, de soins persévérants, d'argent, il faut pour créer, puis entretenir un jardin semblable, dont l'étendue égale à peine la moitié du Pré Catelan.

Pendant la guerre sino-japonaise, Hiroshima fut le quartier général de l'empereur, chef suprême de toutes les armées, et la plupart des troupes s'embarquèrent au port d'Ujina, distant de quelques kilomètres.

Une stèle, surmontée d'un grand aigle éployé, s'élève maintenant entre Hiroshima et Ujina pour rappeler ces souvenirs.

*
* *

Un petit vapeur fait, en deux ou trois heures, le trajet d'Ujina à Miyajima, l'île sainte, réputée l'une des trois merveilles du Japon.

D'abord, on voit les côtes de l'île, formées de petits promontoires rocheux couverts de pins, séparant des criques étroites; puis une lanterne de pierre élevée sur un rocher dont la pointe perce l'eau; enfin, au fond d'une baie, un immense torii de bois, érigé dans la mer.

En arrière se trouve le temple, construit sur pilotis et formé de longues galeries en bois couvertes de chaume, de telle sorte qu'à marée haute il semble quelque arche immense voguant sur les flots.

L'effet est prodigieux surtout au clair de lune ; et cependant, là comme partout au Japon, cet effet vient non de la beauté intrinsèque de l'œuvre humaine, mais du splendide décor naturel qui l'entoure,

Ailleurs que dans la baie merveilleuse de Miyajima, le temple rappellerait les bains à fond de bois de notre Seine prosaïque, et le torii semblerait un assemblage de troncs d'arbres inutile, étrange et laid.

Le sanctuaire est dédié aux trois divinités, filles de Susa-no-o, dieu de la mer et frère ennemi d'Ama-terasu, déesse du soleil.

Jadis, nul mortel ne devait souiller l'île sainte par sa naissance ou sa mort ; et des barques emportaient vers la terre prochaine les femmes près d'être mères et les agonisants.

Des sangliers, des singes, des daims, animaux sacrés, erraient parmi les demeures des hommes respectueux de leur vie et de leur liberté. Depuis quelques années, il est vrai, les choses ont changé. Seule, une troupe de daims apprivoisés rappelle les anciennes croyances.

*_**

Nagasaki.

Nagasaki, situé au fond d'une baie étroite et longue, est l'un des plus beaux ports du Japon et le plus célèbre peut-être, car, après l'éviction complète des Espagnols et des Portugais, il resta seul ouvert au négoce des Hollandais et des Chinois : étroite chatière par où les Japonais, repliés sur eux-mêmes et comme prisonniers du gouvernement shogunal, communiquaient avec le reste du monde.

Encore les Hollandais étaient-ils enfermés — convicts volontaires par l'appât du gain — dans le triste îlot de Deshima, séparé par un bras de mer étroit de la ville proprement dite.

Fort dépassé maintenant en importance commerciale par Yokohama ou Kobé, et ne conservant guère comme industrie spéciale que le travail de l'écaille, Nagasaki garde, en revanche, un grand charme archaïque avec ses rues irrégulières, étroites, escarpées, ses maisons vieillottes, sa rivière torrentueuse toute coupée de ponts aux tabliers bombés, aux balustrades de pierre qu'enguirlandent les lierres et disjoignent les herbes folles.

Un hémicycle de hauteurs pittoresques domine la ville.

Des temples s'élèvent sur les premières pentes à l'ombre des camphriers; plus haut, des tombes s'étagent aux versants des collines, comme dans les cimetières musulmans; plus haut encore, au nord de Nagasaki, le Tateyama profile sur le ciel son sommet arrondi et dénudé. On le nomme la Sainte-Montagne et les chrétiens le vénèrent, car il rappelle le souvenir des premiers martyrs du Japon. Là furent dressées leurs croix, face à la ville, face à la mer, et leurs corps pantelants apparurent comme un défi porté aux gens d'Occident.

La Concession européenne s'étend le long des quais, à l'est de la ville, prolongeant l'ancien quartier chinois; mais les consuls et la plupart des étrangers habitent, un peu plus haut, de jolies villas qui dominent le port.

Les familles russes, venues de Sibérie pour chercher un meilleur climat, sont nombreuses. Avant l'occupation de Port-Arthur, la flotte russe d'Extrême-Orient ne disposant sur les côtes sibériennes d'aucun port libre de glaces en toute saison, avait coutume d'envoyer la plupart de ses navires passer l'hiver en rade de Nagasaki.

Quant à Deshima, elle conserve le long de ses quais et de sa rue unique d'anciens entrepôts — maisons petites et basses, aux murs de grosses pierres et aux volets de fer — mais ils semblent fort abandonnés aujourd'hui.

Les Hollandais, d'ailleurs, n'ont plus aucun comptoir important à Nagasaki.

Après avoir monopolisé si longtemps le commerce extérieur du Japon, ils ne font aujourd'hui avec ce pays qu'un chiffre d'affaires insignifiant. Habitués à profiter de leur privilège exclusif pour réaliser sur les exportations et plus encore sur les importations des gains prodigieux, accrus par ce fait que la valeur de l'or par rapport à l'argent était moindre au Japon qu'en Europe, ils ne surent pas, après l'ouverture du pays, se plier aux conditions nouvelles créées par la concurrence et perdirent rapidement toute clientèle. Du reste, les Japonais, furieux d'apprendre à quel point ils avaient été exploités, humiliés de voir combien ils s'étaient mépris sur la puissance des Pays-Bas, qu'ils croyaient formidable, vouèrent aux Hollandais une rancune tenace, dont les effets se firent sentir dans les rapports commerciaux comme dans les relations diplomatiques.

Parmi les marchandises européennes qui donnaient de prodigieux bénéfices, je citerai les montres, les allumettes et surtout le drap, considéré par les Japonais, dépourvus de bêtes à laine, comme le plus précieux des tissus.

Le don d'une blague à tabac en drap rouge était un superbe cadeau.

Sur tout cela, il y aurait des pages bien curieuses à écrire ; mais les Japonais ne sauraient le faire, car l'esprit de critique historique paraît leur manquer complètement, et les écrivains des Pays-Bas ne rappellent point volontiers des événements où leurs ancêtres jouèrent un assez vilain rôle.

Affolés par l'appât du lucre, les marchands hollandais acceptèrent-ils de fouler aux pieds la croix, comme on les en accuse, je ne saurais le dire ; mais il est certain qu'ils prirent parti contre les catholiques japonais pendant les guerres civiles du xviie siècle, fournirent des armes à leurs adversaires et même concoururent au siège de Shimabara, dont la chute fut le signal des plus cruels massacres.

Cependant laissons ces souvenirs pour en rappeler un autre, peu connu et fort glorieux.

A la fin du premier Empire, la Hollande disparut de la liste des Etats. La France avait annexé la métropole ; l'Angleterre occupait les colonies. Néanmoins, le directeur de la factorerie de Deshima, abandonné sans espoir de secours, menacé par l'Angleterre, trouva dans son patriotisme fidèle le courage de ne pas désespérer. Les trois couleurs bataves, qui ne flottaient plus en aucun autre point du monde, restèrent toujours arborées à Deshima.

* * *

Les catholiques sont nombreux autour de Nagasaki. La plupart descendent de familles converties il y a deux ou trois siècles. Elles avaient conservé, comme les arcanes d'un culte mystérieux, l'usage du baptême, le souvenir de quelques prières, l'habitude de quelques pratiques pieuses, la connaissance de signes apparents et comme tangibles qui différencient notre confession religieuse du protestantisme.

Le gouvernement shogunal n'ignorait pas l'existence de ces chrétiens, mais tous étaient de pauvres gens, respectueux observateurs des lois. Après de terribles persécutions, l'oubli se fit autour d'eux. Nos missionnaires, revenus au Japon dès 1859, ne découvrirent même leur existence qu'au bout de plusieurs années et comme par hasard.

Je copie le récit de cet émouvant épisode dans une lettre écrite en 1865, par le P. Petitjean au P. Girard, provicaire apostolique du Japon.

. . . .

. . . .

« Hier, vers midi et demi, un groupe de quinze personnes, hommes, femmes et enfants, étaient à la porte de notre église avec des allures qui dénotaient autre chose que la pure curiosité. La porte de l'église était fermée, je m'empressai de l'ouvrir ; et, à mesure que j'avançais vers le sanctuaire, j'étais suivi de ces visiteurs sur lesquels j'appelais de tout mon cœur les bénédictions du Divin Maître.

« Agenouillé en présence du bon Sauveur, je L'adorais et Le conjurais de mettre sur mes lèvres des paroles propres à toucher les cœurs et à Lui gagner des adorateurs parmi ceux qui m'entouraient.

« A peine avais-je prié un instant, qu'une femme de quarante à cinquante ans vint tout près de moi et me dit, la main sur la poitrine : — *Notre cœur, à nous tous qui sommes ici, est le même que le vôtre.* — *Vraiment*, répondis-je, *mais d'où êtes-vous donc ?* — *Nous sommes tous d'Ourakami ; à Ourakami, presque tous ont le même cœur que nous.*

« Puis aussitôt cette personne me demande : — *Où est l'image de Sainte-Marie ?* — A ce nom béni de Sainte Marie, je n'ai plus de doute ; je suis sûrement en présence des enfants des anciens chétiens du Japon et je rends grâce à Dieu de cette consolation.

« Entouré et pressé de ce cher peuple, je le conduis à l'autel de Notre-Dame où se trouve la statue que vous avez eu la bonté de nous rapporter de France.

« A mon exemple, tous s'agenouillent et essaient de prier, mais la joie les emporte; et tous de dire à la vue de la statue de Notre-Dame : — *Oui, c'est bien là Sainte Marie, voyez sur son bras son auguste fils Jésus.* — Et, sans plus tarder, une des personnes présentes me dit : — *Nous faisons la fête de la naissance de Jésus le vingt-cinquième jour du onzième mois*[1]. *On nous a enseigné qu'en ce jour, vers minuit, il est né dans une étable, puis qu'il a grandi dans la pauvreté et la souffrance et qu'à trente-trois ans, pour le salut de nos âmes, il est mort sur la croix. En ce moment, nous sommes au temps de la tristesse.* — *Avez-vous aussi ces fêtes?* — me demandait-on. — *Oui, répondis-je, nous sommes au dix-septième jour de la tristesse.* — J'avais compris que, par ces mots, ils voulaient parler du carême.

« Pendant que ces bons visiteurs admirent la statue de la Vierge ou me font des questions, d'autres Japonais entrent à l'église. Aussitôt ceux qui m'entouraient se dispersent en tous sens, mais presque immédiatement reviennent en disant : — *Nous n'avons rien à craindre*

---

[1]. Décembre, selon l'ancien calendrier japonais.

de ceux-là, ils sont des nôtres, ils ont le même cœur que nous. » . . . .

Les missionnaires retrouvèrent ainsi près de vingt mille chrétiens au milieu de circonstances très curieuses, admirablement contées par le P. Marnas dans son beau livre sur la religion chrétienne au Japon.

Quant au feu P. Petitjean, devenu plus tard évêque, il repose sous les dalles du sanctuaire, contre la rampe de communion, au point où lui-même s'était agenouillé lors de cette rencontre mémorable à jamais dans l'histoire des missions catholiques au Japon.

III

FORMOSE, ILES PESCADORES, TONKIN

Octobre 1896.

Une insurrection vient d'agiter Formose [1] et si le pays semble retrouver certain calme apparent, la situation reste fort troublée, l'insécurité complète.

Le général vicomte Kawakami, sous-chef d'état-major général, part dans quelques jours pour visiter Formose et les Iles Pescadores, puis l'Indo-Chine, la Birmanie, etc. Après avoir étudié les difficultés récentes rencontrées à Formose par les Japonais, il désire voir ce que les Européens ont fait dans leurs colonies en présence de difficultés analogues.

Le général emmène avec lui pour tout le voyage les colonels Iditti et Mourata, le commandant Akashi et M. Sekiya, secrétaire civil. En outre, l'intendant général baron Noda, le baron Ishiguro, chef des services

---

[1]. On se rappelle que la Chine vaincue céda Formose au Japon en 1895.

médicaux de l'armée, plusieurs officiers de l'intendance ou du corps de santé l'accompagneront à Formose.

J'aurai moi-même l'honneur de me joindre à son état-major jusqu'au moment où il arrivera en Indo-Chine.

Mon interprète, le fidèle Tawada, et un boy, Kato Guinjiro, dit Guin, assumant les doubles fonctions de cuisinier et de valet de chambre, formeront ma très modeste suite.

* * *

Formose, nommée d'abord Pékan ou Pékando par les aborigènes, de race malaise, dit-on, fut appelée par les Chinois qui s'y établirent plus tard, Ki-lung-Shan, puis Taïvan, nom qu'elle conserve encore dans leur langue.

Vers la fin du seizième siècle, les Portugais découvrirent l'île; et, voyant les côtes orientales parées d'une splendide végétation, l'appelèrent Formosa. Ils n'y firent cependant pas d'établissements durables.

Les premiers colonisateurs furent les Hollandais qui abordèrent Formose vers 1624 et s'y maintinrent pendant une quarantaine d'années malgré les attaques des Espagnols, puis furent chassés eux-mêmes par le pirate chinois Koxinga.

Ce dernier devint roi de Formose et son fils lui succéda; mais, en 1683, son petit-fils dut se soumettre à l'empereur de Chine et l'île devint une dépendance de la province chinoise du Fu-kien.

En 1874, les troupes mikadonales firent une courte expédition dans l'est de Formose pour châtier quelques tribus sauvages qui avaient attaqué des jonques japonaises.

En 1884-1885, la flotte française de l'amiral Courbet occupa momentanément Kelung.

Enfin, le traité de Shimonoséki donna Formose au Japon.

* *
*

Kelung, 22 octobre.

L'île se montre d'abord sous un triste aspect.

Des collines arides, où les rochers pointent parmi les basses broussailles, entourent la baie de Kélung; rade foraine, au bord de laquelle une série de maisons pauvres et malsaines, disséminées par petits groupes, forment une ville de dix mille habitants.

Sur un promontoire, au centre de la rade, se voient encore les restes d'un fort espagnol ou hollandais, tandis que d'anciennes batteries chinoises couronnent les hauteurs et qu'un cimetière français rappelle notre expédition.

※
＊ ＊

Un petit chemin de fer aux pentes raides, aux courbes resserrées, aux allures capricantes, joint Kelung à Taïpeh, la capitale de l'île, distante de soixante kilomètres.

Il a été construit avant l'occupation japonaise par un ancien officier bavarois, le comte de Butler, qui dirigea l'arsenal de Taïpeh et fut très activement mêlé à toutes les entreprises industrielles ou commerciales du pays.

Le long de la voie, les coteaux sont couverts d'herbes hautes ou de ronces. Dans les vallées, on cultive le riz et, sur les premières pentes, le thé.

Le paysage serait insignifiant si une fougère énorme, un canna fleuri, un oiseau de plumage imprévu n'apparaissaient çà et là.

Des buffles paisibles errent lentement ou prennent leurs ébats lourds aux mares qu'ils rencontrent. Fort doux pour les indigènes, ils ne sont rien moins qu'aimables, dit-on, pour les gens vêtus à l'européenne.

Près d'une station, je remarque un village brûlé récemment, au cours d'une bataille contre les rebelles qui avaient attaqué les employés de la voie. Les agressions sont d'ailleurs fréquentes et des postes-vigies occupent les points culminants.

Contrairement à ce que l'on croit d'ordinaire, les véritables adversaires des Japonais ne sont pas les sauvages du centre de Formose, mais d'anciens soldats chinois ayant une vague instruction militaire et disposant d'armes qui varient depuis les piques primitives jusqu'aux Mauser à répétition. Ils forment des bandes organisées et peuvent compter sur l'appui plus ou moins effectif de presque tous leurs compatriotes.

De temps à autre, les rebelles occupent un village, rayonnent à l'entour en razziant les Japonais et poussent leurs incursions jusque dans les villes avec une étonnante audace. Dès que le gouvernement envoie des forces contre eux, ils se dispersent; les uns regagnent d'impénétrables forêts, les autres cachent leurs armes pour reprendre qui la bêche, qui la charrue; puis, peu à peu, la bande se reforme sur un autre point et recommence de plus belle ses brigandages jusqu'à une nouvelle éclipse.

Guerroyant pour leur compte, ils combattent tout autrement que les soldats réguliers chinois.

Les Japonais qui, après leurs victoires aisées au début de la dernière guerre, s'étonnaient des difficultés rencontrées au Tonkin par nos troupes luttant contre les pirates et les Pavillons Noirs, subissent maintenant des mécomptes bien plus cruels.

Quant aux sauvages, dont le nombre ne paraît pas excéder deux cent cinquante à trois cent mille, ils n'aiment pas plus les Japonais qu'ils n'aimaient les Chinois; mais leur aversion se manifeste surtout par des assassinats et des rapines isolées.

Pour le moment, Japonais et rebelles leur font des avances ; et ils reçoivent de toutes mains, aidant ou trahissant indifféremment ceux-ci et ceux-là.

*   *
    *

Taïpeh, 23 octobre.

Taïpeh se nomme Taïoku depuis la conquête japonaise. Toutes les villes formosanes ont un nom chinois et un nom japonais figurés par les mêmes « caractères », mais se prononçant souvent de façon absolument différente; en outre, certaines conservent de vieux noms espagnols ou hollandais. Les confusions seront donc continuelles tant que l'usage n'aura pas fixé les appellations.

La cité, entourée de murs crénelés, contient l'ancien yamen du gouverneur, l'arsenal, les casernes, peu de maisons et beaucoup de terrains vagues.

Les faubourgs de Banka et de Tuatutia, situés en amont et en aval le long d'un fleuve aux noms multiples, sont au contraire très populeux.

Les négociants européens habitent Tuatutia. Ils possèdent sur le quai quelques belles maisons particulières et un petit club fort confortable.

Un allemand, M. Schabert, beau-frère du comte de Butler, exporte le camphre; M. Best, M. Gardener et quelques autres agents de maisons anglaises et américaines exportent le thé.

Je ne saurais dire combien ces messieurs furent aimables pour moi; et je dois particulièrement remercier M. Schabert, chez qui je trouvai une très cordiale hospitalité.

Le grand commerce du riz et tout le commerce de détail restent entre les mains des Chinois.

D'assez nombreux Japonais sont déjà venus ici chercher fortune, mais peu ont réussi. La plupart étaient des aventuriers sans capitaux, sans crédit, aux appétits insatiables et aux allures louches de mercantis suivant les armées. Cette première couche disparaît, d'ailleurs, pour faire place à des gens plus sérieux.

Les missionnaires catholiques espagnols ont un petit couvent à Taïpeh. Dépourvus de ressources, et vivant à la chinoise comme leurs ouailles, ces bons pères sont les meilleures gens du monde, très saints et très indulgents. Comme, le dimanche, j'étais arrivé fort en retard pour la messe, je crus devoir m'excuser, en causant avec le supérieur ; mais à peine avais-je ouvert la bouche qu'il s'écria : « Mais cela ne fait rien, monsieur, mais cela ne fait rien, l'intention suffit ; le principal, du reste, est l'honneur et le plaisir de vous voir ici. »

*
* *

24 octobre.

J'ai accompagné le général Kawakami qui visitait la ville.

De vieux yamens chinois, nettoyés et pourvus de tatamis, servent de casernes. A l'encontre du Japon, où presque toutes les maisons sont en bois, fort légères et très aérées, les habitations construites par les Chinois à Formose se distinguent par des murs épais de pierre, de brique ou de torchis. Les Japonais s'y trouvent mal à l'aise. Du reste, toutes leurs installations ici semblent encore provisoires et précaires. Ils ont pris ce qu'ils ont trouvé et cherchent, dans leur courte expérience propre ou dans celle plus grande des colonisateurs européens, les améliorations à faire.

A tous les points de vue, ils tâtonnent, surpris de se

trouver en présence d'obstacles insoupçonnés au moment de leurs premiers succès.

Dans un petit musée industriel, on nous montre quelques échantillons des produits du pays. Ce sont : du charbon médiocre et trop friable ; du pétrole, dont l'exploitation entreprise, il y a plusieurs années, par une Compagnie américaine est abandonnée, je ne sais trop pourquoi ; du soufre, du fer, enfin des pépites d'or trouvées dans le sable des ruisseaux ; puis du riz, du tabac, du sucre, de l'indigo, de l'opium, du thé fortement parfumé à la mode formosane par l'addition de pétales de gardénia ou de jasmin.

L'usage de l'opium, suivant les lois japonaises, est interdit sous des peines très sévères. Exception est faite cependant en faveur de ceux qui produisent un certificat médical établissant que la privation d'opium leur serait nuisible. Les certificats doivent être nombreux ; car le monopole de l'opium donne à l'État de sérieux bénéfices.

Sous nos yeux, on fabrique la précieuse drogue ; et un Chinois, dégustateur expert patenté, essaye devant nous plusieurs qualités.

Jamais, même en Chine, je n'ai vu type de fumeur plus complet. Au temps du club des « hachichins », il aurait fait la joie de Baudelaire et de Théophile Gautier. Son teint est hâve, sa figure émaciée; le blanc de ses yeux jaunit, son corps pâlot s'égare dans les plis de sa robe, ses mains fines aux ongles très longs et très transparents se lèvent, avec des lenteurs de bénédiction onctueuse, comme celle d'un prélat fatigué. Prenant des poses alanguies, il s'étend sur un lit de bambou, plonge une longue aiguille dans l'étui de corne contenant l'opium sirupeux, puis chauffe à la flamme d'une petite lampe la goutte qu'il a retirée. Tandis qu'elle se gonfle sous l'action de la chaleur, il la tourne avec précaution pour l'arrondir régulièrement puis la place au fourneau de sa pipe, aspire quelques bouffées, et, très grave, donne son avis.

*
* *

26 octobre.

En trois heures, un steamlaunch nous mène à Tamsui, situé à l'embouchure de la rivière de Taïpeh.

Les rives du fleuve sont assez jolies; à droite, nous apercevons les collines de Paktau, célèbres par leurs sources sulfureuses et renommées pour leurs ananas, qui empruntent dit-on, au soufre du sol une merveilleuse saveur.

Les missions protestantes ont à Tamsui plusieurs

beaux établissements dirigés par le révérend Mackay, auteur d'un curieux ouvrage sur Formose. Mais, pour le simple touriste, la grande curiosité est un vieux fort hollandais, gros cube de brique, agrémenté d'une seule petite guette à l'un des angles supérieurs. Pendant le bombardement de l'amiral Courbet, ses casemates servirent de refuge et ses murailles épaisses gardent la trace de nos boulets.

Maintenant il contient les bureaux du consulat britannique, tandis qu'à côté une villa nouvellement bâtie sert de résidence au consul.

Dans les fossés on aperçoit encore quelques tombes, vieilles sépultures hollandaises, placées tout près du fort pour leur épargner les profanations des Chinois.

*
* *

Le général Kawakami a voulu voir un chef indigène, venu à Taïpeh pour quelque affaire.

Au début, les choses ont bien marché, le sauvage dévorait des gâteaux et paraissait conquis ; mais le général lui ayant donné du saké[1], il fit d'abord la grimace, puis, l'ivresse venant, déclara ses préférences pour l'eau-de-vie européenne en termes peu obligeants pour les Japonais.

1. Eau-de-vie japonaise, faite avec du riz, et peu alcoolisée.

Ces malheureux sauvages sont les plus primitifs des hommes. Beaucoup même ne savent compter sur leurs doigts que jusqu'à dix; au delà de dix, ils empruntent la main d'un voisin; au delà de vingt, celle d'un second, et ainsi de suite, sans aller bien loin d'ailleurs, car cent ou deux cents leur font l'effet de nombres dépassant l'imagination comme pour nous un billion ou un trillion.

*
* *

Il est convenu que nous traverserons l'île dans presque toute sa longueur, en suivant à peu près le pied des collines qui bordent le littoral occidental et paraissent marquer la limite des régions pacifiées. Nos moyens de transport seront le chemin de fer jusqu'à Shinjiku : des chaises à porteurs de Shinjiku à Kaghi, enfin, au delà de Kaghi, de primitifs wagonnets, poussés par des hommes sur une voie légère, nouvellement posée.

Pour faciliter le voyage, notre caravane formera trois groupes, marchant à deux jours de distance.

D'abord, l'intendant général Noda, le docteur Ishiguro et leurs états-majors.

Ensuite, moi-même, accompagné du sous-lieutenant de cavalerie Yamada, d'un Japonais interprète de chinois, de deux sous-officiers, de Tawada et de mon boy.

En dernier lieu, le général Kawakami et son état-major.

A Shinjiku existe ce que mon interprète nomme une « logerie ». Nous y descendrons. Plus loin, on nous installera pour le mieux dans les postes de gendarmerie, les casernes ou les mairies.

*
* *

Au milieu des préparatifs de notre départ, la peste qui avait fait à l'automne et au printemps derniers d'assez nombreuses victimes, reparaît à Taïpeh.

Les Formosans la nomment « la maladie où périssent les rats » et prétendent qu'elle s'annonce toujours par une mortalité énorme chez ces animaux dont les cadavres contaminent les hommes.

Au dire des gens plus instruits, le microbe de la peste se développe dans la terre. Les rats creusant leurs galeries au travers du sol en sont les premières victimes, puis les mouches, les puces et autres vermines repues sur les cadavres des rats, portent aux hommes la contagion.

Un célèbre médecin japonais, le docteur Kitazato, a étudié la dernière épidémie et trouvé, paraît-il, comme notre compatriote Yersin, son émule, un vaccin antipesteux.

Les Chinois, malheureusement pour eux et pour la science, refusent de se laisser soigner, cachent leurs malades, même leurs morts, s'opposent aux désinfections et font tout ce qu'il faut pour favoriser le développement de l'épidémie.

Peu de Japonais ont été atteints ; et plus des deux tiers, je crois, ont guéri.

Les quelques Européens résidant à Formose sont restés jusqu'ici complètement indemnes.

*
* *

Shinjiku, 27 octobre.

Shinjiku est une vieille ville entourée de pittoresques murailles.

Quant à la « logerie », elle rappelle, avec encore moins de confort, certains hôtels de Roumanie où l'on trouve souper mauvais, gîte médiocre et le reste — médiocre aussi, je pense.

Au début de l'occupation, les nouveaux fonctionnaires répondaient aux Chinois, se plaignant de voir les sous-officiers et les soldats lutiner leurs femmes légitimes : « Voyons, prenez patience, il va venir des Japonaises, on les attend de jour en jour. » — A Shinjiku elles sont arrivées !

⁂

Korio, 28 octobre.

Ce matin, le départ n'a pas été sans encombre ; nos porteurs et porteuses (car les femmes font également ce métier) sont venus en retard, puis se sont disputés, battus même pour prendre les caisses les moins lourdes ou les chaises des voyageurs les plus légers. Je ne suis pas de ceux-là !

Quelques coups de canne ont seuls pu rétablir l'ordre.

Rien de plus singulier que les disputes des Chinois. On a l'impression d'une bande de gens, répétant tous : « Ouâh », sur un rhythme lent, « Ouâh-ouâh », sur un rythme rapide, en ouvrant chaque fois la bouche un peu plus grande.

Il faut, du reste, prendre son parti de ces criailleries qui se renouvellent à chaque étape.

Une fois en route, les porteurs marchent d'un pas allègre, qu'ils soutiennent pendant des journées entières. D'ordinaire ils font une grande halte vers midi, et on les laisse en outre souffler toutes les heures. A chaque arrêt, ils s'empressent de manger un peu de riz qu'ils sortent de très crasseuses besaces ou achètent aux auberges du chemin. Accoutumés à porter tous les fardeaux à l'aide de perches flexibles placées tantôt sur une épaule, tantôt sur l'autre, ils sont étonnamment excoriés aux omoplates, sans paraître en souffrir. Leurs jambes sont mouchetées aussi de plaies purulentes qu'ils soignent avec d'étranges emplâtres noirs.

Après avoir suivi quelque temps la mer, notre caravane traverse un désert sablonneux sur lequel s'égarent des plantes rampantes, sortes de volubilis. Parfois le sentier disparaît et deux gendarmes à cheval, venus au-devant de nous, guident la colonne. La contrée est laide et pauvre. Des saules sur les hauteurs, des bambous autour des rares maisons, des pandanus dans les sables voisins de la mer, forment les principales végétations.

*
* *

Taïco, 29 octobre.

Le pays, toujours découvert, semble moins triste qu'hier ; certains coins paraissent même jolis.

En arrivant au gîte, je vois mon nom inscrit à la craie sur la porte, ainsi qu'aux grandes manœuvres nos fourriers ont coutume de le faire pour marquer les logements.

L'officier chef de poste connaît la France et m'accueille de la plus aimable façon.

Sur ma table, un grand vase contient des branches

de pêcher qui, par une bizarrerie de la nature, refleurissent en automne.

*
* *

Taïtiu, 3o octobre.

Nous traversons maintenant des plaines fertiles.

Après Coroton, s'ouvre une route construite par le génie japonais. Les herbes envahissent déjà la chaussée à droite et à gauche de la sente étroite suivie par les porteurs, car nulle voiture n'y passe, sauf peut-être de rares charrettes formosanes traînées par des buffles et roulant sur de larges disques en bois plein.

Taïtiu a quelque importance politique comme chef-lieu de département. Mais c'est une pauvre bourgade bâtie sur un plateau humide où les eaux stagnent sans écoulement.

Parmi les marécages jaillissent çà et là des sources pures comme le cristal, mais fort malsaines, s'il faut en croire les écriteaux qui défendent aux soldats d'en user.

Nulle part, je crois, la malaria ne fait plus de ravages. Tous les gens rencontrés, avec leurs teints hâves, leurs yeux brillants, leur apparence cachectique, rappellent certains types de fiévreux déjà vus à Ravenne ou dans les Marais Pontins.

Parmi les soldats arrivés ici en avril, c'est à peine si

quelques-uns n'ont pas la fièvre. On prend cependant pour eux tous les soins possibles. Leur nourriture est supérieure à celle qu'ils avaient avant d'entrer au service, se contentant de millet, plus rarement de riz, d'un peu de poisson et de quelques condiments; ici, ils mangent de la viande fraîche, de bons poissons, des conserves, du riz mélangé de blé pour le rendre moins débilitant. On leur épargne toute fatigue; mais les services de nuit restent extrêmement pénibles; très souvent, un soldat, bien portant alors qu'il prenait la garde, tremble de fièvre et grelotte sous son manteau quand il en descend.

La moyenne des indisponibles varie maintenant entre trente et quarante pour cent. Que sera-ce au printemps prochain, après les grandes pluies hivernales?

Tout autour du cimetière, des oriflammes blanches et rouges font flotter les couleurs japonaises au-dessus des tombes fraîches de soldats. De gros bambous, coupés près de terre, portent des bouquets, pieux hommages aux défunts.

Malgré son insalubrité, son aspect de misère et d'abandon, la ville contient quelques beaux yamens; l'un surtout, devenu les bureaux de l'état-major, est d'une propreté rare en Chine. Il appartient à un très riche Chinois qui le prête (?) au Gouvernement japonais et s'est retiré à la campagne dans une demeure plus belle encore, où, nous dit un soldat avec admiration, les pièces sont aussi nombreuses que les jours de l'année.

Les deux sous-officiers qui m'ont accompagné jusqu'ici retournent demain à Taïpeh; la gendarmerie de Taïtiu fournira leurs remplaçants. Ils viennent de me faire leurs adieux. Je les avais trouvés parfaits d'allures et de manières; l'un surtout, nommé Iwakura, m'avait frappé par sa correction, ses prévenances, son air tranquille et doux. Comme je lui demandais ainsi qu'à son camarade si je pouvais leur être utile en quelque chose et ce qu'ils comptaient faire plus tard, il me répondit : « Je suis bonze bouddhiste d'une secte dissidente qui admet le mariage des prêtres; mon service achevé, je retournerai chez mon père qui dessert, dans la province de Tamba, un petit temple dont nos aïeux ont la garde depuis vingt-quatre générations; ensuite, je compte revenir à Formose, où tant de grands et beaux temples restent abandonnés. J'espère être nommé prêtre de l'un d'eux et, pour m'y préparer, j'étudie le bouddhisme chinois. »

Trois mois après mon retour au Japon, il m'écrivit pour m'annoncer sa prochaine visite, mais je ne l'ai jamais revu... Réalisant son rêve, officie-t-il maintenant en pompe devant quelque autel vénéré ; ou, modeste et obscur, prie-t-il à l'ombre du sanctuaire familial? Je ne sais; mais, chaque fois que je regarde un objet de piété bouddhique, ma pensée s'en va vers lui, bon et doux séminariste-soldat.

*
* *

Choka, 1er novembre 1896.

Une courte étape à travers une plaine de rizières fertiles et riches nous conduit à Choka, vieux bourg ceint d'épais remparts de brique.

Je loge à la caserne dans une énorme chambre chinoise, celle même où le prince Kitashira-kawa, gravement atteint par les fièvres, habita peu de temps avant sa mort.

*
* *

Hokuto, 2 novembre.

Ce matin, à Choka, je me suis éveillé au gai son de la diane, car les Japonais gardent presque toutes nos sonneries, telles qu'ils les apprirent des premiers instructeurs français.

Le pays devient très beau. Nous suivons d'abord une route ombragée et fraîche, bordée de hauts bambous dont les tiges serrées bruissent au moindre vent. De ci, de là paraissent des plantations de palmiers-aréquiers et d'orangers. Plus loin, nous longeons une rivière dont les eaux chargées d'un limon gris-perle roulent avec une extrême rapidité; enfin nous traversons une plaine de terres, noires comme celles de la Limagne, et admirablement cultivées.

*
* *

Unrin, 3 novembre.

Après avoir guéé de uombreuses rivières et franchi de grands marécages, notre caravane atteint Unrin.

Ce bourg a été l'un des centres de la dernière rébellion. Les arcs triomphaux, les guirlandes, les drapeaux préparés pour la fête de l'empereur, célébrée aujourd'hui, en font encore ressortir le triste aspect.

Les demeures en ruines, les pans de murs croulants, les poutres calcinées, les amoncellements de décombres rappellent certains villages de la banlieue parisienne en 1871, au lendemain de la guerre et de la Commune.

Des bandes tiennent encore la campagne; Unrin est gardé militairement. Mes hôtes très prudents me forcent même de prendre une escorte, pour aller à deux cents mètres des lisières, faire quelques photographies.

Sur la place du village, les officiers et les soldats ont organisé toutes sortes de réjouissances : enlèvements de montgolfières, courses et jeux pour les enfants, représentations théâtrales par une troupe chinoise, salves joyeuses, illumination avec des lanternes « vénitiennes », distribution de saké, etc. Les gamins crient, courent, se bousculent gaiement, mais les gens plus âgés restent froids.

Le soir, grand dîner, dont voici, autant qu'il m'en souvient, le menu, suivant l'ordre des services :

Omelette à la viande.
Ragoût de poulet.
Œufs durs et boulettes de hachis.
Soupe à la crème de poisson.
Pâte de haricots sucrée.
Pamplemousses et cakis.
Riz au vinaigre relevé par des tranches minces
de poisson confit.

Malgré la solennité du jour, c'est un menu simple, presque un menu de repas familial. Les ressources culinaires manquent à Unrin. Mes hôtes s'en excusent, mais je m'en réjouis. La cuisine japonaise ordinaire est à peu près mangeable pour les Européens, malgré l'absence complète de beurre, de graisse, d'huile et en général de tout accommodement suivant nos goûts, ainsi que l'introduction de poudre de poisson sec et de sucre dans la plupart des plats. Par contre, les mets élégants sont aussi jolis à l'œil qu'insipides au palais. On peut, il est vrai, en relever la fadeur par une sorte de sauce aux haricots fermentés, dont un petit bol est l'accessoire obligé de chaque service; mais alors ils deviennent absolument détestables à mon avis.

*
* *

Kaghi, 4 novembre.

Entre Unrin et Kaghi, tout a l'air désolé d'un lendemain d'invasion. Les champs demeurent sans culture ou les récoltes sèchent sur pied. Beaucoup de maisons, riches naguère, sont aujourd'hui abandonnées; les temples mêmes, privés de gardiens et de prêtres, laissent à la disposition des passants leurs jolis panneaux de bois sculptés, leurs saintes images et leurs brûle-parfums.

Kaghi, au contraire, entouré de sérieuses murailles et fort habilement défendu par le commandant Harada, ancien élève de Saint-Cyr, a repoussé les assauts des rebelles.

Cette résistance même a permis aux Japonais, quelque peu désorientés par les premières agressions, de se reprendre, puis de limiter et d'éteindre la rébellion.

*
* *

Taïnan, 5 novembre.

Nous avons quitté Kaghi à la petite pointe du jour, installés sur de primitifs wagonnets.

Des coolies tiennent lieu de moteur et nous poussent assez vite sur des rails légers, d'une pose très sommaire.

La plaine de rizières s'étend à perte de vue, coupée seulement par quelques lignes de bambous.

A la brume matinale, alors que les formes exactes s'atténuent dans le brouillard léger, on dirait la Beauce.

Après avoir roulé tout le jour, non sans quelques déraillements, nous arrivons fort tard aux portes de Taïnan. Il fait presque froid.

Les ouvriers de la voie ont, en nous attendant, allumé de grands feux dont les flammes vacillantes donnent au paysage des allures fantastiques.

Dans l'obscurité la ville semble énorme. Elle compte, dit-on, cent mille habitants et devait être beaucoup plus peuplée et plus riche autrefois; car sa vaste enceinte renferme, à côté de rues toutes grouillantes de monde, de grandes maisons vides entourées de beaux jardins, des parcs abandonnés où d'innombrables sentiers se croisent parmi les vestiges de yamens pompeux, des kiosques écroulés, des ponts dont les arches aux courbes galbeuses se désagrègent et jonchent de leurs débris quelques ruisseaux desséchés.

Les bambous, les mimosas, les verveines, les cactus, mille variétés de lianes et de hautes herbes poussent, fleurissent, s'emmêlent parmi ces ruines et semblent en arracher d'étranges principes féconds; telles, chez nous, les orties envahissant les décombres.

Certains quartiers déserts sont peu sûrs. Plus d'un confiant Japonais, qui dormait à la mode de son pays, toutes les portes ouvertes, a été dévalisé ou même assassiné.

Quoi qu'il en soit, Taïnan est certainement la plus commerçante et la plus propre ville de Formose.

Les hommes y sont moins désespérément loqueteux qu'ailleurs; les femmes ont l'air presque coquet avec leurs coiffures qu'agrémente, même chez les vieilles, un cache-peigne de fleurs artificielles.

Des temples assez beaux mais très mal entretenus, une « chambre de commerce » bâtie récemment et ornée de jolies faïences décoratives, un gracieux portique rappelant le souvenir d'une veuve fidèle, peuvent intéresser un moment le touriste novice aux choses chinoises.

Comme curiosité d'un autre genre, on montre un arbre colossal, autour duquel grimpe un escalier; les branches supportent une logette en bois, d'où se découvre un admirable panorama. Pendant la dernière guerre, un chef chinois y avait installé un poste de guetteur, fort habilement, ma foi. Maintenant, c'est un vide-bouteille, à l'instar de « Robinson », près Paris. D'ailleurs, la vie européenne a déjà pénétré ici sous forme d'un restaurant, agrémenté d'un billard.

*
* *

6 novembre.

Des bandes rebelles nombreuses circulent entre Taïnan et Takao : il faudrait, pour assurer le passage par terre, de si grosses escortes que nous ferons le trajet en bateau, afin d'épargner d'inutiles fatigues aux troupes.

Jadis la mer venait jusqu'à Taïnan ; maintenant cinq ou six kilomètres de lagunes séparent la ville du rivage. Anping lui sert de port, mais n'est guère accessible qu'à des chalands ou des catamarans : on nomme ainsi certains radeaux de bambous jointifs dont les extrémités se relèvent légèrement. Les rameurs se tiennent sur les bambous, les pieds dans l'eau ; les passagers ou les marchandises sont placés au centre, dans une large cuve, dont le bord les protège contre les vagues indiscrètes.

Le fort Zélandia, bâti par les Hollandais sur une butte, au centre de la ville, a disparu; mais un fortin, presque intact et très pittoresque, reste au bord de la mer. Quant au grand et beau fort chinois construit il y a vingt ou trente ans, et encore armé de pièces énormes, il est complètement abandonné.

*
* *

Takao, 9 novembre.

Takao est la perle de Formose, avec sa petite rade séparée de la haute mer par une étroite passe frayée entre deux collines rocheuses.

Sur l'une s'élève le consulat britannique; sur l'autre, couronnée de batteries, le docteur Myers a bâti une grande maison, véritable château, dont quelques fortifications anciennes, escaladant les pentes, augmentent encore le pittoresque aspect. Le docteur, Anglais de naissance, mais établi depuis longtemps à Formose avec sa famille, est conseiller du Gouvernement japonais.

La ville actuelle s'étend des deux côtés du golfe, tout près de l'entrée. De l'ancienne ville, située plus en arrière, il reste des masures à demi ruinées et un couvent de Franciscains espagnols, petit, mais curieux, avec son oratoire surmonté d'un clocheton, ses bâtiments aux murs énormes, ses fenêtres de formes archaïques. On dirait un monastère de la vieille Europe transporté en Extrême-Orient.

*
* *

Makung (îles Pescadores), 14 novembre.

Les Pescadores, fort inconnues naguère, mais dont le nom se lie maintenant au souvenir héroïque de l'amiral Courbet, sont des îles basses et tristes, balayées par les vents.

Leurs terres jaunes apparaissent sans végétation, presque sans culture. Leurs sources et leurs puits ne donnent qu'une eau chargée de sel. Les Chinois, accoutumés dès l'enfance à sa désagréable saveur, la boivent impunément, mais elle est, pour les étrangers, un succédané de l'Hunyadi-Janos.

Je dois dire cependant que si les Français et plus tard les Japonais perdirent beaucoup de monde aux Pescadores du fait des épidémies, ces îles sont, d'ordinaire, plus saines que Formose.

Makung semble — avec ses remparts du front de mer battus par les flots et ses antiques poternes ouvrant sur les estacades — quelque forteresse de notre

Moyen-Age ; mais ses murailles imposantes n'abritent qu'une triste bourgade de pêcheurs.

De l'autre côté de la rade, une pyramide rappelle le souvenir des Français morts aux Pescadores.

Près de la ville, se trouve un petit cénotaphe érigé à la mémoire de l'amiral Courbet, entre les tombes plus modestes du lieutenant d'infanterie de marine Jehenne et du sous-commissaire de marine Dert.

A l'arrivée des Japonais, tous ces monuments étaient assez délabrés, surtout celui de l'amiral Courbet dont les Chinois enlevaient des fragments pour s'en servir comme de fétiches dans les tripots. Un officier de l'Etat-major mikadonal, le capitaine Yamada, les fit réparer ; maintenant une convention intervenue entre la France et le Japon en assure l'entretien.

Non loin du cénotaphe de l'amiral Courbet, je vis une enceinte aux murs de terre croulants, appelée encore le cimetière français. Au dire des Chinois, notre corps d'occupation y avait fait des inhumations nombreuses de coolies et peut-être aussi de soldats. Nul ne gardait à ce sujet d'exacts souvenirs. Mais qu'importe, petits soldats de France, partis pleins d'espoirs et de rêves glorieux, ou pauvres coolies asiatiques, réunis comme des bêtes de somme, n'étaient-ils pas morts à l'ombre de nos drapeaux ! Grâce à la bienveillance du général Kawakami, j'ai pu faire réparer ce pauvre cimetière et inscrire sur une stèle gravée d'une croix : *Pax Domini manibus ignotis*.

A quelque distance, une porte monumentale clôt le cimetière japonais où s'élève un haut obélisque entouré de grands « tumuli ».

Comme type, rien ne distingue les gens des Pescadores des autres Chinois ; mais les femmes portent des capuchons noirs, qui contrastent avec les coiffures échafaudées et lourdes de leurs congénères.

*
* *

Amoy (Chine), 16 novembre.

Amoy, situé dans l'île d'Haïmun, à l'estuaire du Pei-Chi ou Rivière du Dragon, s'étage sur des hauteurs aux sommets abrupts ; de l'autre côté du port, apparaît, riant et gai, l'îlot de Kulangsu, habité par les Européens.

L'aspect général est agréable d'un peu loin, mais, de près, on retrouve dans les rues d'Amoy la saleté chinoise traditionnelle. D'innombrables cochons noirs, verrats rébarbatifs, truies aux allures lentes, petits gorêts sautillants, grouillent partout et vivent avec leurs maîtres dans une étroite promiscuité. Si le chien est l'ami de l'homme, le cochon est l'ami du Chinois.

Beaucoup de Formosans se réfugièrent ici pendant la

guerre sino-japonaise et la dernière révolte, à tel point que la ville devenait trop petite pour les contenir; les loyers avaient doublé. Maintenant la plupart retournent chez eux, ainsi qu'en font foi les passeports délivrés au consulat japonais.

Près d'Amoy, au milieu de rochers aux amoncellements bizarres, s'élève un temple bâti par les Génies, suivant la légende. Un bonze japonais, venu pour étudier certains textes sacrés, nous explique en outre que jadis, alors qu'un typhon détruisait la ville, Shaka-Muni, cédant aux instances de Kwannon, déesse de la bonté, vint lui-même soutenir, de sa droite puissante, l'édifice chancelant.

Une vingtaine de bonzes, astreints à une règle sévère, desservent le sanctuaire. Ils se recrutent parmi des enfants qu'ils élèvent et l'un des bonzillons nous montre fièrement le sommet de sa tête tout marqué de brûlures symétriquement disposées. Chaque cicatrice représente un témoignage visible rendu par ses maîtres à sa piété; il y en a seize; le maximum, paraît-il.

*   * *

19 novembre.

Nous partons d'Amoy sur le *Namoa*, dont le nom rappelle un étrange épisode de brigandage.

Il y a quelques années, des pirates chinois, sachant que le vaisseau transportait une grosse somme d'argent, s'y embarquèrent en tranquilles passagers. Le lendemain, tandis que le capitaine et les voyageurs des premières déjeunent, ils envahissent la salle à manger et les tuent, puis massacrent l'équipage, à l'exception de quelques matelots, cachés à fond de cale, et d'un mécanicien réfugié dans la machine. Le coup fait, ils transportent leur butin sur des jonques qui croisaient à l'entour et abandonnent à la dérive le *Namoa*. Les matelots survivants et le mécanicien ramenèrent le bateau à Hong-kong. Depuis lors, pour inspirer terreur aux pirates et confiance aux passagers, tout un arsenal de fusils chargés fait panoplie dans le salon et les cabines.

* *

Hong-kong, 22 novembre.

Le *Namoa* nous a conduit jusqu'à Hong-kong sans incident; et nous allons continuer notre route vers Haï-phong sur un bateau de la Compagnie française Marty.

* *

Hoïhow (île d'Haïnan), 24 novembre.

Pendant une courte escale nous visitons Hoïhow,

dans l'île de Haïnan. La ville, plus que médiocre, est sans intérêt, mais on y trouve de charmants bibelots en argent, très finement émaillés, ainsi que toutes sortes de menus objets faits d'étain et de noix de coco.

Un Français vient de monter une curieuse industrie à Haïnan : profitant de l'extrême bon marché des œufs, il les achète par milliers et fabrique de l'albumine avec les blancs. Quant aux jaunes, salés et mis en barils, ils sont expédiés en Europe et vendus à des mégissiers qui s'en servent pour leur industrie.

*
* *

Haïphong (Tonkin), 26 novembre.

A l'embouchure du fleuve Rouge, les côtes du Tonkin apparaissent basses et tristes avec la petite plage de Dosson, très fréquentée au temps des bains de mer.

Haïphong est une grande ville moderne et propre. Mais dans les faubourgs pullulent, parmi les terrains bas et les rizières, de minuscules cases indigènes, construites en terre, paillasson et bambou. On dirait les demeures de nains pauvres. Les Annamites, avec leur très petite taille, leur air doux et efféminé, leurs longs cheveux roulés en chignon sur le sommet de la tête, leurs visages imberbes, leurs vêtements sombres et flottants, semblent une race d'enfants.

Haïphong s'honore d'un champ de courses et d'un théâtre.

Je ne comparerai pas les courses à celles de Longchamps ; néanmoins, elles paraissent, tant pour l'hippodrome, les chevaux, les tribunes, que pour le public et même les voitures qui l'ont amené, très supérieures à ce que l'on imaginerait.

Quant au théâtre, où triomphe une troupe enlevée, à prix d'or (dit-on), au théâtre de La Ciotat ! c'est une grange peu élégante, plafonnée de nattes peintes en blanc.

Une actrice aide la buraliste au contrôle, et, comme je demande une baignoire, me répond : « Il n'y en a pas, monsieur » ; puis, après un moment de réflexion et sur un ton de rancœur, reprend : « Pas même en ville » ! Je n'ose lui demander s'il y en avait à La Ciotat.

On joue le *Petit Duc*. Le rôle du duc de Parthenay est rempli par une grosse dame blonde déjà mûre, celui de la duchesse par une dame brune, plus mûre, plus grosse, plus grande et crépue.

Un des figurants a bu quelques verres de trop; toute la salle pouffe de rire aux contorsions étranges qu'il fait pour remuer ses bras congrûment, sans voir que des camarades facétieux ont cousu ses manches au corps de son pourpoint.

Mais, ici, on n'a pas le droit vraiment de se montrer difficile !

*
* *

Hanoï, 28 novembre.

Partis d'Haïphong à la fin du jour, sur un petit vapeur, nous remontons pendant toute la nuit les méandres limoneux du Fleuve-Rouge pour atteindre Hanoï le matin.

On a préparé au général Kawakami une brillante réception et c'est entre des troupes faisant la haie qu'il se rend au palais du gouverneur.

Mais je me dérobe aux solennités officielles et, retrouvant mon indépendance, vais me promener sous l'aimable égide du commandant Lyautey.

Hanoï, beaucoup plus grand qu'Haïphong, est moins beau peut-être pour un Européen, mais a plus d'originalité.

La vieille citadelle, construite par les ingénieurs français au temps de l'empereur Gialong, conserve l'aspect pittoresque et les détails soignés, artistiques même, des fortifications du siècle dernier. Malheureusement elle gêne Hanoï dans son expansion nouvelle.

On veut la détruire sans égard pour d'illustres souvenirs, car elle rappelle et ses fondateurs, glorieux représentants de notre expansion coloniale, et Garnier qui la conquit en 1873 avec une poignée d'hommes résolus, puis, quelques mois après, tomba aux pieds mêmes de ses murs, victime d'une héroïque et folle audace.

Les quartiers français entourent un ancien marécage devenu un joli lac. Au centre, dans un îlot, au-dessus d'un vieux pagodon, se dresse la statue de la Liberté éclairant le monde.

Le style annamite dérive du style chinois, mais paraît plus gracieux dans les ensembles et plus soigné dans les détails. En outre, les Annamites, sans posséder au même degré que les Japonais l'art d'associer la nature à leurs œuvres, semblent, à ce point de vue, très supérieurs aux Chinois.

Le temple des Lettrés, où jadis les futurs mandarins venaient devant les juges faire preuve de leur science, est le plus curieux monument d'Hanoï. Je ne saurais dire quel charme conservent ses cours ombragées d'arbres énormes, ses portiques, ses stèles de pierre gravées que soutiennent des tortues, ses pièces d'eau régulières, bordées d'élégantes balustrades comme en un parc français du temps de Louis XIV.

Mais, les premières cours sont devenues des rizières, les bassins servent de lavoirs, beaucoup de sculptures ont disparu, les brûle-parfums gisent aux pieds des idoles mutilées ; et c'est à peine si on fait quelques efforts pour sauver ces ruines de vandalismes nouveaux.

La pagode du Grand Bouddha est moins intéressante, quoique fort belle. Son perron, surmonté d'une élégante arcade, descend vers un lac dont les eaux — claires dans un étroit chenal frayé entre les lotus — baignent les derniers degrés.

Enfin dans une ruelle obscure, au fond d'un dédale de passages étroits, nous allâmes voir un petit sanctuaire où des bonzes agenouillés priaient. Tandis que les desservants des grands temples s'empressent au-devant des étrangers pour obtenir quelque aumône, ils restèrent absorbés dans leurs oraisons ; à peine un frémissement léger parmi les plis de leurs dalmatiques indiqua qu'ils avaient conscience de notre venue.

Le temple était sans art, mais confinait à un gracieux parvis entouré d'arcades, comme nos anciens cloîtres d'Occident. Aux socles des colonnes soutenant les galeries poussaient des tubéreuses dont les tiges épaisses s'inclinaient sous le poids des fleurs épanouies. L'odeur des blancs pétales, devenue plus pénétrante à la fin du jour, se mêlait au parfum âcre des encens :

tel un souvenir profane traversant une litanie dont la bouche murmure toujours les paroles, tandis que s'éloigne la pensée. Volontiers je me serais cru près de quelque oratoire très retiré d'un monastère d'Italie ou d'Espagne — un oratoire fait pour des pêcheurs auxquels Dieu a donné des remords et la Terre a laissé des regrets.

Avant de rentrer, nous avons fait un tour chez les marchands indigènes. Comme bibelots curieux, on trouve à Hanoï d'anciennes porcelaines aux décors bleus, des meubles en bois incrustés de nacre et des objets de cuivre. Ces derniers se fabriquent à Namdinh et certains, surtout parmi les brûle-parfums, sont artistiques et très originaux. Leurs prix semblent modiques. Il est regrettable que nos grands magasins, encombrés de japoneries et de chinoiseries plus que vulgaires, ne fassent pas une petite place aux beaux cuivres annamites.

IV

YÉZO, SIBÉRIE, CORÉE

1897.

La grande île de Yézo, séparée du Hondo[1] par le détroit de Tsugaru est une des régions les moins connues et les plus intéressantes de l'Empire japonais. On la nomme administrativement le Hokkaïdo, et cette appellation est de beaucoup la plus employée.

Le climat rappelle celui des contrées froides de l'Europe centrale, mais la végétation prend dans les forêts vierges une exubérance inouïe.

On trouve à Yézo les derniers descendants des Aïnos qui peuplèrent jadis une partie du Hondo, puis disparurent peu à peu, assimilés ou refoulés plus au nord par les habitants actuels du pays.

Nul ne sait l'histoire exacte des Aïnos, et leur race s'éteindrait, obscure comme elle a vécu, si les anthro-

1. Ile principale du Japon.

pologues, découvrant dans leur ossature certaines particularités étranges, ne se disputaient leurs squelettes pour les collections des musées.

* * *

Hakodaté, 1ᵉʳ août 1896.

Hakodaté, le principal port de Yézo, est un immense village situé sur une presqu'île rocheuse, unie à la terre ferme par un isthme étroit.

A courte distance, vers le point où l'isthme se détache, se trouve un vieux fort à demi abandonné. Des fossés d'une énorme largeur, entre des escarpes et des contrescarpes de pierre, lui donnent un aspect singulier et son aménagement général semble un compromis entre l'antique fortification japonaise et les tracés de Cormontaigne ou de Vauban. En juin 1869, l'amiral Enomoto, dernier défenseur de la cause shogunale, s'y réfugia après la destruction de sa flotte. La reddition du fort d'Hakodaté fut l'épisode final de la guerre civile.

* * *

4 août.

Excursion à Tobetsu, en compagnie du Père de Noailles, des missions étrangères.

Les trappistes viennent de fonder près du petit port

de Tobetsu, à quelques lieues d'Hakodaté, un couvent et une ferme. Ils exploitent déjà une soixantaine d'hectares et, en dehors de toute autre considération d'un ordre plus élevé, seront d'utiles professeurs pour les Japonais, fort expérimentés d'ordinaire dans la petite culture, mais assez ignorants de la grande culture et de l'élevage, auquel se prête si bien le Hokkaïdo. Leur installation modeste se réduit à une longue baraque sans étage et ils sont encore fort dépourvus. Malgré l'hospitalité proverbiale de leur ordre, ils ne purent guère ajouter aux provisions emportées pour notre déjeuner que de la salade et des radis.

Le trappiste chargé d'accueillir les étrangers, suivant les statuts monastiques, tint cependant à mettre le couvert et à nous servir. C'était un grand religieux d'allures militaires, frère du colonel de Visdelou et, je crois, ancien officier lui-même.

*
* *

Sapporo, 8 août.

J'ai été en bateau de Hakodaté à Mororan, puis de là, en chemin de fer, à Sapporo, chef-lieu du Hokkaïdo.

La voie ferrée traverse des forêts admirables.

Sauf quelques magnolias de Sibérie à feuilles vert clair, à tiges élancées, blanches et lisses, les arbres sont ceux de nos pays, mais leurs troncs énormes se pavoisent de vignes vierges dont les pampres font songer aux grappes de la Terre Promise, et de lianes étranges à feuilles et à fleurs d'hortensia.

Au-dessous, le sol est couvert d'une brousse haute et épaisse parmi laquelle apparaissent des hydrangées blanches et bleues, des tussilages à feuilles gigantesques, des polygonums élevant à plusieurs mètres leurs tiges légères empanachées de fleurs, des angéliques colossales, puis, plus bas, formant comme un tapis vert, des bambous nains, insensibles au froid et étonnamment prolifiques. Je n'ai vu de végétation comparable ni dans le Hondo, où les bois inexploités sont encore nombreux cependant, ni en Europe, sauf peut-être dans la vallée du Kamtchik, au pied de l'Eminé-Balkan. Telles on se figure les forêts mystérieuses de Gaule ou de Germanie, séjours de Teutatès et d'Odin.

Tout est neuf à Sapporo. Les places spacieuses, les rues droites, larges comme des boulevards, les longues avenues ont été tracées, il y a trente ans à peine, en pleine forêt, comme le témoignent quelques arbres magnifiques épargnés çà et là.

Au temps du shogunat, les établissements japonais de Yézo ne s'éloignaient guère des côtes. La seule ville de quelque importance était le mauvais port de Fukuyama, appelé alors Matsumaé.

Après la Restauration, le gouvernement impérial, désireux de faire grand en toutes choses, élabora un plan très vaste pour la colonisation de Yézo, appelé désormais le Hokkaïdo, c'est-à-dire à peu près : « La terre dont on fait le tour en naviguant dans la mer du Nord. »

Il établit à Tokyo une commission de colonisation, véritable ministère, encouragea l'émigration par des concessions de territoires et créa, sous le nom de Tonden-hei, des colonies militaires dont je parlerai plus loin.

Un Américain, le général Capron, fut chargé de guider l'inexpérience des nouveaux colons et de transformer Yézo, destiné, pensait-on, à prendre un essor aussi merveilleux que certaines contrées des États-Unis.

De cette époque datent Sapporo, sa préfecture monumentale, plus magnifique qu'aucun des bâtiments officiels existant alors au Japon, sa villa impériale, devenue une sorte d'hôtel et de club pour les fonctionnaires, son jardin public qui semble, grâce aux beaux arbres conservés, un merveilleux parc anglais, son école d'agriculture, ses fermes modèles entourées de vastes exploitations.

On dépensa énormément, puis, les résultats décevant un peu l'attente, le découragement vint vite.

De 1880 à 1890, le Hokkaïdo fut assez négligé. Une exposition agricole et industrielle, ouverte à Sapporo en 1892, eut néanmoins beaucoup de succès. Elle montra quelles merveilleuses ressources présente Yézo pour l'élevage et les cultures agricoles, maraîchères, fruitières de l'Europe centrale, dont plusieurs donnent des résultats médiocres ou mauvais dans le reste du Japon.

Sapporo compte aujourd'hui trente mille habitants et joint à son importance administrative une réelle prospérité industrielle et commerciale.

*
* *

J'ai déjà mentionné les colonies militaires de Yézo. Je vais visiter celle de Nagayama, ainsi baptisée en l'honneur du général Nagayama, qui commande actuellement les troupes du Hokkaïdo.

Voici, en quelques mots, l'organisation de ces colonies qui sont une curiosité du pays.

Les colons ou miliciens se recrutent par voie d'engagements volontaires parmi les hommes âgés de dix-sept à vingt-cinq ans. Le candidat doit avoir une famille décidée à le suivre et comprenant au moins deux personnes aptes aux travaux des champs. Le gouvernement donne à chaque milicien une maison, des instruments agricoles, des semences de céréales. Le nouvel arrivant reçoit quatre ou cinq hectares de terre en propre et l'on accroît d'autant le domaine commun de la colonie dont il fera partie.

Les miliciens n'ont aucune solde, mais touchent pendant cinq ans, du riz et des allocations en argent, suffisantes pour assurer la nourriture complète de leur ménage la première année, et la moitié de cette nourriture les quatre années suivantes.

Ils comptent huit ans dans l'armée active, douze ans dans la réserve et dix ans dans la territoriale.

Pendant un an, la progression de leur instruction militaire est celle des troupes régulières ; ensuite l'agriculture devient leur principale occupation. Les exercices, de moins en moins fréquents, sont fixés aux heures laissées libres par les travaux des champs. Enfin les villages passent sous l'administration civile quand les miliciens ont achevé leur temps de service dans la territoriale.

Actuellement les milices comprennent quatre bataillons de troupes actives à quatre compagnies de deux ou trois cents hommes ; treize compagnies de réserve, rattachées aux bataillons actifs ; un petit groupe de cavalerie et un autre d'artillerie, dont les chevaux sont employés d'ordinaire à la culture.

***

Oloïboké, 13 août.

Nous sommes partis ce matin de Sapporo, en chemin de fer, le lieutenant Tsuzuki de l'armée japonaise, M. Tawada, mon fidèle interprète, mon boy et moi. Le boy Guinjiro, qui m'avait suivi à Formose et remplissait à Tokyo les fonctions modestes de gâte-sauce, m'a quitté pour devenir cuisinier dans une maison amie. En partant, il pleurait d'un œil et riait de l'autre, assurant qu'il sacrifiait ses sentiments aux nécessités de son avenir : avenir brillant du reste, car il est maintenant chef de cuisine dans une grande légation.

Son remplaçant s'appelle Massu, nom dont le double sens peut se traduire en français par *truite saumonée* et *chose qui se gonfle*.

Comme Massu est d'humeur joviale, qu'il engraisse à vue d'œil, que nos connaissances respectives, j'allais dire réciproques, en français et en japonais, sont également sommaires, enfin que les truites pullulent dans les rivières de Yézo, la commande du dîner, si le bon Tawada ne s'en mêle pas, est hérissée de coq-à-l'âne.

La voie ferrée s'arrête à Soratchibuto. Au delà, nous voyageons à cheval; une charrette suit avec les bagages.

Le kuruma n'est employé ici que dans les villes. Ailleurs on se sert de chevaux de selle, de charrettes, même de voitures sur quelques bonnes routes.

Les chevaux sont des poneys à tête énorme, laids et d'aspect hirsute. Il paraît que leur race, autrefois plus petite et meilleure, a été détériorée par des croisements intempestifs qui élevèrent un peu la taille, mais amoindrirent fort les qualités. Quoi qu'il en soit, on parvient à les faire marcher, ambler, trotter, galoper « en tirant dessus et en tapant dedans ». Et raisonnablement on ne saurait leur demander plus.

Rien à dire des charrettes. Quant aux voitures, nommées *garabacha*, ou quelque chose d'approchant, ce sont d'étranges véhicules qui, à chaque cahot — et Dieu sait s'ils sont nombreux! — combinent une secousse verticale avec un mouvement d'avant en arrière et une oscillation latérale. La sensation est celle du mélange de roulis et de tangage appelé *casserole* par les marins.

Le chemin traverse des villages de miliciens aux demeures proprettes, pareilles dans leur plan primitif, mais modifiées peu à peu au gré de chaque propriétaire. Ces maisons, régulièrement alignées, semblent placées au milieu des terres qui en dépendent comme des pions sur les cases d'un échiquier.

En apercevant de loin l'uniforme de M. Tsuzuki,

travailleurs et travailleuses se rajustent, s'avancent à la lisière de leurs champs, et saluent en s'inclinant très bas, à la mode japonaise. Quelques hommes cependant font avec gêne le salut militaire. Je ne puis m'empêcher de sourire en les voyant ainsi empruntés, car je sais la peine prise par les instructeurs étrangers pour décider les premiers soldats japonais placés en sentinelles à porter les armes sur le passage d'un officier au lieu de déposer vite leur fusil et de se confondre en révérences.

Les cultures sont superbes, mais çà et là des troncs d'arbres calcinés, coupés à un mètre du sol, rappellent que l'incendie est trop souvent employé ici comme moyen préliminaire de défrichement.

Otoïboké, où nous arrivons à la nuit tombante, est un petit village tout entouré de verdure. On se croirait en Normandie.

*
* *

Nagayama, 15 août.

Nagayama, but de notre voyage, se trouve dans la grande et riche plaine de Kamikawa, presque au centre de Yézo.

Bientôt la voie ferrée viendra jusqu'ici, et une ville remplacera probablement le village actuel.

La terre, noire et légèrement grumeleuse, semble un terreau d'une extrême fertilité. Aucun défrichement n'a été nécessaire, la plaine est apparue aux premiers pionniers comme une merveilleuse prairie d'herbes hautes parsemée de boqueteaux. Tels devaient être les pâturages antédiluviens que traversaient les ptérodactyles et les mammouths géants. Maintenant, toutes les céréales donnent des récoltes splendides; et je remarque, entre autres, des avoines prodigieuses.

Le commandant Tsuda, chef du bataillon de milice, et les officiers habitent, au milieu du village, des maisons un peu plus grandes que celles des simples miliciens. Le gouvernement leur alloue des terres; ils vivent là, loin du monde, moitié agriculteurs, moitié soldats. Malgré leurs uniformes, ils semblent être, comme au temps du Japon féodal, des samouraïs dirigeant d'autres samouraïs d'un rang moins élevé.

Nagayama est fort bien organisé, avec un charmant cercle militaire où je loge, un petit champ de courses, une école pour les enfants, un dispensaire, etc. Les hommes ne vont pas au cabaret et, chose plus étrange encore, les femmes vivent en bonne intelligence, ne se disputent jamais, ne font pas de commérages. Tout semble donc pour le mieux dans le meilleur des mondes, sous l'autorité paternelle du commandant Tsuda.

On dit que les milices coûtent fort cher à l'État et

que, si remarquables qu'ils paraissent, les résultats ne répondent pas aux sommes dépensées. C'est possible, mais les fils des miliciens, robustes, disciplinés, accoutumés au cheval dès l'enfance, formeront un jour l'élite de l'armée mikadonale et surtout de la cavalerie, assez médiocrement recrutée aujourd'hui.

Avant de quitter Nagayama, je veux remercier le commandant Tsuda et ses officiers de leur accueil si cordial, si simple, si conforme aux vieilles coutumes de l'hospitalité japonaise.

A notre petite caravane se joint pour le retour un élève de l'École militaire de Tokyo, nommé Kadjimura. Il a passé ses vacances chez le commandant Tsuda, son cousin, et fera route avec nous jusqu'à Sapporo.

Je ne sais ce que l'avenir réserve à Kadjimura, mais c'est parmi les jeunes Japonais que j'ai rencontrés l'un des plus intelligents, des plus aimables et surtout des plus ouverts.

*
* *

Kabato, 17 août.

Je m'arrête à Kabato, pour visiter le pénitencier et ses exploitations agricoles.

Les prisons japonaises sont renommées pour leur organisation parfaite ; celle-ci semble un modèle.

Détail singulier, tous les condamnés au Japon sont uniformément vêtus en toile rose d'une jolie teinte adoucie. Le bleu, au contraire, est le symbole de la liberté. Des carrés de cette nuance cousus sur la manche gauche, témoignent de la bonne conduite des détenus ; et si parfois dans les cours on rencontre des gens tout de bleu vêtus, ce sont des libérés, gardés charitablement en attendant qu'ils trouvent quelque emploi.

***

Piratori, 21 août.

Nous avons été en chemin de fer de Sapporo à Tomakomaï, puis à cheval de Tomakomaï à Piratori, principale agglomération aïno dans le sud de Yézo.

Sans entrer dans les discussions ethnologiques sur l'origine des Aïnos, je dirai qu'au physique les hommes sont grands, bien faits et fort couverts de poils bruns, surtout à la partie supérieure du corps. Cette villosité est cependant loin d'atteindre le développement qu'on lui attribue généralement. Si elle stupéfie les Japonais, très glabres d'ordinaire, elle paraît beaucoup moins surprenante aux Européens. Comme type général également, les Aïnos se rapprochent plus de nous que les Japonais, et leurs figures rappellent assez la face classique du bon moujik. Quelques jeunes gens sont incontestablement beaux. Quelques femmes aussi semblent agréables et rachètent, par une jolie carnation, de très grands yeux noirs étonnés, un plaisant sourire, la disgrâce de leurs faces trop rondes, de leurs gros maxillaires et de leurs pommettes saillantes. Malheureusement, elles ont la déplorable coutume de se dessiner autour des lèvres un tatouage terminé en croc sur les joues. Cet attribut masculin donne aux jeunes un petit air carnavalesque point trop déplaisant, mais fait les vieilles édentées et ridées pareilles aux plus laides sorcières du sabbat. D'après la tradition, cette coutume étrange fut d'abord une ruse imaginée par les femmes pour échapper aux razzias de pirates galants. Ensuite elle devint une mode. Les coquettes tiennent fort à leurs pseudo-moustaches, et, pour se faire belles, en ravivent les couleurs avec une sorte de vernis bleu-noir et très gras. Beaucoup de femmes ont aussi les mains et les avant-bras tatoués de lignes croisées, les doigts tatoués de bagues.

Les vêtements habituels des Aïnos sont ceux des paysans japonais. Aux jours de fêtes seulement, un petit nombre d'hommes, restés fidèles aux anciennes coutumes, portent des kimonos tissés en fibres d'écorce et ornés de soutaches ou d'applications d'étoffes régulièrement disposées.

Naguère les Aïnos, parcourant les forêts ou remontant les fleuves sur de légers canots, vivaient de la chasse et de la pêche. Depuis la Restauration, le Gouvernement a réparti entre les familles des terres inaliénables et des instruments aratoires. Les villages ont reçu des pacages et des bois communaux. Au début, les bénéficiaires de ces dons qui enchaînaient leur liberté semblèrent peu enclins au travail; puis peu à peu ils s'y mirent, ou, plus exactement, y mirent leurs femmes. Mais le souvenir de la vie errante et des grandes chasses d'autrefois les hante toujours; ils parlent avec admiration du temps où leurs pères traquaient l'ours, armés seulement d'arcs et de couteaux. Après avoir blessé l'animal d'une flèche, ils l'attendaient de pied ferme et le poignardaient au moment où, dressé sur ses pattes de derrière, il cherchait à enserrer le chasseur de ses pattes de devant. Plus d'un, parmi les vieux, conserve les cicatrices de ces luttes étranges et les montre fièrement. Maintenant, avec de mauvais fusils, ce sont d'admirables tireurs, grâce à leur adresse et à leur étonnante acuité visuelle.

En général, les Aïnos sont doux et hospitaliers,

mais faibles de caractère, paresseux, versatiles et très adonnés à l'ivrognerie. Quant à leur intelligence, il est difficile de l'apprécier.

Ceux que les étrangers voient d'ordinaire sont des fantoches accoutumés à se montrer eux-mêmes comme des bêtes curieuses, à poser devant les objectifs de tous les photographes amateurs, et à débiter sans conviction aucune des boniments plus ou moins étranges sur les mœurs de leur race. Les autres, humiliés et gênés d'être traités en phénomènes, se dérobent aux questions.

Jeunes, presque tous se rasent, coupent leurs cheveux et fréquentent volontiers les Japonais de leur âge. Beaucoup se louent comme domestiques pour soigner et conduire les chevaux, ce à quoi d'ailleurs ils s'entendent fort bien. Plus tard, une scission se produit parmi eux : les uns se japonisent tout à fait; les autres s'isolent des Japonais, laissent pousser leurs cheveux et leur barbe, boivent le peu qu'ils gagnent, s'abrutissent doucement et semblent regretter d'avoir connu une vie autre que celle de leurs aïeux. Les amateurs de merveilleux attribuent ce changement à la révélation de certains secrets qui leur seraient confiés par les anciens des villages.

Cette année, pour la première fois, les habitants du Hokkaïdo ont été soumis à la conscription. Le service militaire civilisera-t-il réellement les Aïnos, comme on l'espère ? C'est douteux. Mais il aura du moins l'avantage de leur donner certaines notions de propreté, dont ils semblent pour le moment fort dépourvus. Les soldats japonais conservent en effet à la caserne toutes leurs habitudes de méticuleuse propreté corporelle, et cela autant par goût que par obéissance aux règlements.

Les alliances plus ou moins légitimes entre Aïnos et Japonaises et surtout entre Japonais et femmes aïnos sont fréquentes. Aussi la race disparaît-elle du Hokkaïdo moins par extinction que par croisement et assimilation, comme elle a disparu de l'extrémité septentrionale du Hondo, où le mélange des sangs japonais et aïno reste cependant très visible.

*
* *

Piratori est un long village situé dans une fraîche vallée rappelant les bords de la Meuse.

D'un côté de l'unique rue se trouvent les maisons, grandes paillottes de bois et de roseaux ; de l'autre, les granges, construites comme les maisons, mais élevées sur des pieux à un mètre et demi environ, pour garantir les récoltes contre l'humidité.

Quant aux rares constructions moins primitives, ce sont : la mairie, une école et une église protestantes bâties par le révérend Batchelor, auteur d'un livre estimé sur les Aïnos ; une fabrique de saké appartenant à un Aïno riche qui spécule — hélas ! — sur les vices de ses compatriotes ; deux ou trois demeures d'Aïnos aisés et la maison d'un Japonais nommé Wada, venu ici avec l'espoir d'y faire un peu de commerce. Enfin il existe une auberge ; mais, grâce à l'amabilité du gouverneur du Hokkaïdo, qui m'a donné comme guide l'un de ses secrétaires, je trouve mon logement préparé chez M. Wada.

*
* *

22 août.

Ce matin, j'ai parcouru le village sous la conduite d'un notable indigène, nommé Kuturogué.

L'intérieur des paillottes est aussi primitif que l'extérieur. Au milieu se trouve l'âtre, dont la fumée s'échappe par un trou, pratiqué d'ordinaire à l'angle ouest du toit. Dans les coins couchent les membres de la famille, abrités par des nattes ou de vieux rideaux en loques. Des coffres de bois et de grandes boîtes cylindriques en laque grossière, noire et or, troquées jadis aux Japonais contre des pelleteries, composent tout l'ameublement.

Quant au « trésor » il renferme de mauvais sabres aux fourreaux ornés de clinquant. Tout étranger qui vient ici en achète quelqu'un, aussitôt remplacé du reste.

Les Aïnos ignorent l'art du potier [1] et emploient des ustensiles en métal ou en faïence de provenance japonaise et d'assez nombreux objets en bois grossièrement sculptés : cuillers, écuelles, pipes, boîtes à tabac, manches de couteaux, baguettes pour les libations. Ces baguettes, assez analogues, comme forme, aux doubles décimètres plats de nos ingénieurs, sont couvertes d'arabesques. Les hommes s'en servent pour jeter dans le foyer quelques gouttes de saké offertes aux dieux, avant de porter la coupe à leurs lèvres ; puis, pendant qu'ils boivent, pour relever leurs moustaches tombantes.

Autant que j'en puis juger, la religion des Aïnos est un polythéisme vague et grossier, auquel se mêlent confusément diverses croyances empruntées jadis au bouddhisme ou au sinthoïsme et, récemment, au christianisme.

[1]. On trouve cependant des vases de terre cuite grossiers, en fouillant le sol de Yézo. Leur présence semble indiquer que les Aïnos furent précédés dans l'île par une autre race de civilisation plus avancée, car il est peu probable qu'après avoir su façonner et cuire la terre, ils en aient perdu l'usage. Cette question est fort intéressante ; mais elle dépasse le cadre de ce modeste livre, et je n'ai d'ailleurs nulle compétence pour la traiter.

Ils semblent admettre l'existence d'une Divinité supérieure ayant créé le monde et gouvernant tout un peuple de bons et de mauvais génies. Parmi ces dieux secondaires, les plus vénérés sont d'abord le génie des rivières, parce que l'homme ne saurait vivre sans eau, puis ses fils : le génie des forêts, qui protège les chasseurs, et le génie du feu, maître des flammes qui cuisent les aliments et réchauffent les membres engourdis par le froid.

Toutes les créatures renferment un élément qui survit aux apparences de la mort et trouvera, dans une existence nouvelle, soit des récompenses soit des châtiments.

L'Orient, où le soleil se lève, est sacré ; la fenêtre tournée vers l'est jouit de vertus particulières ; par elle s'établissent des rapports entre les créatures et le créateur.

Ces croyances sont imprécises, car les Aïnos n'eurent jamais ni prêtres ni temples. L'idée religieuse, cependant, est vivante parmi eux et se mêle à tous les actes de leur vie.

Le seul emblème pieux d'un usage habituel est l'*inao*, branche de saule dont l'écorce, taillée en fines lanières, et séparée du bois jusqu'à mi-hauteur, se tortille en papillottes. Les *inaos* jouent un grand rôle dans l'existence des Aïnos ; ils en mettent partout pour appeler les bonnes influences et conjurer les mauvaises.

Certains ouvrages sur les Aïnos parlent fort longuement d'une très grande fête religieuse pour laquelle ils sacrifient un ourson pris tout jeune, qu'une femme a nourri de son lait. Cette fête, ou quelque chose d'analogue, exista autrefois ; les souvenirs des indigènes et les légendes japonaises en font foi ; mais je la crois depuis longtemps tombée en désuétude pour beaucoup de raisons, dont la première est la difficulté de capturer l'ourson, premier et malheureux protagoniste de la solennité. J'incline également à penser que les narrateurs ont quelque peu embelli leurs descriptions et surtout prêté en tout cela aux Aïnos des sentiments bien subtils et des expressions bien alambiquées pour des gens aussi primitifs à tous les autres points de vue.

On raconte aussi que les Aïnos, sous le coup de frayeurs superstitieuses, enterrent les morts loin des villages et s'efforcent ensuite d'oublier jusqu'à la place des tombeaux.

Je n'ai rien appris de semblable : si le culte des morts paraît assez négligé, le cimetière cependant est peu éloigné de Piratori. Chaque tombe est marquée par un piquet dont l'extrémité s'aiguise en fer de lance, pour les hommes, et s'arrondit, entourée d'une bande de toile, pour les femmes.

Quand meurt un habitant du village, ses proches se réunissent ; le plus instruit dit adieu au défunt, souhaite des bonheurs à son âme immortelle, et le corps, entouré de toiles blanches et de nattes, est porté en terre.

Depuis l'ouverture du Japon, les missionnaires chrétiens ont évangélisé les Aïnos.

J'ai déjà parlé du révérend Batchelor. De son côté, Mgr Berlioz, évêque catholique d'Hakodaté, après avoir appris le langage des Aïnos, au village d'Edomo, près de Mororan, a visité leurs principaux centres et rédigé un petit catéchisme à leur usage. Quant aux résultats effectifs des missions, ils ont été minimes jusqu'ici : non que les Aïnos restent sourds à la parole de Dieu, au contraire, mais parce que cette parole, entrée par une oreille, sort par l'autre ; la versatilité des uns, l'ignorance absolue et l'inintelligence des autres, l'ivrognerie de la plupart font le désespoir des missionnaires.

L'an dernier, j'étais allé voir le village aïno d'Edomo. La femme d'un certain Saraguru nous montra des images pieuses et une photographie de Mgr. Berlioz d'un air très édifiant. Fort touchés, nous lui donnâmes un peu d'argent. Hélas ! quelques heures après, elle se promenait dans les rues de Mororan, d'un air guilleret, à califourchon sur un cheval « en couverte ». Un peu plus tard, elle se prélassait au cabaret, buvant du saké sans vergogne et même nous en offrant avec des mines affriolantes ; enfin, le soir, mise à la porte par le cabaretier, elle retournait à Edomo, galopant « à tombeau ouvert » et beaucoup plus ivre que Silène sur son âne paisible!

Kuturogué vaut-il mieux? Je n'oserais le garantir; et pourtant il m'a fort édifié aujourd'hui. Après une promenade dans le village, il m'offre de visiter un petit oratoire construit par les Japonais sur une colline en l'honneur de quelque héros élevé au rang des dieux.

L'ascension est rude; Tawada, mon interprète, s'arrête essoufflé. Quant à moi, tiré et poussé par mon guide qui veut même me prendre sur son dos, j'atteins tant bien que mal le sommet.

Arrivé là, Kuturogué s'assure que Tawada est resté en arrière, puis, regardant l'image vénérée, agite la main comme marque de dénégation et recommence le même geste en disant ; « Batura »[1], enfin, il lève les yeux au ciel, embrasse d'un regard circulaire l'horizon et, faisant le signe de la croix prononce le nom d'un missionnaire catholique, le P. Rousseau, autant que j'ai pu comprendre.

Pauvre Kuturogué! Je pensais un peu en le voyant ainsi à Mme Saraguru ; je me remémorais que les Aïnos

---

1. C'est ainsi que les Aïnos prononcent le nom du révérend Batchelor.

avisés se recommandent des divers missionnaires, suivant la nationalité des étrangers ; mais qu'importe : les impressions font le charme du voyage ; et celle-ci fut très vive.

Les Trappistes de Tobetsu ont installé sur leurs terres deux familles aïnos auxquelles ils s'efforcent d'apprendre la religion, l'agriculture, la sobriété et la propreté. J'ignore quels résultats ils obtiennent.

* * *

23 août.

Les femmes de Piratori me donnent une représentation de leurs danses nationales dont l'une, nommée danse des oiseaux, est jolie et gracieuse.

D'abord, les danseuses s'accroupissent en plusieurs files parallèles, agitent les bras et commencent à pousser de petits cris joyeux, qui imitent le chant des oiseaux. Ensuite elles se relèvent peu à peu, en commençant par les premières de chaque file, et se balancent sur un rythme qui s'accélère. Enfin, toutes, debout, sautillant très vite d'un pied sur l'autre, accentuant le balancement du corps, faisant flotter leurs larges manches, redoublant leurs cris chaque fois plus allègres, semblent prêtes à s'envoler.

* * *

Nikkapu, 25 août.

Toujours à cheval, nous avons, en deux étapes, gagné le haras de Nikkapu.

Ce haras, entouré de beaux herbages et de futaies claires du plus pittoresque effet, appartient à la maison impériale; mais, chaque année, sur sept à huit cents yearlings, une vingtaine seulement sont réservés pour les équipages de la cour, le reste est vendu.

Il y a cinquante ans, l'assez nombreuse population chevaline du Japon pouvait se rattacher à trois races principales :

1° Les chevaux japonais proprement dits, petits et fort laids, mais résistants et propres au service du bât.

2° Les chevaux de Nambu, originaires des environs de Sendaï, dans le nord du Hondo, un peu plus distingués et plus aptes au service de la selle, mais aussi plus lymphatiques. La race de Nambu résultait du croisement de juments japonaises avec quelques genêts d'Espagne; ces étalons avaient été ramenés au début du dix-septième siècle par la fameuse ambassade que Daté Masamuné, daïmio de Sendaï, envoya au Pape et au roi d'Espagne.

3° Les poneys de Yézo, dont j'ai déjà eu l'occasion de parler.

Aussitôt le pays ouvert, l'amélioration des races chevalines préoccupa les Japonais ; et ils commencèrent à dépenser de grosses sommes pour organiser des haras, acheter des chevaux et des juments en Europe, en Amérique, en Australie.

Malheureusement, pour ceci comme pour plusieurs autres choses, ils allèrent de l'avant un peu au hasard, sans plan arrêté, sans méthode précise.

Sous couleur d'éclectisme, pour contenter chacun et par méfiance de tous, ils appliquèrent des méthodes diverses, bonnes peut-être, mais dont le mélange les conduisit à des essais que les gens polis qualifièrent d'expériences, et les gens francs d' « écoles ».

D'une manière générale, leur erreur fut de chercher d'abord trop de sang et trop de taille. Je dois ajouter qu'après les tâtonnements du début, l'élevage japonais semble entré maintenant dans une voie beaucoup plus régulière.

Parmi les chevaux importés ou nés à Nikkapu de parents étrangers, j'ai remarqué surtout de jolis chevaux hongrois ; un étalon blanc, produit d'un cheval américain et d'une jument blanche donnée au dernier shogun par Napoléon III ; enfin, un étalon mecklembourgeois fort beau, mais si colossal qu'à côté de lui tous ses congénères semblent des poneys.

* * *

Avant de partir, je promets au directeur du haras de lui envoyer le portrait de Kisber, aïeul, autant qu'il m'en souvient, d'un de ses étalons, puis ceux de Tokyo et de Fusiyama, deux chevaux à noms japonais, qui remportèrent de grands succès sur les hippodromes d'Europe.

* * *

Hakodaté, 2 septembre.

Ce matin j'ai été dire adieu à nos missionnaires et en particulier au P. de Noailles. Il me parle de ses frères qui furent mes camarades dans l'armée. Depuis onze ans, il ne les a pas vus et une courte émotion fait trembler sa voix, mais bien vite il se maîtrise, tandis que moi, je demeure tout remué en pensant à la grandeur de son abnégation.

Ce soir je quitte Hakodaté sur un bateau japonais, d'installation peu luxueuse, qui doit me conduire à Vladivostok, après avoir fait escale à Niigata.

※

Niigata, 4 septembre.

En dépit de sa qualité de port ouvert au commerce étranger, Niigata, situé sur la côte occidentale du Hondo, paraît très peu fréquenté. Sa rade est sans abri ; et, quand il fait gros temps, les navires doivent aller à cinquante kilomètres chercher un hâvre plus hospitalier dans l'île de Sado.

Des canaux ombragés de grands saules coupent les principales rues. Les maisons, petites et basses, ont des toits prolongés par de larges auvents pour garantir les portes et les fenêtres contre la neige, très abondante pendant l'hiver. L'aspect général est triste. Ce n'est ni le Japon ensoleillé, chatoyant et gai des provinces méridionales, ni le Japon du nord, tout pavoisé d'une admirable végétation ; c'est un Japon gris et pauvre, où tout semble déteint, embrumé, terni. Les femmes du pays passent cependant pour les plus jolies et les moins morales de l'Empire, mais il est probable qu'elles vont chercher fortune ailleurs, car on ne rencontre ici que des vieilles et des laiderons.

Quelques bâtiments européens contrastent avec les modestes habitations japonaises qui les avoisinent ;

mais presque tous les étrangers venus à Niigata naguère l'ont quitté peu à peu.

Il reste seulement un missionnaire catholique, quelques religieuses et un Italien, ancien volontaire de Garibaldi, échoué ici après de nombreux avatars. Il tient une sorte de restaurant et initie les Japonais aux charmes du macaroni et de l'asti spumante. C'est d'ailleurs un homme aimable, bavard et éclectique, qui me fait grand accueil et me parle avec un égal enthousiasme du pape Pie IX et du roi Victor-Emmanuel.

*
* *

Vladivostok, 7 septembre.

Vladivostok, dont le nom veut dire en russe : *Dominateur de l'Orient*, est situé au bord du golfe Amoursky.

La ville s'élève sur les deux versants d'une presqu'île étroite, dont l'arête, détachée de collines boisées et assez hautes, s'abaisse vers le milieu pour se relever ensuite en un promontoire rocheux.

D'un côté se trouve la rade très abritée et semblant un lac magnifique; de l'autre, le golfe, large comme une mer.

On compare volontiers cette situation à celle de Constantinople entre la Corne-d'Or et la Marmara; et, pour être un peu superbe peut-être, le rapprochement ne manque pas de vérité.

Quand on entre dans la rade, si vaste que toutes les flottes d'Extrême-Orient pourraient s'y donner rendez-vous, si profonde que les plus gros navires semblent embossés au ras du rivage, Vladivostok paraît en tous points digne de son nom — *Dominateur de l'Orient* —, avec ses larges avenues perpendiculaires à la mer, tranchant par leur nuance jaune sur la blancheur des maisons, ses églises, ses casernes, ses ateliers, sa gare de brique rouge aux proportions très vastes, les palais du Gouvernement et de l'Amirauté entourés de verdure.

Ensuite l'impression s'atténue un peu : à côté de tout ce qui a déjà été fait apparaît ce qui reste à faire.

On débarque sur un mauvais quai en planches longeant une place sale et encombrée. A droite, ce sont des piles de bois; à gauche, les échoppes d'un marché près duquel oies et canards barbotent librement en attendant les acheteurs.

Derrière, se trouve un jardin public, petit, triste et broussailleux.

Les rues ne sont guère pavées, leur sol argileux se transforme en poussière impalpable et tourbillonnante quand il fait sec, en boue épaisse, quand il pleut, justifiant le dicton : « Vladivostok, tantôt sablier, tantôt encrier ».

Si l'on bâtit partout, si des quartiers nouveaux se

créent avec une étonnante rapidité, de grands emplacements restent vagues aux plus belles parties de la ville, par l'avidité des propriétaires qui spéculent sur la hausse énorme et continue des terrains.

L'eau manque pour les arrosages et est à peine suffisante pour les besoins de la vie.

Il n'y a guère d'intermédiaire entre le splendide magasin de Kunst et Albers, immense emporium genre Louvre ou Bon-Marché, doublé d'une banque, et les très modestes boutiques, tenues généralement par des Japonais ou des Chinois.

L'hôtel du Pacifique, où je suis descendu, contient une salle de spectacle, des salons d'un luxe criard avec des lustres de cristal, des draperies bleues et jaunes, des palmiers, mais les chambres sont médiocres et certains détails restent étonnamment primitifs.

Malgré ces imperfections, et peut-être à cause de ces imperfections, qu'expliquent la nouveauté de Vladivostok, son éloignement à l'extrémité de la Sibérie, l'inclémence de son climat, les difficultés de tous genres déjà vaincues ou sur le point de l'être, nulle ville d'Extrême-Orient, sauf Hongkong, ne fait juger aussi haute la puissance de ceux qui l'ont fondée et en assurent le développement.

Les rues fort animées me rappellent un album intitulé : « Les costumes du monde », qui fit la joie de mon enfance. En quelques minutes on voit passer des officiers de l'armée ou de la marine et des gentlemen impeccables dans leur correction; des soldats réunissant, sous leurs capotes brunes, les types les plus divers de la Russie d'Europe et de la Russie d'Asie ; des Chinois aux cheveux nattés, les uns portant le costume national, les autres étrangement affublés de loques européennes; des Japonais aux longs kimonos ; des Coréens graves, tout de blanc vêtus ; des dames russes très élégantes ; des femmes du peuple balançant leurs jupes larges, de couleurs voyantes ; des mousmés rieuses, venues ici pour gagner leur vie d'une façon ou d'une autre.

Rares sont les voitures de maîtres, mais de nombreux fiacres circulent, toujours à fond de train, conduits par des cochers qui portent la chemise rouge et la robe de velours traditionnelles. Ce sont, pour la plupart, des Russes déportés jadis et restés en Sibérie après leur libération.

* * *

Le dernier tronçon de la ligne joignant Vladivostok à Khabarovka vient d'être achevé ; sur la bienveillante recommandation du général Subotich, gouverneur de

Vladivostok, le général Viazemsky, directeur des travaux, m'a invité aux fêtes de l'inauguration.

La ligne tout entière devait faire partie du Transsibérien dans le tracé primitif ; mais le tracé actuel s'en détache à Nikolskoë, pour passer la frontière chinoise à Poltaveka, puis continuer à travers la Mandchourie.

Nous voici donc partis, roulant avec une lenteur relative, dans d'excellents wagons semblables à nos sleeping-cars, comme dispositions générales, mais plus larges et mieux aménagés. La locomotive, à très large cheminée évasée, se chauffe au bois et un amoncellement de bûches remplit le tender. A l'arrière du train, se trouve le wagon du général Viazemsky, terminé par un salon d'où l'on découvre admirablement le paysage.

La contrée peu accidentée semble d'une grande tristesse naturelle, rendue plus sensible par l'aspect déjà automnal de la végétation. Ce sont des pâturages tout émaillés de scabieuses, des bois où dominent les bouleaux, les frênes et les sapins. La plupart des forêts restent vierges encore comme celles de Yézo, mais paraissent loin d'avoir la même exubérance. A peine aperçoit-on quelques rares villages, entourés de maigres champs d'avoine ou de maïs.

Parmi les invités du général Viazemsky se trouvent tous les ingénieurs de la ligne, au nombre desquels j'ai le plaisir de retrouver un Français depuis fort longtemps employé dans les chemins de fer russes : M. Lebrun.

Je ne veux pas non plus oublier mon aimable compagnon de route, le lieutenant Peresvet-Soltan.

*
* *

11 septembre.

Ce matin, le train s'arrête à je ne sais quelle petite station et je vois amener, entre deux gendarmes, un grand garçon à l'air très doux, habillé en soldat.

Derrière lui, sur une civière, gît un corps, enveloppé dans des peaux de mouton.

Le soldat faisait la cour à une femme mariée ; et, comme elle lui résistait, il a tiré sur elle et son mari, tandis qu'ils se trouvaient couchés dans leur maison.

L'homme a été tué ; la femme respire encore. On profite de notre train pour envoyer l'assassin en prison et la victime à l'hôpital.

*
* *

12 septembre.

Nous devions, suivant le programme, assister ce matin à l'ouverture solennelle de la ligne, puis arriver le soir à Khabarovka, pour un grand dîner et un bal donnés par le général Doukhovskoï, gouverneur des Territoires de l'Amour, de la Côte et de la Transbaïkalie ; mais la pluie a retardé les derniers travaux ; c'est à la nuit tombante seulement que le général Viazemsky peut enfoncer solennellement le dernier rivet du premier rail de la section nouvelle.

Le bal et le dîner auront lieu sans nous.

*
* *

Khabarovka, 14 septembre.

Nous sommes arrivés à Khabarovka au petit jour.

La ville est bâtie sur une série d'ondulations perpendiculaires aux confluents de l'Amour et de l'Oussouri dont les eaux unies semblent, en leur lit accru par des inondations, un bras de mer parsemé d'îlots.

A la rive opposée, les collines de Mandchourie ferment l'horizon.

La vue est très belle, mais d'une solennité triste, bien faite pour démentir les calembours faciles, dont les gens du pays, joignant par un jeu de mot les noms de l'Oussouri et de l'Amour, ne manquent pas d'accueillir les nouveaux arrivés.

Sur l'ondulation principale, épanouie en plateau, se trouvent la cathédrale, haute et pittoresque avec ses murs de brique rouge et ses toits vert clair ; le palais du Gouverneur; le cercle militaire; le musée, curieux par les spécimens nombreux de costumes et d'objets à l'usage des indigènes qui, naguère, furent les seuls habitants du pays, mais qui disparaissent peu à peu, refoulés vers le nord. A l'extrémité du plateau formant promontoire, se dresse la statue du général Mouraview, glorieusement surnommé Amoursky en souvenir de ses victoires qui unirent à l'Empire russe les provinces de l'Amour, enlevées à la Chine.

Quelques arbres chétifs et mal venant, plantés autour de la statue, figurent une sorte de jardin prolongé devant le cercle militaire et le long des talus qui descendent vers le fleuve.

L'emplacement de Khabarovka était jadis boisé; malheureusement, on a tout détruit d'après l'usage commun en Sibérie, où les terres vierges passent pour des foyers de fièvres et des réceptacles de moustiques.

Maintenant, on replante de ci de là; mais les arbres poussent lentement.

Le manque d'ombre et de verdure attriste encore la ville, déjà peu gaie avec ses rues droites démesurément larges et ses maisons basses, construites en brique ou en bois.

Nous repartons ce soir même. Tandis que mes compagnons de route rentreront à Vladivostok, je m'arrêterai en chemin pour suivre les grandes manœuvres exécutées par une quinzaine de mille hommes entre le golfe Amoursky et les frontières de Chine.

. . . .
. . . .

*
* *

Barabach, 19 septembre.

Les manœuvres s'achèvent et la petite armée se trouve réunie aux environs de Barabach sous les ordres du général Grodekow.

Hier, après un long combat, entamé dès l'aube et poursuivi tout le jour, les troupes ont défilé devant le général, en allant prendre leurs bivouacs. C'était dans une vaste plaine marécageuse entourée de coteaux boisés.

Les musiques, hâtant la cadence, faisaient la marche rapide plus que de coutume.

Par intervalles réguliers, éclatait d'abord le salut du général à chaque troupe arrivée près de lui, puis aussitôt, nette, scandée, joyeuse, la réponse des soldats.

Le soleil, prêt à disparaître, irisait une buée blanche très légère traînant déjà sur le sol et allongeait démesurément les ombres des batteries ou des escadrons.

S'éloignant vers les feux de bivouac allumés à

l'avance et marquant leur passage de stries profondes parmi les herbes hautes et drues, les grands soldats vêtus de brun semblaient des apparitions.

J'ai assisté à bien des revues, mais je n'ai jamais éprouvé une impression aussi vive, ni senti plus profondément la poétique grandeur qui rachète toutes les servitudes de notre métier.

*
* *

20 septembre.

Ce matin, jour de la Nativité dans le calendrier grec, a lieu la parade qui clôt les manœuvres.

Toutes les troupes forment un immense carré ; au centre, on a dressé un autel. Le prêtre, grand, déjà vieux, enveloppé d'une chape en drap d'or, officie avec cette majesté lente et cette ampleur de gestes qui rendent si impressionnantes les cérémonies des églises orientales. Un diacre, aux cheveux longs et au profil de Nazaréen, le seconde. Quelques soldats, tête nue, font office d'enfants de chœur.

Le général Grodekow, pied à terre devant l'autel avec son état-major, écoute les prières dévotement.

D'abord le prêtre invoque le Dieu des armées en élevant tour à tour au-dessus de sa tête la croix et le saint livre des évangiles, ensuite il fait baiser le crucifix au général et aux officiers qui l'entourent ; enfin, toujours revêtu de ses habits sacerdotaux, il passe lentement devant le front des troupes, bénissant les soldats qui tiennent leur fusil et leur casquette de la main gauche, tandis qu'ils se signent de la main droite. Parmi ces hommes recrutés sur les territoires divers de la Sibérie, il y a des mahométans, des bouddhistes, des païens. Tous cependant reçoivent, avec une vénération égale, cette bénédiction sainte, car le respect profond sinon l'observance de la foi orthodoxe — de la foi de l'Empereur — se mêle pour eux à l'idée de la patrie, à l'amour du souverain, au devoir militaire.

L'impression produite est immense, surtout pour moi qui n'avais jamais vu solennité semblable. Malgré ma foi latine, je me sens profondément ému et je traite en quasi-blasphémateur un officier qui me dit, par manière de réflexion : « C'est bien beau, surtout quand les troupes sont nombreuses, car le bon Dieu est d'ordinaire avec les gros bataillons. »

Rien à noter sur Barabach, petite ville militaire sans intérêt. A mon vif étonnement, j'ai trouvé à ce bout du monde deux dames charmantes, une Française, femme d'un officier russe, M. Choinatsky, et une Suissesse, mariée à un ingénieur.

***

21 septembre.

Le général Grodekow a réuni tous les officiers pour un grand déjeuner, fort bon et fort bien servi. Ensuite les cosaques ont fait une fantasia, puis, le soir, après avoir parcouru les bivouacs et trinqué beaucoup de dernières fois à l'alliance franco-russe, je suis parti.

Avant de quitter les troupes sibériennes, qu'il me soit permis de dire quel accueil cordial j'y ai reçu et de remercier en particulier le général Grodekow, directeur des manœuvres; le général Linéwitch, à l'état-major duquel j'étais attaché; les colonels Marteson et Oranowsky; puis les officiers avec lesquels j'ai vécu : le capitaine Prince Kropotkine; le lieutenant Netschwolodow qui, grâce à sa connaissance parfaite du français, a été ma providence; les lieutenants Commendentow, Palomsky et Taout; enfin, dans une sphère beaucoup plus modeste, l'excellent Béziazekow qui me servit d'ordonnance avec un dévouement ahuri.

***

Gensan (Corée), 25 septembre.

En approchant par mer de Gensan, on aperçoit d'abord quelques collines ravinées, dont le sol jaune semble produire avec peine des herbes basses, des arbres verts étiolés en touffes buissonnantes, et quelques pins ; mais dans les interstices de ces hauteurs arides se cachent des maisonnettes ombragées de grands arbres, autour de sources claires. Peu à peu, l'œil découvre ces oasis ; et le paysage, si sévère de loin, prend l'air d'une toile de fond dans un décor d'opéra-comique.

Gensan a été ouvert au commerce japonais en 1880, puis à celui de toutes les nations en 1883 ; néanmoins, en dehors des Missions chrétiennes, l'unique établissement européen est l'agence d'une compagnie russe de navigation.

Les Japonais et les Chinois, au contraire, ont des Concessions organisées. Les premiers même entretiennent une petite garnison pour la protection de leurs nationaux ; le consulat mikadonal, grande maison blanche, sommée au fronton d'un chrysanthème d'or énorme, est le plus beau bâtiment de Gensan.

Quant au mandarin local, il habite un vieux yamen, pittoresque et délabré, au pied d'une colline couronnée par les élégants cottages des missionnaires américains.

La ville coréenne s'étend le long de la baie, à quinze cents mètres environ plus au sud.

Je dis « ville », car il est difficile de nommer autrement une agglomération d'au moins vingt mille habitants, mais ce n'est, en vérité, qu'un énorme village, aux ruelles tortueuses et sales.

Les maisons, si petites qu'elles semblent faites pour des pygmées, sont uniformément bâties en torchis et couvertes de chaume, que maintiennent des cordes de paille croisées en losanges. Sur beaucoup de toits, grimpent des courges dont les feuilles claires, les fleurs jaunes et les gros fruits égaient l'œil. L'intérieur répond à l'extérieur ; trois ou quatre pièces minuscules, au sol de terre battue, recouvert de nattes, composent les plus confortables habitations. Un petit clos, entouré de paillassons, — cour ou jardinet — y attient d'ordinaire. Comme au Japon, les portes et les fenêtres sont garnies de papier. Quant au mode de chauffage, il est assez original ; le foyer se trouve placé en contre-bas, à l'un des bouts de la maison, le tuyau de la cheminée à l'autre, et la fumée traverse, avant de s'échapper, des conduits en zigzag, circulant sous le sol des pièces.

Toutes les grandes personnes sont vêtues d'étoffes blanches, toiles ou soies légères. Les hommes portent un pantalon flottant, serré aux chevilles, une sorte de blouse et un long manteau. Pour sortir, ils mettent un serre-tête, fixé sur le devant par un petit peigne d'écaille, puis un chapeau à bords larges et à calotte étroite, retenu sous le cou par des brides. Ces coiffures, faites d'une mousseline fortement apprêtée, raide comme un tissu de crin, ne supportent pas la pluie ; mais leurs propriétaires les garantissent, en cas de mauvais temps, avec des couvre-chapeau en papier huilé, fort semblables à nos abat-jour.

Les nobles remplacent le chapeau par un petit casque de même tissu, dont la forme rappelle assez le bonnet des doges vénitiens.

Pendant leurs deuils, les Coréens s'affublent de grands chapeaux en forme d'éteignoir et tiennent devant leur visage un rectangle de toile attaché à des bâtonnets qu'ils portent dans chaque main. Au temps des persécutions, cet accoutrement rendit de grands services à nos missionnaires qui passaient ainsi sans encombre au milieu de leurs plus cruels ennemis. J'ajouterai qu'à cette époque les Coréens, n'ayant jamais vu d'étrangers, se les représentaient fort différents d'eux-mêmes et étaient facilement trompés.

Les hommes mariés ramènent leurs cheveux sur la tête en une grande houppe, ornée plutôt que maintenue par un clou imitant le corail. Les célibataires se coiffent de trois nattes réunies en arrière, mais, à l'encontre des Chinois, ne se rasent pas le devant de la tête. Ils sont peu nombreux et paraissent généralement de pauvres hères, car tous les gens aisés prennent femme. Parfois même on rencontre des enfants riches coiffés comme les hommes mariés, mais un manteau de couleur ou quelque autre détail de toilette montre qu'ils sont fiancés seulement. Toujours vêtus avec soin, ils forment, à coup sûr, la plus jolie partie de la population, justifiant le proverbe coréen : « Beau comme un jeune marié ».

Les femmes portent un pantalon analogue à celui des hommes, recouvert d'une jupe très bouffante aux hanches, maintenue à la taille par une large ceinture. Une guimpe complète le costume ; mais la ceinture de la jupe et la guimpe ne se joignent pas, si bien que le milieu de la poitrine reste à découvert, ou à peu près, et que toutes les dames ont l'air de nourrices en rupture de corsage. Elles sont assez laides d'ordinaire, mais ne manquent point de grâce lorsque, portant sur la tête de larges corbeilles, elles s'avancent d'un pas cadencé, dont leurs jupes oscillantes marquent le rythme, ou lorsque, en grande toilette, elles s'enveloppent d'un voile blanc, comme des premières communiantes.

J'ai été voir le P. Bret, missionnaire catholique qui, à l'encontre des clergymen américains, fort bien installés dans les Concessions, habite une pauvre maison près de ses ouailles.

Le Père s'offre à moi comme guide et je n'ai garde de refuser.

C'est jour de marché ; l'étroite grand'rue est encombrée de gens qui rasent les murs, tandis que des bœufs, parfois des ânes et plus rarement des chevaux, passent au milieu de la chaussée, portant des fardeaux.

Deux ou trois policemen, drôlement accoutrés à l'européenne de pantalons blancs, de vestes noires à boutons de métal et de chapeaux melon en feutre noir, fort hauts, circulent avec une lenteur conforme à leur dignité et à la crainte qu'ils paraissent concevoir de s'empêtrer dans leurs sabres.

Je m'arrête aux boutiques et j'achète des fourrures d'agneau blanc — l'hiver approche et les marchands en sont abondamment fournis —, puis de la soie blanche coréenne, des chapeaux, des couteaux, des pipes à long tuyau de bambou et à minuscule fourneau de métal, des rondelles de bois ornées de peintures grossières et destinées à embellir les extrémités de petits traversins cylindriques, des étuis à lunettes en galuchat vert ou gris. Ces derniers coûtent à peu près treize sous de France représentés par un long rouleau de sapèques enfilées.

Les Coréens nous regardent beaucoup, nous suivent un peu, se pressent devant les échoppes où nous entrons ; mais leur curiosité est naïve, exempte de tout sentiment hostile ou même irrespectueux ; dès que nous faisons mine de leur demander passage, ils s'écartent, et je ne puis m'empêcher de comparer leur attitude à celle des gamins de Tokyo.

Dans la campagne, beaucoup d'hommes descendent de leurs chevaux ou de leurs ânes pour nous saluer ; quant aux femmes, suivant les anciennes règles de civilité spéciales à leur sexe, la plupart nous tournent le dos, avec un respect rendu plus méritoire encore par la déception de leur curiosité.

A noter, puisque je parle de coutumes différentes des nôtres, la façon dont on repasse le linge ici, en tapant dessus à tour de bras avec de courts et gros bâtons cylindriques. Je ne sais si ça l'arrange, mais ça lui donne un lustre à rendre jalouses les meilleures blanchisseuses de Londres ou de Paris.

*
* *

Fusan, 26 septembre.

Fusan, situé à l'extrémité nord-est de la Corée, se compose d'une Concession japonaise et d'une ville indigène.

La Concession, peuplée de cinq à six mille Japonais, quelques Chinois et quelques Européens, est située au pied de pittoresques monticules couverts de pins, qui s'avancent dans le fond d'une belle rade arrondie.

La ville indigène, beaucoup moins grande que Gensan, paraît encore plus pauvre, mais est curieuse par son vieux port, ses murailles croulantes, sa citadelle ruinée d'où la vue s'étend, d'un côté, sur la mer, de l'autre, sur une plaine immense et fertile.

Autant que j'en puis juger, les Coréens sont doux, aimables, hospitaliers, lents, mais laborieux et habiles aux travaux des champs, plus aptes que les Chinois à comprendre notre civilisation, moins intelligents que les Japonais, mais plus assidus ; malheureusement, ils n'ont ni volonté, ni énergie morale, et semblent absolument faits pour n'être jamais les maîtres chez eux. Tantôt tributaire de la Chine, tantôt tributaire du Japon, parfois tributaire de tous les deux, le pays de la Sérénité matinale — ainsi se qualifie la Corée — a vécu de longs siècles dans un perpétuel vasselage ; et, si les dernières conventions diplomatiques reconnaissent son indépendance, c'est qu'elles le considèrent comme une monnaie d'échange et une proie réservée.

V

CHINE

Tientsin, 20 avril 1898.

Arrivés à Shanghaï par le *Saghalien*, des Messageries Maritimes, nous avons, le soir même, pris un des bateaux qui, presque journellement, partent pour Tientsin.

Notre seule escale est Tchefu, petite ville agréablement située à l'entrée du Petchili, mais sans aucun intérêt. Très fréquentée naguère pendant l'été par les Européens de Tientsin, de Pékin et de Shanghaï, elle perd sa vogue depuis que les communications moins difficiles permettent de gagner des plages plus fraîches et surtout plus ombragées.

L'entrée du Pei-ho est marquée par une barre pénible à franchir et seulement accessible d'ordinaire aux navires d'un faible tirant d'eau. Le nôtre avance lentement; sa quille frotte les sables mouvants du fond, et en sera, dit-on, récurée comme une casserole.

Les forts de Taku, devant lesquels nous passons, ne semblent point formidables, quoi qu'en disent les manuels de géographie; leurs talus extérieurs, propres et bien tenus, font quelque illusion; mais, par les poternes ouvertes, on voit l'intérieur laissé au complet abandon.

Nous stoppons près de Tungku, sur la rive opposée du fleuve. Le commandant Vidal, attaché militaire à la Légation de France en Chine, arrive à notre rencontre, et nous gagnons avec lui le débarcadère, d'où un court trajet en chemin de fer va nous mener à Tientsin. La gare de Tungku n'est ni belle, ni propre. On y est harcelé par des mendiants aux surprenantes infirmités et aux répugnantes misères, dont quelques coups de canne, donnés sans méchanceté et reçus sans surprise, parviennent seuls à vous débarrasser.

Un private-car confortable ou parfois même le wagon du vice-roi, très obligeamment prêté, servent pour le voyage des Européens notables. Quant aux Chinois, ils s'empilent, comme ils peuvent, dans les compartiments ordinaires; ceux qui ont des bagages s'installent tout simplement sur les trucs pour surveiller leurs colis, non sans raison, car les vols sont fréquents, ainsi qu'en témoignent de nombreux wagons à marchandises recouverts d'un solide blindage de tôle qui en protège le contenu.

Rien ne saurait être aussi laid et aussi morne que la plaine traversée entre Tungku et Tientsin, surtout en cette saison où la nature conserve encore son aspect hivernal, à peine égayé par quelques arbres fruitiers commençant leur floraison.

Près de tous les villages, apparaissent, comme des cloques, les tumuli en terre battue dont les Chinois couvrent les tombes. Beaucoup de sépultures sont entourées de petits clos. Les Chinois, par piété filiale, choisissent les meilleures terres pour ensevelir leurs parents, et chaque mort enlève un peu d'espace à la culture des vivants.

La gare de Tientsin n'est ni plus belle, ni mieux tenue que celle de Tungku; le seul souvenir que j'en conserve est la vue d'un grand et magnifique wagon-salon construit pour l'impératrice-douairière et n'ayant du reste jamais servi.

On quitte la voie ferrée sur le bord du Pei-ho, en face des Concessions. Faute de pont, c'est un mauvais bac, toujours fort encombré, qui passe les voyageurs d'une rive à l'autre.

Tientsin, dont certaines statistiques évaluent la population à près d'un million, est une ville relativement peu ancienne. Sa première importance vint de son emplacement à la jonction du Grand Canal et du Pei-ho.

Les jonques, chargées de riz, arrivant du sud par le Grand Canal, y faisaient escale avant de s'engager dans le fleuve qu'elles remontaient jusqu'à Tungchow. Leur chargement était ensuite transporté à Pékin, distant de vingt kilomètres, par des chariots et des wheel-barrows suivant une superbe voie dallée, aujourd'hui en ruine.

Maintenant, le Grand Canal envasé n'est plus praticable : le riz arrive par mer à Tientsin.

La ville européenne s'étend le long du Pei-ho, en aval des quartiers chinois, et comprend une Concession française, une Concession anglaise et une Concession allemande. Cette dernière, accordée en 1896, est encore déserte.

Les Concessions française et anglaise paraissent également prospères, mais un nombre assez considérable de Chinois habitent dans la première, tandis que les Anglais, plus exclusifs, n'admettent pas d'indigènes chez eux et leur interdisent même le jardin public, situé près de la Municipalité. Exception est faite seulement, ainsi qu'en témoignent les écriteaux, en faveur des bonnes chinoises promenant de petits Européens.

Depuis quelques années, les terrains des Concessions

prennent une énorme valeur, et les missionnaires, acquéreurs au début de grands espaces, réalisent ainsi des bénéfices fort utiles à leurs œuvres charitables.

La ville chinoise est encombrée et misérable, plus puante encore peut-être que certaines villes de la Chine méridionale, où les cochons voraces nettoient quelque peu les rues.

Le « palais » habité par Li-Hung-Chang, pendant sa longue vice-royauté du Tchili, a l'apparence d'une masure, à peu près aussi sale que ses voisines, mais beaucoup plus grande et décorée par quelques ornements. C'est de là que le vieux Chinois retors dirigeait ou faisait semblant de diriger la politique extérieure de son pays, abusait tous les diplomates, bernait le monde entier.

Ah! bonnes gens d'Europe qui dernièrement offriez à Li Hung-Chang un accueil presque souverain, bonnes gens d'Europe, comme vous seriez surpris en voyant l'ancienne demeure de celui que vous traitiez en prince des *Mille et une Nuits!*

Vous n'avez pas eu pour vos industries les commandes espérées, mais, en revanche, Li-Hung-Chang a craché sur vos tapis, sali avec ses chaussures vos courtepointes de soie, pris en guise d'essuie-mains vos rideaux et vos tentures ; et, qui plus est, il n'a pas agi de la vilaine sorte par ignorance des manières honnêtes et congrues, mais moitié par plaisir de se laisser aller sans contrainte à la malpropreté chinoise, moitié par satisfaction intime de jouer un bon tour aux diables étrangers.

Dans nos rapports avec les Asiatiques et particulièrement les Chinois, nous oublions trop souvent qu'ils méconnaissent nos respects, nos délicatesses, nos répugnances et ne comprennent qu'une chose : la force. Trois aphorismes devraient toujours être présents à l'esprit de l'homme blanc traitant quelque affaire avec l'homme jaune :

> « La force est le droit. »
> « Heureux ceux qui possèdent. »
> « Oignez vilain, il vous poindra;
> « Poignez vilain, il vous oindra. »

Le seul monument intéressant des quartiers indigènes de Tientsin est la cathédrale catholique, située sur la rive gauche du Pei-ho, au confluent du Grand Canal.

De tristes souvenirs s'y rattachent et des plaques, portant les noms de Français massacrés en 1870, s'encastrent dans les murailles depuis le portail jusqu'au chœur, comme les stations d'un Chemin de la Croix.

En juin 1870, à la suite de circonstances demeurées mal connues, sinon au point de vue des faits, au moins à celui des responsabilités, la populace, accusant les missionnaires de voler les enfants et d'user de sortilèges pour obtenir des conversions, se rua sur la cathédrale et le consulat de France qui était voisin.

Le consul, son chancelier, un interprète de la légation de France et sa femme en route pour Pékin, un lazariste français et un lazariste chinois, quelques chrétiens indigènes furent massacrés tandis que l'église était incendiée et détruite.

Le même jour, dans d'autres parties de la ville, on assassina nos sœurs de charité, un négociant français, enfin trois Russes; ces derniers, venus le matin en chaise dans la ville chinoise, avaient appris les attaques dirigées contre la cathédrale et se hâtaient de regagner les Concessions lorsqu'ils furent surpris par la tourbe des forcenés.

Un édit souverain réprouva les massacres, punit de mort vingt et un misérables qui y avaient pris une part directe, condamna aux travaux forcés deux hauts fonctionnaires parmi les plus compromis; le Gouvernement impérial envoya une ambassade porter ses excuses en France et paya trois millions et demi d'indemnités diverses. Néanmoins, la cathédrale incendiée ne fut rebâtie que longtemps après.

L'église neuve a été consacrée solennellement en 1897.

Tout se passa sans trouble malgré quelques appréhensions. En effet, les accusations étranges portées vingt-sept ans auparavant contre les missionnaires avaient recommencé à courir; mais, comme le progrès ne perd jamais complètement ses droits, même en Chine, des lettrés ajoutaient aux griefs anciens celui plus moderne d'arracher les yeux des enfants pour en faire des objectifs d'appareils photographiques.

Tout près de l'église, l'édit impérial promulgué après les massacres est gravé sur une large stèle portée par une tortue. Une sorte d'auvent, couvert de tuiles jaunes, comme les demeures souveraines, lui prête son abri sacré.

Quant au consulat, il a été depuis longtemps remplacé par un bel hôtel, presque un palais, bâti sur le quai, dans la Concession française.

*
* *

21 avril.

En compagnie de Vidal, j'ai visité l'école militaire et l'arsenal.

L'école est dirigée par un mandarin nommé Lienfang, homme aimable, fort distingué, parlant le plus pur français. Des instructeurs allemands, officiers démissionnaires ou anciens sous-officiers, le secondent; et, au point de vue des manœuvres comme à celui des connaissances théoriques, les résultats obtenus sont surprenants.

L'arsenal n'est pas moins curieux. Quelques étrangers y sont employés comme professeurs et techniciens, mais les ouvriers chinois, tout en produisant une somme de travail trois ou quatre fois moindre, valent les meilleurs ouvriers d'Europe.

Dans les ateliers — parfaitement outillés — notre conducteur montre mélancoliquement d'énormes projectiles pour canons de côte, ajoutant : « Nous n'en fabriquons plus ; les seules pièces qui les tiraient sont à Weï-haï-weï et à Port-Arthur. » Puis, sachant que j'arrive du Japon, il en dit quelques mots, explique les victoires des Japonais par le manque d'organisation des forces opposées et parle de la Chine en termes vrais et attristés ; mais à la fin, la fierté mandarine reprenant le dessus, il termine par cette réflexion inattendue : « Le Japon est un beau petit pays. » Et la seule façon dont il prononce « petit » le venge et le console !

*
* *

22 avril.

A quelques lieues de Tientsin, se trouvent environ sept mille soldats des trois armes réunis au camp de Siaotchang, près de la ville du même nom.

Le général Yuan, ancien ministre de Chine à Séoul, commande en maître presque absolu ces troupes levées après la guerre sino-japonaise. Il dirige l'instruction suivant les méthodes européennes avec l'aide de collaborateurs étrangers, tous fort distingués et animés d'un zèle à rendre jaloux les plus fanatiques parmi nos officiers. Ce sont : un capitaine de l'armée active belge en congé, M. Baesens, un ancien lieutenant de cavalerie norvégien, M. Munth, et trois anciens sous-officiers allemands. Les troupes de Yuan passent pour les plus belles — peut-être les seules belles — de toute la Chine, et Vidal veut bien profiter de mon séjour à Tientsin pour faire à Siaotchang une courte excursion.

Nous voilà donc partis un matin, Vidal et moi, sur ses deux très jolis et très bons poneys mongols qui, n'était leur taille, sembleraient des demi-sang anglais.

La contrée est plate et paraît d'une laideur parfaite avec, pour seule parure, les arbres qui entourent quelques temples ou quelques tombeaux de familles riches. Quant aux villages, ils ont l'air assez propre, presque aisé et rappellent, par leur aspect général, certains hameaux de Picardie. Les maisons, construites en terre battue, avec des toits en paille de sorgho, recouverts de terre, doivent être chaque année plus ou moins remises à neuf, sous peine de destruction immédiate. Elles échappent ainsi à l'air d'incurable abandon qui caractérise en Chine toutes les constructions plus solides.

Vers midi, nous arrivons à Siaotchang, avec le capitaine Baesens, venu au-devant de nous. La ville est petite et sans intérêt, mais propre pour la Chine. Certaines rues sont entièrement habitées par les veuves et les enfants d'anciens mandarins militaires, que l'État loge et pensionne.

A l'entour, les troupes occupent de grandes redoutes construites, il y a une quarantaine d'années, pour les forces couvrant Tientsin pendant la révolte des Taïpings. Quant aux instructeurs étrangers, ils sont installés, tant bien que mal, dans des maisons chinoises. Le général Yuan a pour demeure un vieux yamen. Il nous reçoit dans une pièce fort simple, tendue d'un papier commun et sommairement garnie de quelques meubles européens.

Yuan est un homme jeune encore, gros, avec une figure plate et un peu bouffie, mais des yeux pétillants d'intelligence et une grande apparence d'autorité. Il porte une robe de peluche rouge et une veste de satin prune. Son chapeau de paille conique est orné par devant d'une perle et surmonté d'un bouton rouge, d'où tombent tout autour des franges de même couleur.

La conversation se passe en formules de politesse et, rapidement, nous allons au terrain de manœuvres. Après une courte inspection, dont les autorités chinoises font les honneurs au commandant Vidal, nous gagnons un petit pavillon d'où, suivant l'usage des hauts mandarins, nous regarderons évoluer les troupes en buvant du thé.

Les hommes, grands, bien découplés, proprement vêtus, n'ont nullement cet air de truands loqueteux qui caractérise d'ordinaire les militaires chinois. Leur uniforme, fait de toile en été et de drap en hiver, se compose d'une sorte de pantalon-culotte bleu, et d'une veste bleue également, sur le devant de laquelle apparaît en caractère rouge le numéro matricule du possesseur. Ils portent en outre par les grands froids un manteau en peau de mouton. Leur coiffure est le turban, la casquette à grande visière ou le chapeau de paille, suivant les saisons. Comme chaussure, ils ont le soulier chinois et la guêtre de drap, de cuir ou de papier huilé. Quant au linge, l'usage en est inconnu.

Comme les coolies en tenue de travail, les soldats gardent la queue relevée et enroulée autour de la tête, tandis que les gradés la laissent pendre, marquant ainsi leur supériorité hiérarchique.

Mais revenons à la manœuvre. Voici d'abord un régiment d'infanterie ; les hommes avancent au pas de parade ; l'ordre est parfait, l'alignement merveilleux ; les grands drapeaux de compagnies, marqués au centre de barres horizontales, flottent au vent et donnent à l'ensemble quelque allure héroïque.

A la marche en ligne succèdent le maniement d'armes, la progression des ploiements et des déploiements, enfin l'escrime à la baïonnette. Tous les mouvements sont exécutés avec une netteté digne des plus belles troupes européennes et une précision un peu théâtrale, qui fait involontairement songer aux ensembles des grands ballets italiens.

Un petit régiment de cavalerie, monté en poneys mongols, de couleur différente pour chaque escadron, arrive ensuite, évolue au galop, exécute le combat à pied, saute les obstacles par quatre, puis par peloton et, pour terminer, fournit, face à nous, une charge magnifique.

Quelques manœuvres correctes d'une batterie bien attelée closent les exercices.

Le général Yuan a fait installer un confortable pavillon pour les officiers étrangers en visite à Siaotchang, mais le capitaine Baesens, rappelant au commandant Vidal une invitation ancienne, tient à nous recevoir dans son propre logis.

En allant avec lui rendre visite aux autres instructeurs, nous remarquons que la tenue des soldats, superbe sous les armes, reste très correcte dans la ville. Tous, à notre passage, s'arrêtent, font face et saluent. Plusieurs portent à la main une fiche de bois; ce sont des permissionnaires; ils se distinguent ainsi de leurs camarades qui sortent pour le service.

Yuan est parvenu rapidement, au prix de quelques durs exemples, à faire régner parmi ses troupes une discipline et une régularité administratives inconnues en Chine jusqu'alors. Ses soldats sont bien payés, si l'on compare leur salaire à ceux des journaliers; et des primes en argent récompensent les hommes qui montrent des qualités, en particulier les bons tireurs.

La petite armée de Siaotchang, justifiant l'opinion de Gordon, montre que les Chinois peuvent devenir d'excellents soldats, instruits et disciplinés.

Ce n'est pas en bas, parmi des hommes souvent courageux et toujours stoïques devant la mort, qu'il faut chercher l'origine de l'incroyable décadence militaire de la Chine; mais plus haut, toujours plus haut, car, dans ce malheureux pays, la moralité, la volonté, le courage s'abaissent en raison directe de l'élévation des rangs.

Les rares gens, plus honnêtes ou plus habiles, qui veulent réagir, comme Yuan à Siaotchang, Lienfang à

Tientsin, voient leurs efforts paralysés sans cesse dans l'enlisement général.

Quand la flotte allemande débarqua tout à coup une poignée d'hommes à Kiaotchéu, la cour de Pékin eut une velléité de résistance et pensa envoyer contre eux la petite armée de Siaotchang ; puis, les uns craignant une défaite, les autres redoutant une victoire qui aurait fait de Yuan le maître de l'empire, elle céda, uniquement occupée à dissimuler, par quelques euphémismes diplomatiques, son impuissance veule étalée aux yeux de l'univers.

Et pourtant, la moindre preuve d'énergie donnée alors aurait, sinon sauvé la Chine, au moins retardé et honoré son déclin !

*
* *

23 avril.

Ce matin, de bonne heure, un chanteur aveugle est passé dans la rue, accompagnant sa voix sur une sorte de mandoline à long manche et à caisse recouverte d'une peau de serpent.

Nous l'appelons ; il entre dans la cour, puis, assis sur un banc, commence, d'un ton juste et net, une lente mélopée en vieux langage.

Sa prononciation parfaite, sa tenue, ses allures ne

rappellent en rien celles des mendiants vulgaires, mais font songer plutôt aux aèdes antiques.

A peine a-t-il fini de chanter, que Baesens, curieux de voir sa surprise, apporte près de lui une boîte à musique dont le cylindre en tournant fait entendre les premières notes de la gavotte Stéphanie.

Alors, la figure du chanteur s'illumine; il écoute, charmé, et, d'abord en sourdine, puis plus fort, cherche à retrouver, sur les cordes de son instrument, les notes de la mélodie.

. . . .

Mais l'heure s'avance, nous allons voir quelques travaux de fortification passagère très bien exécutés ; puis un déjeuner au « Pavillon des Étrangers » nous réunit à tous les instructeurs. La cuisine est bonne, et je remarque seulement que le Champagne, contrefaçon probable du Montebello, porte la marque inconnue en France : « Duc de Solférino ».

Pendant le repas, la musique militaire exécute un assez long programme sous la conduite d'un capellmeister portugais, nommé de Costa.

A une heure, nous disons adieu à nos hôtes, et, par la route monotone, nous rentrons à Tientsin.

Entre temps, le général Yuan est venu nous voir chez Baesens et, ne nous trouvant pas, a laissé des cartes de visite immenses, où son nom se détache en caractères noirs sur le fond rouge du papier. Tel est le bel air en Chine, et l'ampleur des cartes de visite croît avec l'élévation des rangs.

*
* *

Pékin, 1ᵉʳ mai 1898.

L'an dernier encore, le trajet de Tientsin à Pékin, à cheval, en charrette ou en jonque sur le Peiho, était un sérieux voyage. Maintenant — oh! progrès! — on arrive en chemin de fer jusqu'à Matiapu, à trois kilomètres de la capitale.

Par je ne sais quel scrupule, quelle dernière répugnance, les Chinois n'ont pas laissé les rails atteindre les murs mêmes de la ville. On parle déjà cependant de prolonger la voie ferrée par une ligne de tramway électrique. Ce sera plus commode, mais infiniment moins pittoresque. En attendant, nous trouvons à Matiapu, en descendant du train, les plus variés moyens de locomotion ou de transport : chaises à porteurs, vertes pour les grands mandarins, bleues pour les fonctionnaires de moindre importance, noires pour les gens dépourvus de situation officielle; chaises-litières soutenues par deux mules, l'une devant, l'autre derrière; petites charrettes pékinoises, non suspendues, à grosses roues cloutées et à bâches; vulgaires *tape-chose* baptisés du joli nom de *sibériennes;* chevaux, mulets, ânes de selle ou de bât; grands chameaux au regard énigmatique, tranquillement accroupis en attendant les ballots dont ils vont être chargés.

Une escouade de « missionnairesses », appartenant, je crois, à l'Armée du Salut, ont fait route avec nous. Nul n'est venu à leur rencontre et elles restent ahuries devant la gare, ne sachant à qui entendre, à qui se fier. Comment iront-elles à Pékin? La chaise est trop coûteuse, le cheval les effraie; elles hésitent entre la charrette, la *sibérienne*, l'âne et le mulet. Finalement, elles entonnent un cantique pour demander au ciel une bonne inspiration. Pauvres filles, elles sont bien drôles avec leurs robes plates et leurs étranges capelines, au milieu des Chinois qui les harcèlent de leurs offres de service. Et pourtant, je me reproche de sourire, car un rayon d'idéal les éclaire et les ennoblit.

Pékin comprend deux villes juxtaposées et entourées chacune de hautes murailles; la ville chinoise au sud, la ville tartare au nord. Toutes deux ont la forme de rectangles mais leurs grands axes sont perpendiculaires l'un à l'autre. Le pourtour total de Pékin dépasse trente-trois kilomètres.

Partis à cheval de la gare, nous suivons, pour aller au plus court, un sentier circulant parmi des champs et des masures jusqu'à l'entrée de la ville chinoise. La haute et lourde poterne, à l'aspect défensif, est doublée en arrière, par une seconde porte de forme élégante, ouvrant sur une chaussée droite et pavée.

Cette voie traverse d'abord une longue prairie entre des murs délabrés qui enclosent, d'un côté, le temple du Ciel, de l'autre, celui de l'Agriculture; puis elle se prolonge par une sorte de boulevard fort sale. Des boutiques aux devantures très dorées le bordent à droite et à gauche, mais sont masquées par une double rangée d'échoppes légères formant une foire perpétuelle. J'ignore le vrai nom de ce boulevard, grande artère de la ville chinoise; on l'appelle d'ordinaire avec irrévérence, et vérité, la rue des Trognons-de-Choux. Le sol y est jonché de débris légumineux, tout prêts d'ailleurs à échanger leur rang infime d'immondices pour celui plus relevé de projectiles contre les Européens. Quoi qu'il en soit, la rue des Trognons-de-Choux aboutit au Pont-des-Mendiants dont l'étroite arche de marbre primitive et les gracieux parapets sculptés s'encastrent dans un large pont moderne dominant un triste fossé fangeux, cloaque à ciel ouvert.

Au débouché se dresse une poterne énorme, faisant saillie sur les grands remparts bastionnés de la ville tartare.

Le passage central est réservé à l'empereur. Quant aux simples mortels, ils accèdent à droite et à gauche, par des ouvertures moindres, à une cour fermée et profonde comme un puits, d'où une voûte les conduit dans la ville même.

En face, au fond d'une place mal dallée et herbue qu'entourent des lices de pierre blanchies à la chaux, apparaît un pavillon médiocre peint en rouge, couvert de tuiles jaunes surmontant une frise verte, et percé de trois portes charretières aux vantaux bruns garnis de clous. C'est l'entrée principale, mais peu majestueuse, du palais. Sur la muraille, des caractères gravés en or dans un cartouche bleu, signalent au respect la demeure impériale, mais nul soldat n'en défend l'accès ; elle semble abandonnée. Tout autour les murs s'écrètent, les fossés deviennent des égouts marécageux. Quant aux constructions aperçues, elles tombent en ruines et l'on chercherait vainement une garde quelconque veillant aux ais disjoints des portes.

Je n'ai pas visité l'intérieur du palais et nul Européen ne le connaît entièrement ; mais les quelques parties vues lors des audiences officielles sont, paraît-il, en rapport avec la misère et le délabrement extérieurs.

Aucun ou presqu'aucun objet d'art ne relève la médiocrité des salles de réception impériales. La Chine ne produit plus guère de belles choses et les merveilles accumulées par les souverains d'autrefois ont pour la plupart disparu. Beaucoup furent prises ou détruites, en 1860, pendant le pillage et l'incendie du palais d'été. D'autres ont été volées puis vendues par des serviteurs de la cour infidèles et mal payés.

De même que les bâtiments, les immenses jardins du palais sont fort mal entretenus. Au centre, dominant la ville et la plaine jusqu'au lointain horizon, se dresse une butte énorme, couverte d'arbres rabougris et surmontée de trois kiosques. On la nomme « Montagne de Charbon » et l'on raconte qu'elle fut élevée par ordre d'un empereur, comme réserve de combustible en cas de siège.

Pékin est très régulièrement percé de voies spacieuses, entre lesquelles circulent des rues moins importantes et des ruelles. Par un phénomène singulier dont le service de la voirie urbaine, si tant est qu'il existe, pourrait seul donner l'explication, le milieu de la chaussée, dans les grandes voies passantes, n'est jamais au niveau des maisons riveraines. Tantôt on dirait un fossé et tantôt une digue. En outre, les ornières sont insondables, les fondrières abondent, et quand on ne patauge pas au milieu de la boue, on est aveuglé par la poussière.

Dans ces conditions, la promenade en charrette bâchée et non suspendue équivaut au supplice de l'estrapade. En *sibérienne*, on est secoué moins durement, mais on court le danger d'être projeté à terre par un cahot imprévu. Ne croyez pas à une plaisanterie ; je parle par expérience. J'échappai cependant à la chute, grâce à un puissant rétablissement secondé par un vigoureux effort de mon voisin, qui, plus habitué que moi aux dangereuses pérégrinations pékinoises et voyant le péril, me saisit par la jambe tandis que ma tête décrivait une parabole dont le sol du chemin menaçait de marquer le terme.

Aucun grand cours d'eau n'arrosa jamais la ville, mais les rigoles malpropres qui la traversent ont dû être jadis des ruisseaux, peut-être même des rivières, si l'on en juge par la largeur de leurs lits et leurs noms pompeux. Quant aux lacs qui communiquent avec ceux des jardins impériaux, ce sont des marais aux rives couvertes de joncs.

A l'exemple du palais, les maisons semblent laissées à l'abandon, au moins pour la plupart. Certaines, jadis très belles, s'écroulent tout à fait, et jonchent les abords de leurs décombres. Seuls, quelques temples et quelques tombeaux paraissent entretenus.

A Pékin, comme dans tout l'empire, c'est l'incurie, la ruine encore hâtée ici par le climat destructeur de la Chine septentrionale, dont les hivers glacés et les étés tropicaux avec leurs alternances d'extrême sécheresse et d'extrême humidité ont vite raison des constructions les plus solides.

Pour voir la capitale dans son ensemble, il faut monter sur les murailles de la cité tartare, près de la porte de Ch'ienmen. Du sommet des remparts, hauts de quarante pieds et si larges que quatre voitures y passeraient de front aisément, on domine les quartiers chinois et les quartiers tartares. — Alors les détails s'effacent, les tares disparaissent, la métropole apparaît immense et splendide avec ses larges voies droites, ses très nombreux jardins plantés d'arbres, l'énorme parc du palais impérial, parsemé de kiosques et de pièces d'eau. Les tuiles vernissées des toits, les décors bizarres des corniches et des faîtages, les devantures des boutiques rutilantes d'or et de couleurs, scintillent au soleil. C'est, comme l'a si bien dit le baron de Hübner dans ses « Promenades autour du monde », Babylone, Babel, Ninive. On comprend l'émerveillement des rares voyageurs européens qui visitèrent la ville aux siècles derniers et la comparaient à nos petites, tristes et sombres cités d'Occident. On comprend quel prestige magique avait, et garde encore, ce nom de Pékin. Le spectacle est si étrange, si impressionnant, que l'on resterait des heures en contemplation, presque en extase, la réalité devant les yeux et dans l'esprit le souvenir, le rêve.....

Malheureusement la brise apporte d'insupportables senteurs dont on découvre vite l'origine. Si les Chinoises sont fort réservées et pudiques, presque tous les Chinois mâles ignorent l'usage de certains petits et discrets locaux; la rue en tient lieu (ou lieux) et, chaque matin, de pseudo-chiffonniers, porteurs de hottes et de pelles, font des tournées de nettoyage. Ils étalent ensuite leur butin en plein midi dans les espaces vagues bordant les murailles. L'engrais sèche au soleil, puis, quand il semble en bon point, est ensaché et va fertiliser les campagnes d'alentour.

*
* *

La plupart des légations sont situées le long d'une grande rue, à peine plus propre que le reste de Pékin. Chaque année, les autorités chinoises annoncent qu'une somme considérable sera dépensée pour son entretien; mais il n'y paraît guère, tout se borne à combler deux ou trois trous en hiver et à faire quelques arrosages en été avec une eau qui ressemble fort à du purin.

La légation de France est peut-être la plus grande et certainement la plus belle ; c'est l'ancien palais d'un prince du sang impérial.

En franchissant le seuil que gardent deux lions de marbre, on entre dans une première cour étroite et longue, terminée par un immense portique, au plafond bleu semé d'abeilles.

Une seconde cour, plus large, est bordée sur trois côtés par de vastes constructions qui forment les appartements du ministre. Ce n'est pas très confortable, mais l'ensemble a le plus grand air du monde.

Les secrétaires, les attachés, les interprètes, le médecin habitent les bâtiments situés à droite et à gauche de la première cour ou bien des pavillons disséminés dans le parc, qui contient également une chapelle très fréquentée le dimanche par une assistance élégante et diplomatique. La France est, en effet, la seule puissance catholique ayant une chapelle dans sa légation, et la cathédrale ou les couvents sont fort éloignés.

*
* *

Chaque soir on ferme non seulement les poternes de Pékin ouvrant sur la campagne, mais même celles qui séparent les quartiers tartares des quartiers chinois. Une seule parmi ces dernières se rouvre durant la nuit pour laisser passer les hauts fonctionnaires qui se rendent au palais, dans la cité tartare.

Confucius a dit : « Le souverain doit veiller jour et nuit au bonheur de ses sujets. » Par obéissance à cette maxime, l'empereur tient ou est censé tenir ses conseils vers trois heures du matin.

La fermeture des portes est un grand ennui de Pékin. Tant pis pour les retardataires quels qu'ils soient; il leur faut coucher dans d'affreuses auberges suburbaines.

Pareille mésaventure survint dernièrement à la femme de chambre de la baronne H..., dont le mari représente l'Allemagne à Pékin. Le train qui la ramenait de Tientsin ayant eu un retard, elle dut passer la nuit à Matiapu et y fut, paraît-il, légèrement houspillée par des Chinois galants et malappris.

Là-dessus, fureur compréhensible du baron H... qui bondit au Tsong-li-yamen, se plaint amèrement. « L'honneur de la Chine, déclare-t-il, exige que celui des Européennes qui l'habitent soit sauvegardé. » Puis, par une association d'idées naturelle, il parle du tramway projeté entre Matiapu et Pékin, en réclame la concession pour une compagnie allemande. — A quelque chose malheur doit être bon!

C'était un peu avant le voyage triomphal du prince Henri de Prusse ; le Céleste-Empire en coquetterie avec l'Allemagne n'avait rien à lui refuser ; la concession fut promise et peut-être même accordée.

En outre, le gouvernement chinois, pour marquer d'une façon éclatante son bon vouloir aux serviteurs de la légation allemande, éleva les principaux domestiques indigènes au rang de mandarins à bouton blanc opaque.

Toute cette histoire est-elle d'une vérité rigoureuse, je n'ose l'affirmer, car Pékin est une prodigieuse potinière et bien peu y résistent au plaisir de se ménager un succès de narrateur aux dépens de l'exacte vérité.

Pour moi, j'ai seulement vu depuis les gens du baron H... parés de boutons blancs opaques au faîte de leurs chapeaux pointus. J'eus même l'honneur de confier mon parapluie à ces hauts personnages, de leur demander du pain ou de refuser le gigot qu'ils m'offraient.

*
* *

3 mai.

Visites à Mgr Favier, de l'ordre des Lazaristes, et à sir Robert Hart, inspecteur général des douanes maritimes chinoises.

Mgr Favier est à la fois un apôtre, un fin politique,

un historien éminent, un archéologue disert et le plus avisé des collectionneurs. Avec un flair égal, il découvre les âmes à sauver et les bibelots à vendre. Il est au courant de tout, sait tout, connaît tout ici. Qu'il s'agisse d'importantes questions diplomatiques ou de vétilles, il vous fournira les plus précieux renseignements. Adressez-vous à lui sans crainte; malgré sa croix épiscopale et son anneau, symboles de sa dignité ecclésiastique, il reste toujours le bon Père Favier, très simple et très obligeant.

J'ajouterai que Mgr Favier vient de publier sur Pékin un admirable ouvrage illustré, aussi instructif à lire que curieux à regarder.

Quant à sa collection de chinoiseries, un peu diminuée par des dons à nos musées, elle contient cependant encore quelques pièces d'un haut intérêt. Les plus belles sont des statuettes provenant de temples ou d'oratoires bouddhistes. Certaines méritent une attention toute spéciale, car elles paraissent être les indices de relations très anciennes entre le christianisme et les cultes d'Extrême-Orient. Une déesse, assise sur un lotus et tenant un enfant dans ses bras, rappelle les images de la Vierge et de l'Enfant-Jésus. Un Bouddha au teint noir serait, d'après certaine croyance, l'apôtre saint Thomas, venu jusqu'aux Indes et en Chine prêcher l'Évangile. On le nomme Bouddha Daruma et sa légende ressemble fort à l'histoire du compagnon de Jésus.

Autant Mgr Favier est en train, exubérant même, autant sir Robert Hart semble calme et réservé. A le voir, on dirait un très aimable gentleman, fort ignorant des grandes affaires. Mais ne vous y trompez pas, les douanes maritimes qu'il dirige avec une habileté extrême et une omnipotence presque absolue sont le seul service véritablement bien organisé ou, pour parler exactement, le seul service organisé en Chine. C'est l'unique chose qui tienne au milieu de la décrépitude, de la désagrégation générales de l'Empire, et cette chose est sienne depuis plus de trente ans.

Nul homme en Chine ne dispose d'une puissance effective comparable à celle de sir Robert Hart. Tous ne l'aiment pas, mais tous s'inclinent devant sa haute intelligence et ses éminentes qualités.

*
* *

On bibelote beaucoup à Pékin, et avec un peu de patience on trouve parfois de bonnes occasions. Dans les boutiques fréquentées d'ordinaire par les étrangers il n'y a presque rien, mais chaque jour des courtiers font le tour des légations. Ils arrivent chargés d'énormes ballots contenant des bronzes, des porcelaines, des soies brodées, des fourrures qu'ils déballent lentement. Regardez-vous un objet? ils le montrent dans tous les sens; hésitez-vous à en faire immédiatement l'achat? ils vous supplient de le garder, espérant que le goût vous en viendra ou, tout au moins, qu'accoutumé à le voir sur votre table ou sur votre cheminée, vous le conserverez par ennui du vide que sa disparition causerait.

Dans le prodigieux charabia de ces courtiers, toutes les choses qu'ils apportent prennent l'appellation étrange de *looksee* — prononcez *louksi* — des verbes anglais *to look* (regarder) et *to see* (voir).

Rien n'est plus singulier, d'ailleurs, que la manière dont les Chinois accommodent certains mots des langues européennes. Quant aux noms propres, ils les transforment plus ou moins pour amener leurs syllabes à des sons familiers aux gosiers et aux oreilles de leurs compatriotes. Par exemple, le nom de mon camarade Vidal devient Ouétali.

Un conseil pour finir : méfiez-vous des truquages. Les Chinois y excellent. Je me souviendrai toujours de la déconvenue de M. P... montrant au P. Favier une très belle plaque de porcelaine qu'il venait d'acheter. L'émail éraillé et troué avait été recouvert d'une pâte grasse d'une blancheur laiteuse, puis repeint avec une étonnante perfection. Tout autre que le P. Favier s'y serait trompé à coup sûr.

* * *

|Chang-Ping-Chow, 5 mai.

L'excursion classique aux environs de Pékin a pour but le tombeau des Mings et la Grande-Muraille. C'est une promenade de trois ou quatre jours, un peu compliquée d'organisation, mais au demeurant facile.

La plupart des touristes ne manquent pas de la faire ; quant aux Européens habitant la Chine pour un temps plus long, tous la projettent, mais quelques-uns quittent Pékin sans avoir donné suite à leur intention.

Parmi les diplomates, on ouvre des paris pour savoir si la belle Mme X. ou la jolie Mme Y. affronteront enfin les fatigues et l' « inconfortabilité » d'un voyage à la Grande Muraille. Quand elles se décident à partir, l'événement est grave. En foule, on va leur dire adieu, puis ce sont des recommandations sérieuses, tristes, émues, tendres peut-être ; enfin, on leur souhaite avec quelques sourires narquois de ne pas rebrousser chemin, découragées, après avoir perdu de vue à peine les murs de Pékin.

Quoi qu'il en soit, nous sommes sérieusement partis ce matin, sans esprit de retour... prématuré.

Voici l'ordre et la marche de notre petite caravane : le commandant Vidal, Mme Vidal, deux palefreniers et moi à cheval ; puis ma femme en chaise à mules ; enfin Paolo, le premier boy de Vidal, et un cuisinier en charrette, avec un vaste attirail de couchage et de « popotte » comme on dit dans le métier militaire.

Nous traversons lentement toute la ville pour gagner au nord la porte d'Ha-ta-men. L'empereur va quitter Pékin pour se rendre au palais d'été. En prévision de son passage, on répand du sable sur la voie fangeuse, et, soit pour lui rendre honneur soit pour dissimuler aux regards son auguste personne, on forme au milieu des rues une sorte de couloir entre des bandes d'étoffe tendues sur des piquets.

La boue absorbe le sable, les bandes d'étoffes sont des loques sales ; mais peu importe, l'étiquette sera sauvegardée.

Après la porte d'Ha-ta-men, la route passe dans quelques faubourgs et atteint la campagne.

J'emploie le mot « route » moitié par euphémisme et moitié par pauvreté de notre langage ; nous suivons, en réalité, une large dépression moins semblable à un chemin qu'au lit d'une rivière desséchée ; elle est, je crois, l'un ou l'autre suivant les saisons. En été, le passage approfondit le lit de la rivière qui s'en trouve bien; en hiver, l'eau, roulant des sables et des boues, comble les ornières immenses de la route qui s'en trouve bien également. Tout est donc, quoi qu'il en paraisse, pour le mieux dans la meilleure des Chines.

De loin en loin, se décèlent encore les splendeurs anciennes par des pavés scabreux garnissant certains passages, par quelques ponts monumentaux dallés de pierres énormes qu'unissent de puissants crochets de fer.

Le pays est plat, mais assez garni d'arbres, parmi lesquels dominent les saules et les peupliers. Parfois des sapins abritent un petit temple, un tombeau ou une simple stèle funéraire.

La voie semble très passante. Des seaux d'eau préparés à l'avance s'alignent devant les auberges et près des puits de certains carrefours. Moyennant une sapèque, les voyageurs y font désaltérer leurs montures ou leurs attelages.

Au jour finissant, nous apercevons quelques collines. Dans la plaine immense, on dirait des monts. Sur un mamelon à pentes dénudées, se dresse, dans un clos carré, une modeste bonzerie entourée de verdure. Son aspect rappelle certaines maisons fortes de Gascogne ou de Limousin.

Chang-ping-chow, notre lieu de coucher, est une petite ville, entourée de murs croulants. Nous passerions une nuit excellente dans une auberge assez propre, sans le perpétuel tohu-bohu des hôtelleries chinoises, dont les cours sont continuellement encombrées de charrettes et de chevaux. Pendant toute la nuit les voyageurs vont, viennent, fument l'opium, prennent du thé, qui varie depuis l'eau bouillie et à peine aromatisée des pauvres gens jusqu'à la boisson précieuse des hauts mandarins. Ce thé-là ne se trouve pas partout, et un Chinois riche emporte son thé comme certains Européens leur provision de cigares.

Avant dîner, nous avons été voir, le long des remparts, une cinquantaine de soldats qui tiraient de l'arc à pied et à cheval. Quelques-uns se montrent habiles dans cet exercice. Du reste, le tir à l'arc est toujours en honneur parmi certaines troupes chinoises, malgré l'armement nouveau. Les Mandchous, en particulier, s'y adonnent soit par plaisir, soit comme « exercice d'assouplissement », pour employer un mot de notre phraséologie militaire.

Devant le corps de garde voisin je remarque un râtelier garni de longs bâtons, terminés par des crochets. Ces instruments bizarres servent, paraît-il, aux représentants de la force publique pour agripper les délinquants par leur queue de cheveux et les maintenir, en attendant une mise en prison ou un passage à tabac.

Mais des sifflements étranges attirent notre attention. On dirait des balles traversant l'air. Il n'en est rien cependant et ce bruit singulier provient d'un vol de pigeons qui, à la nuit tombante, regagnent hâtivement le colombier. Les Chinois ont coutume d'attacher entre les grandes plumes de leurs pigeons de minuscules sifflets dont le son écarte les oiseaux de proie. Voici la cause des bruissements qui nous avaient tant surpris.

*
* *

Aux Tombeaux des Mings, 6 mai.

Les empereurs de la dynastie Ming, hauts et puissants souverains de la Chine prospère, avaient élu pour leur sépulture un large cirque de collines boisées, puis, suivant l'usage du pays, ils avaient décoré cette nécropole avec une rare magnificence.

La longue voie sacrée qui mène aux tombeaux, jadis avenue majestueuse, maintenant chemin abandonné parmi les cultures, commence par un portique de marbre blanc, dont les tons jaunis et ambrés par le temps se paillettent d'or sous le soleil comme l'aventurine. Dans sa forme générale, ce portique est étrange, peu gracieux même, car le couronnement trop lourd écrase les pilastres, et l'édifice, tout de marbre, semble imiter une charpente au faîtage couvert de tuiles ; mais certains détails forcent l'admiration, et les sculptures d'une extrême finesse dénotent chez leurs auteurs un sens profond de l'art décoratif. Aux socles des colonnes se profilent en bas-reliefs, sur un fond d'élégants entrelacs, des lions fantastiques d'un mouvement superbe.

Ensuite, vient un pavillon peint en rouge, percé d'une large voûte. Jadis c'était l'entrée d'un parc immense, dont les murs enclosaient tout le cirque.

Plus loin, un arc triomphal, érigé entre quatre colonnes isolées, surmontées de griffons, précède une allée bordée d'étranges simulacres. Des deux côtés se dressent, à vingt mètres environ les unes des autres, des statues grossières d'exécution, mais non dépourvues d'un certain caractère artistique. Rangées par ordre de préséance, elles veillent, dans une dernière et symbolique garde, sur les tombes des souverains. Ce sont d'abord deux lions, puis deux licornes, deux chameaux, deux éléphants, six chevaux en des poses diverses, six guerriers en armes, et, tout au sommet de la hiérarchie, six mandarins civils.

Nous guéons deux rivières, à peu près desséchées, qu'encombrent les débris de ponts magnifiques, et une large chaussée dallée nous conduit jusqu'au tombeau de l'empereur Yung-lo, le plus beau, le plus grand et le moins abandonné. Des kakiers, mêlant leur clair feuillage aux frondaisons sombres des cyprès, bordent le chemin. Des iris nains et des anémones fleurissent les interstices des dalles. Les arbres des collines se verdissent de bourgeons. C'est un éden au milieu de la Chine morne.

Dans l'enceinte funéraire, protégée de hauts murs, on voit un propylée bâti sur un soubassement de marbre, puis, dominant une double terrasse, le temple immense, au faîte supporté par d'énormes colonnes de bois et plafonné de merveilleux caissons. Toutes les décorations, peintes ou formées de carreaux vernissés, sont d'une polychromie éclatante, où dominent le vert et le jaune, à côté du bleu et du rouge plus sobrement employés.

Derrière le temple, dans un petit bois de chênes rabougris, se trouve enfin le sépulcre, adossé aux murs de soutènement d'un vaste tumulus. C'est une grosse tour carrée, surmontée d'une haute stèle funéraire qu'abrite un pavillon massif.

Une galerie en pente assez raide traverse la tour, puis se bifurque à droite et à gauche pour conduire au pavillon supérieur et au sommet du tumulus.

Nous étions entrés sans défiance dans ce passage

obscur, lorsque tout à coup, au tournant, nous vîmes un animal cornu qui dardait des yeux énormes et poussait d'affreux beuglements répercutés par l'écho. Tels les monstres fantastiques préposés, d'après certaines légendes, à la garde des tombeaux. Une fuite rapide fut notre premier mouvement. Cependant, ayant pris du courage et quelques gros bâtons, nous vînmes à la rescousse. Le monstre, aussi effrayé que nous, avait fui de son côté, et nous eûmes l'explication du mystère, en voyant un troupeau de vaches très paisibles qui paissaient l'herbe drue au sommet du tumulus.

Douze autres tombeaux de dispositions semblables à celui de Yung-lo, quoique de proportions moindres, entourent le cirque.

Les empereurs de la dynastie Ming, furent seize, mais les trois premiers reposent aux environs de Nankin. Quant au dernier, qui se pendit à un arbre dans les jardins du palais tandis que les Mandchous victorieux entraient dans sa capitale, il fut enterré près de Pékin.

On raconte que l'arbre historique existe encore et qu'on l'a chargé de chaînes pour le punir d'avoir prêté ses branches au suicide du souverain.

On raconte aussi qu'au moment où les Japonais vainqueurs semblaient prêts à marcher sur Pékin, l'empereur actuel aurait dit à ses conseillers, anxieux de ses intentions : « Je sais où se trouve l'arbre du dernier des Mings. »

* *
*

En quittant les tombeaux, nous allons coucher à Nan-kow, vieux bourg fortifié, bâti au point où la route de Mongolie s'engage dans les montagnes qui limitent vers le nord-ouest la plaine de Pékin.

Après Nan-kow, le pays devient très pittoresque et rappelle certains cantons montagneux avoisinant la Durance. Le chemin suit une vallée étroite, aux versants couverts d'ouvrages en ruines qui formaient jadis une série de replis derrière la principale ligne de défense.

Au bourg de Chu-yung-kuan, on passe sous une porte monumentale et lourde, ornée de bas-reliefs habilement sculptés. Sur les parois intérieures sont gravées des inscriptions en six langages. Cette porte servait de base à une haute pagode complètement détruite aujourd'hui.

Ensuite, dans un passage où la gorge se rétrécit, serrant entre ses parois abruptes la route et un ruisseau torrentueux, se trouvent deux charmants petits temples, l'un perché sur une éminence, l'autre bâti dans une anfractuosité des rochers à pic qui bordent le chemin.

Enfin, on aperçoit la Grande Muraille, rempart épais

mais de hauteur médiocre flanqué de distance en distance par de petites tours carrées. Nul soldat n'en défend plus l'approche, et les canons aux formes archaïques qui la garnissaient naguère encore, gisent maintenant abandonnés çà et là.

Du bastion de Pa-ta-ling que la route traverse, la vue s'étend sur les collines arides de Mongolie.

A l'horizon se profile une petite tour ronde, sentinelle très avancée.

Entre Nan-kow et Pa-ta-ling, la voie, jadis superbe, puis laissée dans un complet abandon, a été réparée. Elle est bonne pour la Chine. Au delà, c'est une large piste, entretenue seulement par la fréquence du passage. Des caravanes nombreuses la parcourent, amenant à Pékin tous les produits de la Mongolie, ou transportant vers la Russie les grosses balles de thé expédiées par les négociants de Tientsin. Elles sont formées de chameaux en longues files, conduits par des Mongols, aux faces plates et aux crânes rasés Ces sauvages portent des habits sordides faits de peaux à peine tannées et d'étranges bonnets jaunes et pointus qu'agrémentent des revers rouges par derrière. Vidal les salue dans leur idiome; ils s'arrêtent, mais avant de répondre nous considèrent longtemps, stupéfaits et craintifs.

Plus loin, voici des femmes chinoises et des femmes

mandchoues. Les premières marchent avec peine, gênées par leurs petits pieds. On dirait des danseuses condamnées, par une pénitence bizarre, à faire des pointes sur un sol parsemé de cailloux. Quelques-unes s'appuient sur des bâtons hauts comme des alpenstock, d'autres étendent les bras et s'en servent en guise de balancier, pour maintenir leur équilibre. Elles ont l'air timide, enfantin et un peu niais. Les femmes mandchoues, au contraire, s'avancent d'un pas allègre et nous dévisagent avec une singulière assurance. On les reconnaît à leurs grands pieds et à leur coiffure qui s'allonge et se relève de chaque côté de leur tête comme les cornes d'un taureau. Dans des temps vagues, inconnus de l'histoire et presque oubliés par la légende, une de leurs aïeules éprouva, dit-on, certaine aventure rappelant l'enlèvement d'Europe. Ses petites-filles en perpétuent le souvenir par ces coiffures encornées.

Des Chinois passent, haut perchés sur de tout petits ânes, déjà très chargés de bottes de paille ou de fagots. Des portefaix, traités avec encore moins d'égards que les ânes, avancent lentement sur la côte raide et halètent à chaque pas. Des mendiants ronronnant une lamentable antienne se traînent péniblement.

Et tout cela — choses et gens — forme le plus singulier contraste avec le télégraphe de Pékin à Kalgan dont les fils suivent la route.

C'est la Chine moderne, pleine d'antithèses et de déroutantes anomalies, la Chine, toujours mystérieuse, féconde en surprises et en étonnements; la Chine, qui tantôt nous fascine et tantôt nous répugne, mais ne nous laisse jamais indifférents.

*
* *

Shanghaï, 15 mai.

Après de courts séjours à Pékin et à Tientsin, en revenant de la Grande-Muraille, nous avons gagné Shanghaï, d'où l'*Indus*, des Messageries maritimes, va nous ramener en Europe.

Ce n'est pas sans regrets, sans beaucoup de regrets, que je quitte l'Extrême-Orient, mais il me faut rentrer en France, avant de passer commandant, pour accomplir les deux années de service de troupe exigées par nos règlements de tous les capitaines d'état-major.

*
* *

Marseille, juin 1898.

Rien à dire de notre retour par Suez. Cependant je ne veux pas fermer ce livre sans remercier de toutes ses attentions le commandant de l'*Indus*, M. Vaquier;

ni adresser un souvenir à l'aimable et bonne Mme Haas, qu'un hasard heureux fit notre compagne de voyage entre Shanghaï et Marseille, de même qu'elle l'avait été entre Marseille et Shanghaï, deux ans et demi auparavant.

FIN

TABLE

I. — De Marseille à Yokohama.   1
II. — Japon. 87
III. — Formose, Iles Pescadores, Tonkin. 249
IV. — Yézo, Sibérie, Corée. 287
V. — Chine. 335

SAINT-DENIS. — IMP. H. BOUILLANT, 20, RUE DE PARIS — 12741

www.ingramcontent.com/pod-product-compliance
Lightning Source LLC
Chambersburg PA
CBHW070433170426
43201CB00010B/1071